高等学校规划教材

公共基础类

创业基础
CHUANGYE JICHU

《创业基础》编写组 主编

北京师范大学出版集团
BEIJING NORMAL UNIVERSITY PUBLISHING GROUP

安徽大学出版社

图书在版编目(CIP)数据

创业基础/《创业基础》编写组主编. —合肥:安徽大学出版社,2013.8(2016.6重印)
高等学校规划教材
ISBN 978-7-5664-0488-6

Ⅰ.①创… Ⅱ.①创… Ⅲ.①大学生－职业选择－高等学校－教材 Ⅳ.①G647.38

中国版本图书馆 CIP 数据核字(2013)第 200493 号

创业基础

《创业基础》编写组　主编

出版发行：	北京师范大学出版集团 安 徽 大 学 出 版 社 (安徽省合肥市肥西路 3 号 邮编 230039) www.bnupg.com.cn www.ahupress.com.cn
经　　销：	全国新华书店
印　　刷：	合肥远东印务有限责任公司
开　　本：	184mm×260mm
印　　张：	19.25
字　　数：	385 千字
版　　次：	2013 年 8 月第 1 版
印　　次：	2016 年 6 月第 4 次印刷
定　　价：	30.00 元

ISBN 978-7-5664-0488-6

策划编辑：卢　坡		装帧设计：李　军	
责任编辑：卢　坡		美术编辑：李　军	
责任校对：程中业		责任印制：陈　如	

版权所有　侵权必究

反盗版、侵权举报电话：0551－65106311
外埠邮购电话：0551－65107716
本书如有印装质量问题,请与印制管理部联系调换。
印制管理部电话：0551－65106311

前　言

创业教育被联合国教科文组织称为教育的"第三本护照",被赋予了与学术教育、职业教育同等重要的地位。当前,创业已经成为全社会一股不可阻挡的潮流。可以预言:一个全新的创业时代、新一轮的创业高潮即将到来。

在普通高等学校开展创业教育,是服务国家加快转变经济发展方式、建设创新型国家和人力资源强国的战略举措,是深化高等教育教学改革、提高人才培养质量、促进大学生全面发展的重要途径,是落实以创业带动就业、促进高校毕业生充分就业的重要措施。

加强高等学校创业教育,是党中央、国务院做出的重要决策。《国家中长期教育改革和发展规划纲要(2010～2020年)》明确提出:"要加强就业创业教育和就业指导服务。"《国务院关于进一步做好普通高等学校毕业生就业工作的通知》强调:"各高校要广泛开展创业教育,积极开发创新创业类课程,完善创业教育课程体系,将创业教育课程纳入学分管理。"

创业教育实质上是大学生素质教育和创新教育的一部分,是结合专业教育传授创业知识,培养学生创业能力和创业品质,使学生毕业后大胆走向社会,实现自主创业和自我发展的教育,其本质是提高学生的创业素质,了解什么是创业、如何创业和怎样创业。

大学生创业近年来一直备受关注,早在1997年,清华大学发起首届"清华大学创业计划大赛",吸引了全国大学生的目光。1999年1月,教育部公布的《面向21世纪教育振兴行动计划》,鼓励开展创业教育,不少高校创造条件鼓励大学生创业。2010年4月,教育部下发了《关于大力推进高等学校创新创业教育和大学生自主创业工作的意见》,高校创新创业教育正式进入教育行政部门指导下的全面推进阶段,创新创业教育在全国所有高校推行。全国各省市相继推出大学生创业的各项优惠措施。

2012年8月，教育部办公厅印发实施《普通本科学校创业教育教学基本要求（试行）》，第一次对我国高等学校创业教育教学做出规范。明确提出高等学校要面向全体大学生单独开设"创业基础"必修课，纳入学校教学计划，不少于32学时、不低于2学分，并附录了《"创业基础"教学大纲》，从课程性质与教学目标、课程要求与教学方法、课程内容与教学要点3个方面，较好地规范了"创业基础"课程的基本要求。

本书定位于为大学生创业提供指导，在阐述相关创业理论的基础上，更加强调实用性。编写中紧扣教育部规定的教学大纲，充实大量鲜活的创业案例，结合典型的创业案例分析和创业政策环境教学，使学生掌握创业的基础知识和基本理论，熟悉创业的基本流程和基本方法，了解创业的法律法规和相关政策，激发学生的创业意识，提高学生的社会责任感、创新精神和创业能力，促进学生创业就业和全面发展。

这本《创业基础》是集体智慧的结晶，本书是由教材编写委员会共同谋划，由安徽理工大学、安徽工业大学、安徽中医药大学、铜陵学院和新华学院等高校的工商管理类专业教师共同编写的，作者全部是创业培训师，常年奋战在创业培训第一线，熟知创业政策，对创业教学颇有心得体会，教材中随处呈现出他们对大学生创业的真知灼见。

本教材在统一的教材编写体例及编写原则下成篇，撰稿分工如下：

刘珺执笔第一章，王彦长、李洁、陈晓燕共同执笔第二章，马春影、张宏妹、何富美、谢方共同执笔第三章，张静、张三宝共同执笔第四章，张权中、李小平共同执笔第五章，张晖、芮训媛共同执笔第六章。全书由王彦长、倪征进行统稿，朱兆健、汪俊东等也为本书的最终完成付出了辛劳、贡献了智慧，这是需要特别说明的。

本教材在编写的过程中参考和吸收了国内外同类教材和一些相关著作、报刊等文献资料，并引用了一些材料和观点，除了把这些文献目录列于本书后面外，同时在此向文献的作者们深致谢忱。本教材虽倾注编者大量心血，但限于水平，难免存在许多不足和错漏之处，恳请有关专家和读者批评指正。

真诚感谢安徽省教育厅领导的大力支持，真诚感谢北师大出版集团安徽大学出版社的康建中社长、卢坡编辑在本书策划、编写过程中给予的大力支持和指导！真诚感谢铜陵学院储国定书记及铜陵学院金融学院院长金利娟教授的大力支持和指导。

编　者

2013年8月

目 录

第一章 创业、创业精神与人生发展 〔1〕

学习目标 〔1〕
案例导引 〔1〕
第一节 创业与创业精神 〔2〕
 一、创业的定义与功能 〔3〕
 二、创业的要素与类型 〔10〕
 三、创业过程与阶段划分 〔13〕
 四、创业精神的本质及创业精神的培育 〔16〕
第二节 知识经济发展与创业 〔20〕
 一、经济转型与创业热潮的关系 〔20〕
 二、知识经济时代赋予创业的重要意义 〔25〕
第三节 创业与职业生涯发展 〔27〕
 一、创新型人才的素质要求 〔27〕
 二、创业者应具备的品质和素质 〔29〕
 三、创业能力对个人职业生涯发展的意义和作用 〔33〕
本章小结 〔35〕
本章习题 〔36〕
案例研讨 〔36〕

第二章　创业者与创业团队······〔38〕

学习目标······〔38〕
案例导引······〔38〕
第一节　创业者······〔39〕
　　一、创业者······〔39〕
　　二、创业者素质与能力······〔43〕
　　三、创业动机的含义与分类······〔51〕
　　四、产生创业动机的驱动因素······〔53〕
第二节　创业团队······〔55〕
　　一、创业团队及其对创业的重要性······〔57〕
　　二、创业团队的优劣势分析······〔62〕
　　三、创业团队的组建······〔65〕
　　四、创业团队的管理······〔69〕
　　五、创业团队的领导方式······〔72〕
本章小结······〔74〕
本章习题······〔74〕
案例研讨······〔75〕

第三章　创业机会与创业风险······〔76〕

学习目标······〔76〕
案例导引······〔76〕
第一节　创业机会识别······〔78〕
　　一、创意与机会······〔78〕
　　二、创业机会与商业机会······〔82〕
　　三、创业机会的特征与类型······〔83〕
　　四、创业机会的来源······〔84〕
　　五、影响机会识别的关键因素······〔87〕
　　六、识别创业机会的一般过程······〔88〕
　　七、识别创业机会的行为技巧······〔91〕

第二节 创业机会评价 〔93〕
- 一、有价值创业机会的基本特征 〔93〕
- 二、个人与创业机会的匹配 〔93〕
- 三、创业机会评价的特殊性 〔97〕
- 四、创业机会评价的技巧和策略 〔98〕

第三节 创业风险识别 〔105〕
- 一、机会风险的构成 〔105〕
- 二、系统风险防范的可能途径 〔106〕
- 三、非系统风险防范的可能途径 〔107〕
- 四、创业者风险承担能力的估计 〔115〕
- 五、基于风险估计的创业收益预测 〔118〕

第四节 商业模式开发 〔119〕
- 一、商业模式的定义与本质 〔121〕
- 二、商业模式和企业战略的关系 〔122〕
- 三、商业模式因果关系链条的分解 〔123〕
- 四、商业模式的设计思路和方法 〔125〕
- 五、商业模式创新的逻辑与方法 〔128〕

本章小结 〔131〕
本章习题 〔131〕
案例研讨 〔132〕

第四章 创业资源 〔134〕

学习目标 〔134〕
案例导引 〔134〕

第一节 创业资源 〔135〕
- 一、创业资源的内涵与种类 〔137〕
- 二、创业资源与一般商业资源的异同 〔144〕
- 三、社会资本、资金、技术及专业人才在创业中的作用 〔145〕
- 四、影响创业资源获取的因素 〔146〕
- 五、创业资源获取的途径和技能 〔147〕

第二节 创业融资 〔148〕
一、创业融资分析 〔149〕
二、创业所需资金的测算 〔151〕
三、创业融资渠道 〔152〕
四、创业融资策略分析 〔158〕

第三节 创业资源管理 〔159〕
一、不同类型资源的开发 〔161〕
二、有限资源的创造性利用 〔168〕
三、创业资源开发的推进方法 〔171〕

本章小结 〔175〕
本章习题 〔176〕
案例研讨 〔176〕

第五章 创业计划 〔179〕

学习目标 〔179〕
案例导引 〔179〕

第一节 创业计划 〔180〕
一、创业计划的作用 〔180〕
二、创业计划的内容 〔182〕
三、创业计划的基本结构 〔187〕
四、创业计划中的信息搜集 〔193〕
五、市场调查的内容和方法 〔195〕

第二节 撰写与展示创业计划 〔202〕
一、研讨创业构想 〔202〕
二、分析创业可能遇到的问题和困难 〔204〕
三、提炼创业计划的执行概要 〔204〕
四、把创业构想变成文字方案 〔205〕
五、创业计划的撰写和展示技巧 〔207〕

本章小结 〔231〕
本章习题 〔231〕
案例研讨 〔232〕

第六章 新企业的开办 〔233〕

学习目标 〔233〕
案例导引 〔233〕
第一节 成立新企业 〔235〕
一、企业组织形式选择 〔235〕
二、企业注册流程 〔245〕
三、企业注册相关文件的编写 〔251〕
四、注册企业必须考虑的法律与伦理问题 〔261〕
五、新企业选址策略与技巧 〔264〕
六、新企业的社会认同 〔269〕

第二节 新企业生存管理 〔271〕
一、新企业管理的特殊性 〔271〕
二、新企业成长的驱动因素 〔273〕
三、新企业成长管理的技巧和策略 〔283〕
四、新企业的风险控制和化解 〔288〕

本章小结 〔290〕
本章习题 〔290〕
案例研讨 〔290〕

主要参考文献 〔293〕

第一章

创业、创业精神与人生发展

◆ 学习目标

- ◆ 掌握创业的概念、创业要素和创业类型
- ◆ 了解和认识创业过程,掌握创业与创业精神之间的辩证关系
- ◆ 理解创业热潮形成的深层次原因,明确创业活动对于经济社会发展的贡献
- ◆ 认识创业能力提升对个人职业生涯发展的积极作用

◆ 案例导引

华中科技大学李宇迪:创业从校园启航

近日,在湖北省大学生自主创业先进人物报告会上,华中科技大学文华学院毕业生李宇迪的事迹和演讲,引起高校师生的广泛共鸣。

2004年,李宇迪考入华中科技大学文华学院,读的是他从小就感兴趣的电子信息工程专业。大学期间,他整日泡在实验室,还爱缠着老师问问题。看着他的痴迷样,不论是辅导员、老师,还是院领导,都倾尽全力去帮助他。老师干脆把实验室的钥匙交给他保管,他如获至宝,把实验室当成了自己的"家"。

功夫不负有心人。他的"高性能低畸变电子镇流器"终于研制成功,获得国家专利,并应邀参加第八届北京科博会。这项专利技术可将现有节能灯的电耗降低约50%,却没有增加产品成本。国家知识产权局将其列入"全国重点专利招商引资项目"。

2008年,即将毕业的李宇迪面临抉择:多家企业想购买他的专利,一家美国公司甚至开出百万元的专利转让费,河南郑州一家公司提出以月薪万

元邀他加盟。面对这些诱人的选择,李宇迪不知该何去何从。

学院团委书记黄新华老师与他促膝谈心,循循善诱:你钻研这项发明是为了什么?父母对自己的期望又是什么?这项成果的开发利用能为国家和社会带来什么?

在老师的启发下,李宇迪毅然选择了艰难的创业之路,创办起武汉奥迪尔照明有限公司。创业之路,备尝艰辛。每当李宇迪遇到困难,老师们总是为他出谋划策,并提供力所能及的物质帮助。除了免费提供"宇迪创新工作室",还在实验设备等方面给予很多支持,为他解决了不少难题。如今,他的小功率高性能电子节能灯产品被武汉市经信委列入"武汉市名优特新",并参加全国巡展。

毕业快4年了,但李宇迪感觉未曾真正离开过母校的怀抱。如今,在校内大学生创业基地,学校专门为他设立了"宇迪创新工作室";作为学院"青年就业创业实习基地",他的公司常年为学弟学妹们提供不少于20个实习岗位;目前在他公司30多名员工中,超过半数是文华学院的毕业生……

(资料来源:《人民日报》2012年06月15日)

第一节 创业与创业精神

创业格言

> 我们正处在一场静悄悄的大变革中——它是全世界人类创造力和创业精神的胜利。我相信它对21世纪的影响将等同或超过19世纪和20世纪的工业革命。
> ——杰弗里·A.蒂蒙斯(Jeffry A. Timmons)
> (美国创业教育之父,美国百森商学院创业学教授)

励志照亮人生,创业改变命运。所有迹象表明,21世纪将是创业型经济大发展的时代。融知识、技术、管理、资本和创业精神于一体的创业型经济,对加快经济发展方式转变,调整优化经济结构以及缓解就业压力等都具有深刻的现实意义和长远的战略意义。创业已经成为经济发展的重要引擎,成为驱动技术创业和促进社会就业的重要载体。可以预见,随着创业型经济的风靡全球,它也将是中国在21世纪全球经济竞争中赢得胜利的重要法宝。创业将是长期存在的社会现象,多年来实践证明,创业活动能够提供就业机会,能够推动创新、促进经济发展和社会安定,是取得竞争优势的重要手段。

一、创业的定义与功能

(一)创业定义

"创业"是"创"和"业"组成的复合词。"创"具有创建、创办、创立、创造、创新等含义;"业"有家业、事业、企业、就业、产业等内涵。《辞海》将创业定义为:"创立基业。"广义的创业,是指创业者的各项创业实践活动,其功能指向国家、集体和群体的大业;狭义的创业,是指个人或团体依法登记设立企业,以盈利为目的,从事诸如生产、加工、销售、服务、分销等商业活动。

创业已成为研究企业家和创业活动的一个重要内容。从学术层面看,目前还没有一个被广泛接受和一致认同的定义。以下是一些学者具有代表性的"创业"定义:

哈佛商学院教授斯蒂文森(H. H. Stevenson,1989)认为:"创业是一个人(不管是独立的还是在一个组织内部)追踪和捕捉商机的过程,这一过程与当时所控制的资源无关。"[1]这一定义强调了察觉机会、追逐商机的意愿以及获得成功的信心和可能性在创业过程中的重要性。

美国百森商学院教授杰弗里·蒂蒙斯(Timmons,1999)认为:"创业是一种思考、推理和行动的方法,它不仅要受机会的制约,还要求创业者有完整缜密的实施方法和讲求高度平衡技巧的领导艺术。创业不仅为企业主,也为所有的参与者和利益相关者创造、提高和实现价值,或是价值再生。"[2]

美国鲍尔州立大学商学院教授库拉特克(Kuratko)和佛罗里达州国际大学教授霍杰茨(Hodgetts)认为:"创业是一个涉及远见、改变和创新的动态过程。他需要投入精力与热情来进行创新并实施新的构想和新的解决方法。创业的必要因素包括能承担一定风险——时间、财产或职业的风险;有能力成立一个高效的风险团队;整合所需的资源的创造性技能;制订一份稳固的商业计划的基础技能;最后,具备一种远见,在别人认为是混乱、矛盾和迷惑的地方发现机遇。"[3]

南开大学创业管理研究中心张玉利教授认为:"把创业仅仅理解为创建新企业是片面的,创业的本质更是在于把握机会、创造性地整合资源、创新和快速行动,创业精神是创业的源泉。"[4]

---

① 韩国文:《创业学》,武汉:武汉大学出版社,2007年,第5页。
② 杰弗里·蒂蒙斯、小斯蒂芬·斯皮内利:《创业学》(第6版),北京:人民邮电大学出版社,2005年,第23页。
③ 库拉特克、霍杰茨:《创业学:理论、流程与实践》,北京:清华大学出版社,2006年,第29页。
④ 张玉利、李乾文、李剑力:《创业管理研究新观点综述》,载《外国经济与管理》,2006年第5期。

李志能(2000)等人认为:"创业是一个发现和捕捉机会并由此创造出新颖的产品、服务或是实现其潜在价值的过程。"①

综合上述定义,我们认为,创业至少有两层含义:一层含义是"活动",主要指创业者及其团队为孕育和创建新企业或新事业而采取的行动,扩展开来,可以包括新企业的生存和初期发展,见图1-1;另一层含义是"精神",也可以叫作企业家精神。主要指创业者及其团队在开展创业活动中所表现出来的抱负、执着、坚韧不拔、创新等品质以及一些相对独特的技能。

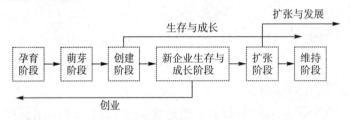

图1-1 企业生命周期前段的创业活动

创业活动属于商业活动范畴,也属于创新活动范畴,一般具有以下特点:

1. 创业活动较强地依赖创业者及其团队的整体能力

单枪匹马是很难做出一定的创业业绩的。成功的创业都是创业者及其团队整体能力的充分发挥。管理的研究对象主要是组织活动,大公司和相对规范的经营管理工作需要靠组织的力量来完成。初期的创业活动可能更多的是靠创业者的能力和智慧,但是随着创业活动的深入,必须依靠团队的力量,公司才可能走得更远。长期以来,一种普遍存在的认识是:创业成败主要取决于创业者的个人禀赋。这是不全面的认识。这种认识没有感悟到创业者对创业资源的充分整合,巧妙地融汇集体的智慧和力量而使创业成功的。

2. 创业活动是创业者在资源高度约束的情况下开展的资源整合创新活动

创业活动,其实就是创新活动。是对资源整合的创新。大多数创业者都经历了"白手起家"的过程。如果一个人拥有丰富的资源,也许就失去了创业的动力。其实,从区域情况看,也具有这样的特点,创业活动活跃的地区往往不是资源丰富、交通便捷的地区,而是资源贫瘠、交通不便的地方。由于资源的限制和约束,创业者经常要寻找那些不需要大量资源投入的机会开展创业活动,创业活动的这一特点也会带来完全不同的结果:有的创业者因为资源约束形成了自力更生的个性和习惯,长期不向银行贷款并引以为豪,极大地约束了事业的发展;有的创业者为了摆脱资源约束的困境,积极探求资源获取渠道和整合手段的创新,探索出创造性整合资源的新机制,成为创业成功的重要保证。

---

① 郁义鸿等:《创业学》,上海:复旦大学出版社,2000年,第9页。

3. 创业活动是在高度不确定的环境中开展的创新活动

创业活动是创新活动,而且是在不断变化的环境中开展的创新活动,市场的需求变化、原材料市场的波动、价格的涨跌等等都是不确定的,创业者必须能审时度势,综合各方面因素,灵活地做出各种决策,引领企业发展。回顾改革开放历程,"摸着石头过河"、"不管白猫黑猫,抓着老鼠就是好猫"这两句话给人们的印象最深刻。微观层面的创业活动,许多也是这样开展的。为什么要这样做,而不是按照明确的目标有计划地开展创业活动?因为创业者面对的环境具有高度不确定性。

创业者在创业初期的决策活动不同于既有企业的管理决策。既有企业的市场是已经存在的,并且有现成的资源、网络和顾客,而创业者在起步阶段这些方面几乎都要从头做起。弗吉尼亚大学副教授、诺贝尔经济学奖得主西蒙教授的学生Sarasvathy博士的研究成果对了解创业活动的特殊性很有帮助。(见表1-1)

表1-1 创业活动的行为逻辑

	既有企业的行为逻辑	创业活动的行为逻辑
对未来的认识	预测:把未来看作是过去的延续,可以进行有效的预测	创造:未来是人们主动行动的某种偶然结果,预测是不重要的,人们要做的是如何创造未来
行为的原因	应该:以利益最大化为标准,通过分析决定应该做什么	能够:做你能够做的,而不是根据预测的结果去做你应该做的
采取行动的出发点	目标:从总目标开始,总目标决定了子目标,子目标决定了要采取哪些行动	手段:从现有的手段开始,设想能够利用这些手段采取什么行动,实现什么目标;这些子目标最终结合起来构成总目标
行动路径的选择	既定承诺:根据对既定目标的承诺来选择行动的路径	偶然性:选择现在的路径是为了使以后能出现更多更好的途径,因此路径可能随时变换
对风险的态度	预期的回报:更关心预期回报的大小,寻求能使利益最大化的机会,而不是降低风险	可承受的损失:在可承受的范围内采取行动不去冒超出自己承受能力的风险
对其他公司的态度	竞争:强调竞争关系,更需要对顾客和供应商承担有限的责任	伙伴:强调合作,与顾客、供应商甚至与潜在的竞争者共同创造未来的市场

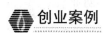
创业案例

董思阳的创业故事

董思阳在17岁时开始了她创业人生的第一步:摆摊。她跟当时所在的南洋大学副校长沟通,用比较便宜的价钱租了一个小的地方卖女孩用的小饰品,做这个对有过成功销售经验的她来说不是难事,她进的货也很受女孩子欢迎,刚开始就有很多女孩子特别喜欢,过了一段时间,她发现销售量不太好了,经过分析她认为是因为价格跟学校外面的店的差别并不是特别大,而因为店小种类也没有人家多,造成了竞争没有优势。

董思阳的人生词典里似乎从来没有"放弃"这个词,她努力寻求新的进货渠道,经过多方打听,她得知义乌的小商品卖得特别好,她于是带着一个大袋子来到义乌淘宝,到新加坡后,因为差价可观,终于赚到了钱。

不满足现状的董思阳,一边打理手头的小店,一边积极关注和寻找更大的机会。董思阳18岁的时候,她认识了一个马来西亚的园林商,通过园林商她了解到,农历新年马上来临的时候,新加坡的华人为了讨个吉祥,几乎每家每户都会买一两株橘子树放在家里。但是新加坡位于赤道附近,属于热带雨林气候国家,橘子树非常少。每逢新年,很多橘子树经销商都会从周边的一些国家进口大量的橘子树,以满足当地市场的需求。

敏锐的市场嗅觉让她马上意识到这是一个非常难得的商机,然后她就说服那个园林商发货给她,刚开始做的时候,她并不占优势,因为新加坡园林业比较发达,新加坡人都习惯去大的花城买,这反而让她开辟了一条致富新门路,就是上网卖。她别出心裁地把每棵橘子树上都挂上了吉祥的饰品,让人产生一种圣诞树那样的感觉。

结果她这灵光一现一下子化弱势为强势,扭转了销售局面。在网上看到她橘子树照片的人觉得很新鲜,加上她这橘子树跟其他人的价钱一样,购买的订单突然蜂拥而来,连一些经销商也要进她的橘子树卖,在高峰期的时候,很多客户一人就要买好几个,每家每户都要买好几棵橘子树,当新年到来的时候,董思阳惊喜地发现自己的银行存款已经达到了50万人民币。在欣喜的同时,她告诉自己:"董思阳,你就要成功了!加油!加油!"

(资料来源:王绎:《大学生零资本创业》,北京:科学出版社,2010年。)

(二)创业与创新

1. 创新的概念

"创新"(Innovation)的概念最早由美籍奥地利经济学家熊彼特在1912年出版的《经济发展理论》一书中提出。熊彼特认为,所谓"创新",就是建立一种全新的生产函数,也就是说,把一种以前从没有过的生产要素引入生产体系。具体包括以下5种情况:

(1)引进一种新产品,或提供一种更高质量的产品;
(2)采用一种新的生产方法;
(3)开辟了一个新的市场;

(4) 获得一种原料或半成品的新的供给来源;

(5) 实行一种新的组织形式。

熊彼特强调,创新并不等于发明,一种发明只有成功应用于经济活动才算是创新;而且创新者也不仅仅是实验室里的科学家,还包括有胆识、敢于承担风险同时又有组织才能的企业家。

此后的研究者从不同的角度展开对创新的研究,对创新的定义的理解也不尽相同。如德鲁克认为创新绝不仅是一项原有的产品和服务的改进,而是提供"与以前不同的经济满足",成为更有活力的、创造性的活动;沃尔夫(wolfe,1994)提出了定义"创新"的4种取向,包括产品取向、过程取向、产品及过程取向和多元取向。

总之,对于创新的概念,也有狭义和广义两个层次的理解。狭义的创新是把技术和经济结合起来,即表现为新思想的产生到产品设计、试制、生产、营销和市场化的一系列活动;广义的创新概念则将科学、技术、教育以及政治等与经济融合起来,即表现为不同参与者和机构之间(包括企业、政府、大学、科研机构等)的交互作用的网络体系,在这个网络中,任何一个结点都有可能成为创新行为实现的特定空间。

2. 创新与创业的关系

创业的核心和本质就是创新。创新支撑着创业,创业是创新的重要表现形式。

尽管创业并不一定都建立在创新基础上,但是无论如何,创业都离不开创新,特别是当今时代,创新既是创业的基础,又是发展的核心。创业企业在创新中成长,只有创新才有竞争力,只有创新才能使企业获得实质性的发展。现实中,许多科技企业的创业就是在创新的基础上起步的。因此,创新是创业的必由之路。

创新与创业的关系具体表现在以下几个方面:

(1) 创新的基础是科技的突破和应用。在实施技术创新的过程中,创业企业的技术水平会逐步提高。

(2) 创新的过程是企业培育自己主导设计和技术范式的过程。在这一过程中,创业企业的技术能力会逐步提高,进而会逐步培育出自己的核心技术能力。

(3) 创新需要企业整体上的配合和整合。在创新过程中,企业的技术获取能力、技术应用能力、生产组织能力、市场营销能力等都会得到相应的锻炼和提高,最终会使企业的整体行动能力得到提高,相应培育出企业整体上的核心能力。

(4) 企业在某一方面的核心能力,特别是核心技术能力一旦形成,就有可能在市场上赢得某一或某些方面的竞争优势。而一旦形成这种局面,创业企业就可能真正成长起来了。

(5) 创新的集群化,即形成创新集群,形成一定程度的"集聚效应"和"范围经济效应"。换言之,企业一旦在某一些创新上获得成功,顺沿相应的技术轨道,在相应的技术平台上,或在技术亲近度较高的技术领域,就可能形成一系列创新。而在形成这些创新集群的过程中,由于创新效率的提高,创业成本也随之降低。

中国科学院提供的一份研究报告指出:知识经济正在逐渐成为国际经济的主导,在这个过程中,世界科技的发展将更加迅猛,技术向产业的转换周期将更短。在新技术不断出现、落后技术被迅速淘汰的社会中,一个企业的竞争力的大小取决于其技术创新能力的强弱。一个缺乏创新能力的企业将失去存在的根据。特别是作为一个新创企业,"不创新,就灭亡"。唯有全面创新,包括技术创新、制度创新、产品创新、市场创新、管理创新等,以及将这些创新互相结合,并形成一种持续的创新机制,使技术与经济、教育、文化有机结合,创业企业才能赢得和保持长远的竞争优势。

(三)创业的功能

全球经济一体化进程的加快以及信息技术为代表的知识经济的来临,正不断改变着中国传统的产业格局。创业活动对我国经济发展有着重要的战略意义。它在增加就业、促进创新、创造价值的同时,正逐步成为解决我国现今诸多社会问题的有效途径之一。

1. 创业可以大力推动科技进步和创新

中国经济结构调整的重点是发展高新技术产业和进行传统产业的升级改造。人才开发和技术创新是新世纪我国提高国际竞争力的关键,而创业往往伴随着新技术、新产品、新工艺、新方法进入市场,科研成果转化型的创业企业,更是对全社会科技生产水平的提高有着不可替代的重要作用。这些科技型创业企业的建立,往往伴随着新的技术或工艺的产生与发展,这对中国整体科技水平和综合国力的提高有着巨大的促进作用,成功的企业必然会为社会经济注入新鲜活力,有利于促进整个社会生产力的发展。

2. 创业是缓解社会就业巨大压力的有效手段

就业是民生之本,创业是就业之源。根据经济合作与发展组织的调查显示,创业者和中小企业家提供了70%的就业机会。统计表明,美国500人以下的小公司发展迅猛,从1988年到1993年,创造了180万个工作机会,远胜过大企业同期所创造的10万个工作机会。管理学大师彼得·德鲁克曾对1965~1984年间的美国经济进行过研究,他发现:创业型就业是美国经济发展的主要动力之一,是美国就业政策成功的核心,就业机会都是中小企业创造的,并且主要是由创业型和创新型企业创造的。

就我国情况来看,劳动权是人权的基础和根本,关系着亿万人民的切身利益和生存尊严;就业问题因此也成为发展的核心问题,直接影响到经济平稳增长与社会和谐稳定。无论是减少贫困、提高收入还是扩大内需,充分的社会就业产生的经济社会效益,是实现科学发展、促进社会和谐的根本保证。

党中央、国务院历来高度重视我国的就业工作。从《就业促进法》将积极的就业政策上升为法律规定,到党的十七大将"社会就业更加充分"作为全面建设小康社会的奋斗目标;从应对国际金融危机实施更加积极的就业政策,到"十二五"规划提出实施就业优先战略,一系列重大决策和部署,不断丰富着我国积极就业政策的内涵,形成了更加积极的就业政策体系。

然而,作为世界第一人口大国,我国有着庞大就业人群;经济转型升级过程中,也伴随着诸多就业问题的结构性矛盾。就业工作的艰巨性、复杂性,世所罕见。这些年来,我国的就业总量持续增加,2003至2011年间,全国城镇新增就业9800万人;就业结构也在逐步优化,三大产业就业人员比重趋于合理;尤其是在应对金融危机的过程中,成功将城镇登记失业率控制在4%左右。这样的成绩,有效保障了人民群众劳动权利的实现,为经济社会发展奠定了坚实基础。

然而,未来几年,我们在就业问题上还有诸多难题有待解决。就业总量压力持续增大,城镇需就业的劳动力年均2500万人,还有相当数量的农业富余劳动力需要转移就业,就业的结构性矛盾也更加突出:一方面,传统行业出现大批下岗失业人员,许多人再就业困难;另一方面,新兴产业、行业和技术性职业所需素质较高的人员又供不应求。特别是加入世贸组织初期,不同地区、不同行业劳动力供求的不平衡性加剧,劳动力素质与岗位需求不适应的矛盾更加突出。

特别需要关注的是,随着高等教育数量和规模的扩张,高校毕业生的就业问题也日渐突出。据教育部统计,2013年我国应届高校毕业生人数将达到699万人,创历史新高,就业形势十分严峻。因此,培育大学生创业精神和创业技能,提倡和鼓励大学生自主创业,通过创业来解决大学生就业问题无疑是一种可行且有效的途径。一个大学生的创业成功,可以带动几个甚至一批大学生或社会待业人员的就业,如果社会上形成了大学生创业的氛围,则将大大缓解大学毕业生的就业压力。由此可见,加强针对大学生群体的创业教育意义重大。

3. 创业有利于推进国民经济的可持续发展

首先,创业有利于社会资源的优化配置。从行业发展角度看,创业企业的成功和加入必然会影响现有行业的格局,加剧行业内竞争态势,促进有限的社会资源向效率更高的企业流动,从而导致优胜劣汰局面的形成,也就有利于对有限的社会资源进行更合理的配置,可以产生更高的社会效益,促进社会经济的快速发展。

其次,创业有利于知识、创新成果的产业化转化。当今社会,创业企业往往由具有较高知识水平和技术水平,竞争力较强的创业者所创办,知识、技术和管理已成为重要的生产要素参与资本的增值和分配。创办知识密集型企业,国家对创业企业的政策倾斜和支持更大,政策导向不仅有利于创业者积极性的发挥,更有利于促进创业企业的成功。因此,成功创业有利于知识、创新成果的产业化转化,资本借助知识又能发挥更强大的作用,从而推动整个社会生产力水平的提高。美国新经济的兴起和发展离不开20世纪80年代硅谷大批创业企业的创立,这些企业的成功创业为美国的经济注入了勃勃生机和活力,对于推动美国国民经济的可持续发展做出了举足轻重的贡献,直到今天,美国硅谷依旧是美国经济保持以2%~3%的增长速度健康发展的重要支柱。

二、创业的要素与类型

(一)创业要素

什么对创业活动非常重要？这正是创业要素所要回答的问题。蒂蒙斯的创业要素模型影响深远。杰弗里·蒂蒙斯①是创业教育的先驱,有"创业教育之父"的美誉。他在长期的研究教育工作中提炼出了创业要素的模型,被称为蒂蒙斯模型,见图1-2。

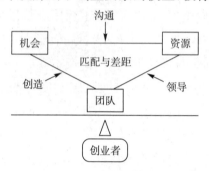

图1-2 蒂蒙斯模型

(资料来源:杰弗里·蒂蒙斯、小斯蒂芬·斯皮内利:《创业学》,周伟民、吕长春译,北京:人民邮电大学出版社,2005年。)

蒂蒙斯模型提炼出了创业的3大关键要素,即:机会、创业者及其创业团队、资源,这3个要素是任何创业活动都不可或缺的。没有机会,创业活动就成了盲目的行动,根本谈不上创造价值;机会普遍存在,没有创业者识别和开发机会,创业活动不可能发生;合适的创业者把握住合适的机会,还需要有资源,没有资源,机会就无法被开发和利用。

该模型还突出了要素之间匹配的思想,这对创业来说十分重要。对创业来源,无论是机会还是团队或是资源,都没有好和差之分,重要的是匹配和平衡,机会与创业者之间要匹配,机会与资源之间也需要匹配,机会、创业者、资源之间的平衡和协调是

---

① 杰弗里·蒂蒙斯(Jeffry A. Timmons),富兰克林·欧林创业学杰出教授与百森学院普莱兹—百森项目主任。科尔盖特大学文学学士,哈佛大学商学院工程管理硕士、工商管理博士。有"创业教育之父"之称,杰弗里·蒂蒙斯教授于2008年4月8日逝世,享年66岁。《商业周刊》和《成功》等杂志将蒂蒙斯教授评选为创业管理教育领域的权威人士。自1999年起,他成为美国国家创业委员会的特别顾问。2006年4月,他来天津参加由南开大学与百森商学院合作召开的"创业研究与教育国际研讨会",会后为来自中国内地、香港、台湾和新加坡的70多位主讲创业管理课程的华人学者讲授了3天课程,讲解和示范了如何教授创业课程的经验和方法。

创业者成功的基本保证,这些道理很简单但也很重要。

该模型具有动态特征。创业的3要素很重要,但不是静止不变的。随着创业过程的展开,其重点也相应发生变化,创业过程实际上是在3个因素相互之间作用,由不平衡向平衡方向发展的过程。成功的创业活动,必须要能将机会、创业者(创业团队)和资源3者做出最适当的搭配,并且也要随着事业发展而做出动态的平衡。

(二)创业类型

任何人都可以创业,那么选择怎样的创业形式?开展什么样的创业活动?这些问题则是创业类型所要回答的问题。一般而言,创业类型的选择与创业动机、创业者风险承受能力密切相关,而创业活动涉及各行各业,创业者的创业动机又千差万别,因而创业活动的类型也呈现出多样化的趋势。为了更好地了解创业活动过程,我们沿着"谁在创业→在哪里创业→创业绩效如何"的路径,来考察不同类型的创业。

1. 基于创业动机的分类

依据创业者的创业动机可以将创业分成生存型创业与机会性创业。

生存型创业(necessity-push entrepreneurship)是指创业者出于没有其他更好的选择,不得不参与创业活动来解决其所面临的困境。改革开放初期的创业者以及下岗职工的创业行为便属于这种类型。

机会型创业(opportunity-pull entrepreneurship)是指创业者抓住鲜有机会并实现价值的强烈愿望。创业需要有一个好的时机。例如,比尔·盖茨是一个典型的机会型创业者。他舍弃在哈佛大学法学院的学业毅然决定创业,是因为他在商业实践中发现了软件产业存在的巨大商机。

生存型创业和机会型创业不是创业者的主观选择结果,而是由创业者面临的环境和能力决定的。《全球创业观察中国报告:基于2005年数据的分析》显示,我国超过半数的创业活动属于生存型,而在美国,90%以上的创业活动属于机会型。① 这种分类告诉我们,要更好地发挥创业的经济与社会效应,不仅需要有意识和有计划地改善创业环境,还要不断通过创业教育来提升开拓新市场的能力,估计创业活动,改变创业活动结构,力争使我国创业活动实现"以机会型创业为主、生存型创业为辅"的发展模式。

2. 基于创业主体的分类

根据创业活动的主体的不同,创业可划分为个体创业与公司创业。个体创业主要指不依附于某一特定组织而展开的创新活动,这些创业活动是组织中工作的个体或团队推动的。从创业的本质看,个体创业与公司创业有许多共同点,但是由于创业

---

① 高健、姜彦福等:《全球创业观察中国报告:基于2005年数据的分析》,北京:清华大学出版社,2006年。

主体在资源禀赋、组织形态和战略目标等方面不同,因而在创业的风险承担、成果收获、创业环境、创业成长等方面存在较大的差异。两者的主要差异如表1-2所示。

表1-2 个体创业与公司创业的比较

个体创业	公司创业
创业者承担风险	公司承担风险,不是与个体相关的风险
创业者有全部或大部分事业且回报无限	创业者或许拥有公司较少权益且回报有限
创业者较难承担较大的试错性成本	公司可以承担更多更大的试错性成本
受外部活动波动影响较大	受外部环境波动影响较小
创业者有相对独立性	创业者更多受团队牵制
决策灵活快速	公司内部规则、程序和官僚体系阻碍决策调整
在创业主义方面可沟通的人少	在创业主义方面可沟通的人多
初创期存在有限的规模经济和范围经济	公司能很快实现规模经济和范围经济
严重的资源局限和约束	各种资源容易获得

(资料来源:张玉利主编:《创业管理》,北京:机械工程出版社,2013年。)

3. 基于创业绩效的分类

依据创业者的创业绩效对创业进行分类,是一种常见的分类形式,这种分类有助于创业者关注创业活动绩效,提升创业活动质量,有助于创业活动取得成功。在这方面,克里斯琴(Christian,2000)的分类更具代表性。克里斯琴依照创业对市场和个人的影响程度,把创业分为以下4种类型:

(1)复制型创业。复制原有公司的经营模式,创新的成分很低。例如,某人原本在一家美容院担任美容师,后来离职,创立一家与原美容院类似的新美容院。新创企业中属于复制型创业的比率虽然很高,但由于这种类型创业的创新贡献太低,缺乏创业精神的内涵,不是创业管理研究的主要对象。这种类型的创业基本上只能成为"如何开办新公司",因此,很少会成为被列入创业管理新课程中学习的对象。

(2)模仿型创业。虽然很少给客户带来新创造的价值,创新的成分很低,但对创业者自身命运的改变还是较大的。它与复制型创业的不同之处在于,创业过程对于创业者而言,具有很大的冒险成分。如某大学教师辞掉工作,开设一家24小时不打烊的咖啡书吧。这种形式的创业具有较高的不确定性,学习过程长,犯错机会多,试错性成本也较高。这类创业者如果具有企业家的基本特质,经过系统的创业管理培训,一旦把握市场时机,其获得成功的几率将大大提高。

(3)安定型创业。虽然为市场创造了新的价值,但对于创业者而言,本身并没有太大的改变,做的也是比较熟悉的工作。这种创业类型强调的是创业精神的实现,也就是创新的活动,而不是新组织的创造,企业内部创新即属于这一类型。如组织内的研发小组在开发完成一项新产品后,继续在该企业部门开发另一项新产品。这种创业形式强调的是个人创业精神的最大限度实现,而不是对原有组织结构进行设计和调整。

(4)冒险型创业。除了对创业者本身带来极大改变,个人前途的不确定性也很高。对新创企业的产品创新活动而言,也将面临很高的失败风险。冒险型创业是一种难度很高的创业类型,如果想要获得成功,必须在创业者能力、创业时机、创业精神发挥、创业策略研究拟定、经营模式设计、创业过程管理等各方面,又要有很好的配合。

三、创业过程与阶段划分

创业过程包括创业者从产生创业想法到创建新企业或开创新事业并获取回报,涉及识别机会、组建团队、寻求融资等一系列活动。从阶段性活动来看,可分为机会识别和机会开发 2 大阶段,并可进一步细分为以下 6 个方面:

(一)产生创业动机

创业活动的主体是创业者,创业活动首先取决于个人是否决定成为创业者。当然,不少人是因为看到了创业机会,由于潜在收益的诱惑,激发了创业动机,进而成为一名创业者或创业团队成员。一个人能否成为创业者,直接受下列 3 方面因素的影响。

一是个人特质。事实上,每个人都具有创业精神,但其创业精神的强度不同,强度的大小有遗传的成分,更受到环境的影响。温州人的创业动机就要强烈得多,其中环境起到了很大的作用,成功的创业者受到普遍的尊敬,人们可以随时与创业者接触,自然就培育了更多的创业者。这种情况在公司内部也是如此,勇于变革、创新的创业文化氛围会培养出更多的变革型领导者,通用电气公司就是典型的例子。

二是创业机会。创业机会的增多会形成巨大的利益驱动,促使更多的人创业。社会经济转型、技术进步等多方面的因素在使创业机会增多的同时,也降低了创业门槛,进而形成了更大的创业浪潮。

三是创业的机会成本。创业者创业的机会成本一般较低。也就是说,如果不创业而从事其他工作,他们获得的收入和需求的满足程度会比自己创业低。科学家独立创业的少,是因为科学家可以谋得一份收入相对丰厚而且稳定的工作,为什么要冒创业失败的风险呢?创业者的机会成本往往是他们的时间和劳动的投入。比较起来,那些在国有企业有较高职位和稳定收入的人"下海"创业,似乎机会成本很高,但凭借他们的能力和经验,即使创业不成功,也不会有太大的损失,他们还可以谋求稳定的工作,实际的机会成本并不高。

随着社会保障体系的建立和健全,以及产权体制改革的深化,因为体制差别形成的原有特殊利益会逐渐减少,结果会进一步降低创业成本,激发人们的创业动机。

(二)识别创业机会

识别创业机会是创业过程的核心,也是创业管理的关键环节。识别创业机会包括发现机会和评价机会价值2大方面的活动,这其中有许多问题值得研究。第一,机会来自哪里?或者说创业者应该从何处识别机会成本?第二,为什么某些人能够发现创业机会而其他人却不能?或者说哪些因素影响甚至决定了创业者识别机会?第三,机会是通过什么形式和途径被识别到的?是经过系统搜集和周密的调查研究还是偶然被发现的?第四,是不是所有的机会都有助于创业者开展创业活动并创造价值?围绕这些问题,可以看到创业者在识别创业机会阶段经常要采取的活动。为了识别到机会,创业者可能需要多交朋友并经常与朋友交流沟通,这样做有助于创业者更广泛地获取信息。创业者可能还需要细心观察,从以往的工作和周边的事物中发现问题,看到机会。对于自认为看到的机会,创业者需要对机会进行评估,判断机会的价值。

(三)整合资源

整合资源是创业者开发机会的重要手段。强调整合资源,是因为创业者可以直接控制的可用资源少,许多成功的创业者都有白手起家的经历。对创业者来说,整合资源往往更意味着整合外部的资源、别人掌握控制的资源,来实现自己的创业理想。

人、才、物是任何生产经营单位都要具备的基本生产要素,创业活动也是如此。对打算创业并识别到创业机会的创业者来说,要想成就一番事业,就要组建团队,凝聚一批志同道合的人。创业者所需要整合的另一种基本的也是十分重要的资源就是资金,在创业过程中被称为"创业融资"。创业活动是创业者在资源匮乏的情况下开展的具有创造性的工作,势必面临很大的不确定性,在很多情况下,创业者自身对事业未来的发展也不清楚。在这样的情况下,外部组织和个体当然不敢轻易给予投资。所以不少创业者在创业初期乃至新企业成长的很长一段时间里,都把主要的精力投入到融资的努力中。

创业者不能仅靠自己所识别的机会整合资源,还需要围绕创业机会设计出清晰的商业模式,向潜在的资源提供者陈述清晰有吸引力的盈利模式,有时还需要制订详细的创业计划。要知道潜在的资源提供者也不希望自己拥有的资源被闲置,他们也急于寻找到资源升值的途径。目前在我国,一方面企业难以融资,难以找到合适的人才;另一方面则是大量的资金被存到银行,大量的剩余劳动力在渴望工作。

(四)创建新企业

新企业的创建是衡量创业者创业行为的直接标志,有人甚至直接将是否创建了新企业作为个人是不是创业者的衡量标准。创建新企业有不少事情要做,包括公司制度设计、企业注册、经营地址的选择、确定进入市场的途径,等等。有时甚至要在是创建新企业还是收购现有企业等进入市场的不同途径之间进行选择。这些工作也是开创新事业、公司内部创业活动等都需要思考的。对公司内部创业活动来说,可能没有公司制度设计问题,但同样要设计奖惩机制,甚至需要制订利益分配原则;可能没有企业注册问题,但同样要有资金投入及预算控制机制等问题。创业初期,迫于生存的压力,也由于对未来发展无法准确预期,创业者往往容易忽视这部分工作,结果给以后的发展带来许多问题。

(五)实现机会价值

创业者整合资源、创建新企业的目的是实现机会价值,并通过实现机会价值来实现自己的创业目标。这显然是创业过程中的重要环节,许多创业管理教材把这一阶段的工作具体陈述为新企业的生存与成长。

表面看来,与有多年经营历史的现存企业相比,创业者新创建的企业没有什么本质的区别,都要做好生存销售等类似的工作,但实际上差异还是巨大的。对已存在的企业来说,其销售工作的核心任务也许是注重品牌价值,维护好老顾客,提升顾客的忠诚度。而对新创建的企业来说,尽管也要考虑品牌价值等问题,但首要的任务则是如何争取到第一个顾客,如何从竞争对手那里把顾客抢夺过来,这意味着新企业要为顾客创造更大的价值,也可能意味着为获得同样的收益要付出更大的代价和成本。

确保新创建的企业生存是创业者必须面对的挑战,但创业者不能仅仅考虑生存,同时还需要考虑成长,不成长就无法生存得更长远,在激烈竞争的环境中尤其如此。企业成长存在内在的基本规律,在这方面,企业成长理论(包括成长决定因素理论和成长阶段理论)研究已经取得了较丰富的成果。创业者需要了解企业成长的一般规律,预见企业不同成长阶段可能面临的管理问题,采取有效的措施予以防范和解决,使机会价值得到充分实现,同时不断地开发新的机会,把企业做大、做强、做活、做长。

(六)收获回报

追求回报是创业活动的主要目的,不求回报是做人的美德,但对开展创业活动的创业者来说,这样的美德是不值得提倡的。对回报的追求有助于强化创业者对事业的执着。对创业者来说,创业是获取回报的手段和途径,是一种载体,而不是目的本身。回报可能是多种多样的,对回报的满意程度在很大程度上取决于创业者的创业动机。调查发现，多数创业者的创业动机首先是自己当老板，然后才是追求利润和财富，对这些人来说，当老板的感受就是回报。对以追求财富为主要动机的创业者来说，把自己创建的企业在短期内培养成为一家快速成长的企业，并成功上市，可能是获取回报的理想途径。

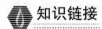知识链接

创业者的7大必备条件

1. 充分的资源（resources），包括人力和财力。创业者要具备充分的经验、学历、流动资金、时间、精力和毅力。

2. 可行的概念（ideas），生意概念不怕旧，最重要的是可行、有长久性，可以继续开发、扩展。

3. 适当的基本技能（skills），不仅要有行业中的一般技能，而且还包括管理技能。

4. 有关行业的知识（knowledge），不能只陶醉于自己的思想。

5. 才智（intelligence），创业者不一定要有高智商，但要能够善于把握时机去作出明确的决定。

6. 朋友网络和人际关系（network），创业者如果有人帮助和支持，不断扩大朋友网络和搞好人际关系会带来不少方便。

7. 确定的目标（goal），明确的目标，可使创业者少走弯路，有奋斗方向。

非常巧的是，将这7个条件的首个英文字母串在一起，恰好是 risking，"冒险"一词，这也反映出创业者要注意规避风险。

（资料来源：刘志阳：《创业学》，上海：格致出版社，2010年。）

四、创业精神的本质及创业精神的培育

（一）创业精神的本质

如前所述，创业的一层含义是"活动"，另一层含义则是"精神"，创业精神是创业者在创业过程中表现出的重要行为特征的高度凝练，知识经济时代，创业精神将发挥更大的作用，对加快转变经济发展方式，促进经济社会又好又快发展意义重大。创业精神可以高度概括为以下方面：

1. 勇于创新

尽管创业并不一定都建立在创新的基础上，但是无论如何，创业都离不开创新，特别是当今时代，创新既是创业的基础，又是发展的核心。具有创新精神，才能让创

业者发挥自己的潜能,打破各种条条框框的束缚,开创新的局面。固定资产近30亿、2003年产值达11亿元的中国工业电器龙头企业浙江正泰集团董事长南存辉在总结企业发展时说:"一个优秀企业的发展,是不断战胜对手和超越自我的结果。创新与卓越同在,创新是企业的生存之本。正泰的创新,就在于技术创新、制度创新和管理创新。"美国《财富》杂志2002年下半年连续刊载了11位白手起家的百万富翁自述的发家史,这些富翁分布在金融、IT、传媒、零售、快递、体育等各个行业,他们亲手创下的企业如今都已成为世界上赫赫有名的大公司。细读他们的故事可以发现,这些了不起的创业者都有一个共同的特点,即都是靠点子起家,凭着自己的奇思妙想,敢想敢做别人认为不可能的事,并且执着于自己的信念,才创下了百万、亿万的财富,甚至对某些行业和领域的发展产生了至关重要的影响。有关专家指出:新经济的本质就是创新,就是促使个人的潜能得到充分利用,要鼓励所有人在一切可能的方向上创新,创新与速度是新经济的真正内涵,是市场竞争的不败法则。

2. 敢当风险

创业总伴随着高风险、模糊和不确定性,成功的创业者需要容忍风险、模糊和不确定性。创业者把资金都投入创业的事业上,但成功的创业者不是赌徒,而是有计划的冒险,并且让其他人和他们一起分担财务与商务上的风险。例如,合伙人会投入其资金和声誉,客户提前付款,供应商提供信贷。他们能乐观而清晰地看到公司的未来,从而保持勇气。通过仔细定义目标、战略,控制和监督他们的行动方式,并按照他们预见的未来加以调整,降低了创业风险。创业者还要容纳模糊性和不确定性,并对冲突泰然处之。创业者起初可能没有订单,即使有,也可能出现订货无法如期交货的现象。更为糟糕的是,组织、结构和秩序的缺乏成为了家常便饭。无休止的变化把模糊性和压力带到了企业的各个部分。具体工作无法确定并常常变动,比如新客户、新同事的加入,以及无法避免的挫折和出人意料的事件。成功的创业者把压力化为好的结果,将绩效最大化,并把负面影响和沮丧情绪最小化。

3. 团结合作

一个人的心胸决定了他所能达到的事业的高度。成功创业需要发挥团队合力,作为团队的灵魂人物更要有包容之心,识人之慧。

在个人创业的起步阶段,创业者要么是一个人单枪匹马开始自己的创业之路,要么联合几位朋友集体合作,形成团队,共同发展。但是,在个人创业高达85%的失败案例中,单枪匹马上阵的创业者很容易因为势单力薄而中枪落马。而集体合作的创业团队又往往因为内部矛盾摩擦及利益分配不均而导致解体。

创业需要的是一个系统,作为单独的一个人,不可能具备创业所需要的所有技能和资源,并且,在对市场的思维方式方面必定会存在一定的局限性,其个人必定有欠缺的地方;再者,有些涉及专业领域的方面更是问题。要始终记住让专业的人做专业的事,创业者自己不要过于逞强,以为自己是全能。所以,创业者需要从事业整体出发,明确哪些方面的技能和资源是自己所欠缺的,再以此来寻找具备此类技能和资源的合作者,整合大家的资源,共同发展。

4. 坚持不懈

坚持是一种品格。创业成功者大多意志力坚强,勇往直前,能坚持不懈地向目标前进。执着的创业者个性坚定,做任何事都非常有毅力,坚忍不拔,有无比的耐性和持久性,执着能够产生创办企业的激情。创业的道路充满坎坷,无论是面对成功还是失败,创业者都必须有执着和坚韧不拔的品格。纵观每个成功企业的创业,都是在创业者的领导下,经历了一次次的失败后才取得成功的。在失败面前创业者要坚韧不拔、矢志如一,在成功时创业者也要如此。这一条往往被许多创业者及大公司的领导者所忽略。"失败乃成功之母",善于汲取失败的教训是不少创业者能够做到的,但如何在成功面前保持清醒的头脑,如何坚定不移地不断开创新的局面,是成就大业的创业者需要重点考虑的问题。

(二)创业教育与创业精神的培育

创业精神是推动创业型经济发展的持续动力。大量事实表明,创业精神和创业能力是可以通过教育培养的。人们之所以认为创业不是一种理想的职业选择,是因为人们对创业教育重视程度不够,缺乏创业意识的启蒙和创业精神的塑造。创业者具有先天素质,并可以在后天被塑造得更好,某些态度和行为是可以通过经验和学习学到、被开发、实践或被提炼出来。以处于全球创业教育领先地位的美国百森商学院接触创业者学会的第一批21位学员为例,这21位著名的创业者在谈及获得成功的原因时都提到的3种品质是"对挑战做出正面反应以及从错误中学习的能力"、"个人创造"和"极大的恒心和决心"。这些重要的态度和行为表明,创业者可以通过学习和教育来对一些重要的创业素质进行培养和实践。

创业教育的目标如表1-3所示。创业教育的重点首先是培养学生对新机会的识别、评估和捕捉能力。能够看到或是想到做事情的新方法是创业精神的根本所在,对机会的评估是一种重要的技能;其次是培养学生掌握和运用管理知识与技能创建并管理新企业、新事业,使机会转化为商业利润和社会价值。最后是培养学生应对不确定性环境的能力。①

---

① 张玉利、李新春:《创业管理》,北京:清华大学出版社,2006年。

表 1-3 创业活动的行为逻辑

创业教育的目标	重要性排序
增加对新创事业创建与管理过程的认知与了解	1
增加学生职业生涯发展中的创业选项	2
了解创业活动与智能管理活动之间的关系	3
了解创业所需的特殊技能	4
了解新创企业在经济与社会发展中的作用和功能	5

（资料来源：Cerald, E. H. Variations in University Entrepreneurship Education: An Empirical Study of an Evolving Field [M]. Journal of Business Venturing, 1988, 3(2):109-122. ）

"创业教育将成为 21 世纪现代人的第三本教育护照"。联合国教科文组织"面向 21 世纪教育国际研讨会"指出，21 世纪的青年除了接受传统意义上的艺术教育和职业教育外，还应拥有"第三本教育护照"——创业教育。

高等学校作为创业精神的培养地和高素质创新人才的培养基地，更应承担起实施创新创业教育的重任。它能使学生将被动的就业观念转变为主动的创业观念，将自己的专业技能和兴趣特长相结合，创造出自己所期望的价值。创业教育不仅是高等学校创新教育与素质教育的重要体现，更是改革传统人才培养模式，为社会创造新的就业机会和就业岗位的重要途径，对于缓解大学生就业的巨大压力，解决社会矛盾，保障经济和社会稳定，都有着极为重要的现实意义和深远的社会影响。

当前，越来越多的高校已经将"创业精神的培养"纳入大学教学课程体系之中，融入人才培养的全过程。推进全校性创新创业教育，是"适应经济社会和国家发展战略需要而产生的一种教育理念与模式"，"对于促进高等教育科学发展，深化教育教学改革，提高人才培养质量具有重大的现实意义和长远的战略意义"。① 高校对学生的教育不能再仅仅局限于就业教育，还应当扩展到以创造、创新为主题的创业教育。没有创业，哪来就业？自谋职业、自主创业，不仅可以为国分忧、为社会献力，而且也有利于体现自身价值，实现个人理想。特别是在当前，国家的改革环境、经济环境都非常需要创业，也非常有利于创业。

对创业教育而言，首先就是要改变创业就是创建新企业的狭隘观念。创业首先是一种理念、一种精神，一种不满足于现状、敢于创新并承担风险的精神，是一种在不考虑资源约束的情况下把握机会创造价值的认识，是一种做人的态度，给人以积极向上的感觉。创业教育首先要培养学生树立用创业精神开展工作的意识。创业教育容易激发学生的激情，进而促使他们采取行动。一位学习过创业管理课程的学生谈到学习感受时说道："本来以为，依我的性格，创业这样果敢刺激的行为是不会属于我的。学习了一个学期的课程以后我发现，这门课燃起了我的创业冲动。这门课教了

---

① 《教育部关于大力推进高等学校创新创业教育和大学生自主创业工作的意见》，教育部网站。

很多知识和技能,但是给我留下了印象最深的,当属机会的识别了。走在路上,看到什么都在想,这是不是一个创业机会啊?"因此,创业教育是在促使学生强化终身学习的意识和习惯。创业行为普遍存在各种组织和各种经营活动中,运用创业精神开展工作是取得成绩和进步的前提。创业教育就是培养和打造学生的创业精神,锻炼和强化学生的创业技能,理应成为现代高等教育的重要内容。

第二节　知识经济发展与创业

> 野蛮社会,体力可以统御财力和智力;资本社会,财力可以雇用体力和智力;信息社会,智力可以整合财力和体力。

一、经济转型与创业热潮的关系

(一)经济转型是创业热潮兴起的深层次原因

尽管我国历史上有山西商帮、徽州商帮、龙游商帮、陕西商帮、山东商帮、宁波商帮、洞庭商帮、江西商帮、福建商帮、广东商帮等 10 大商帮,有显赫的山西票号,有著名的红顶商人胡雪岩;尽管改革开放初期浙江因有大量的创业者,出现了"浙商制造"现象,并使当地经济发生翻天覆地的变化,但对创业特别是创业研究的重视却是近几年的事情。

2002 年,英国中央英格兰大学主办的创业与区域发展论坛(Entrepreneurship and Regional Development)第二届年会希望到中国召开,经校友介绍,南开大学商学院决定作为论坛的合作伙伴,当年 9 月 6~7 日,双方在北京长城饭店共同举办了这次论坛,在 200 多位与会者中,60% 来自海外,国内除了南开大学的师生外,其他单位很少有人参会,当时大家对"Entrepreneurship"这个词还很陌生。这正是中国当时对于创业关注度的情形。

创业在我国为什么突然变得这么热?我们可以从经济转型这一大的时代背景下找出原因。加入 WTO 后,中国经济正飞速地迈向国际化。在国际化竞争和较量的进程中,中国经济出现了一种新观念、新技术和新体制相结合的经济转型模式。这种经济转型模式不仅是中国现代经济增长的主要动力,而且还将改变人们的生产方式和生活方式。改革开放的巨大成就让中国成为了全球制造中心。据报道,我国已有数百种产品的销量达到世界第一。制造业极大地促进了整个国民经济的发展,创造了巨大的财富,但对于研究开发、品牌价值而言,制造业处于中间环节,附加价值低,这是不容置疑的事实。鼓励自主创新、构建创新型国家是中央在改革开放进行到一定阶段的正确决策,要实现这些战略目标,适应经济和社会转型的要求,也应鼓励创业。

事实上,西方发达国家的创业热潮兴起得也较晚。尽管美国在1953年就成立了小企业局(Small Business Administration, SBA),但社会普遍重视创业和中小企业发展则是20世纪70年代后期的事情。一方面,调查发现小企业能比大企业创造更多的就业岗位,在创新方面也不逊色甚至优于大企业,在产值、税收、出口等方面的贡献也很大;另一方面,也是更重要的,是从工业时代到信息时代的社会转型,智慧、创意、创新、速度等成为竞争优势的关键来源,大企业主导经济发展的时代成为过去,形成了有利于创业活动开展和中小企业发展的良好环境。微软、戴尔、苹果、Google等企业创业成功的经历就充分地说明了这一点,而大公司注重在内部培育创业精神,强调变革、战略更新、组织年轻化等也说明了大企业在积极适应这种变化。

创业热潮值得关注,因为创业热潮的本质驱动力来自经济转型。我们不可以忽视经济转型带来的创业热潮,伴随着经济转型形成的创业热潮会更持久。

(二)全民创业是推动中国经济转型和升级的重要力量

早年的创业不叫创业,叫"下海"。新中国的第一波"下海"潮,当在20世纪80年代。柳传志曾这么评价他的创业时代:"下海确实很被人看不起,这是那些勇敢者做的事情,这些勇敢者在过去就是在社会上没有地位的人。"那个年代,主流的创业者以个体户为多,大多是城镇待业人员,被逼无奈自谋生计,算是被动创业者。

从1984年算起,中国至少有4次创业大潮,每一次大潮都有一个从上而下的过程,离不开政府和政策的引导,更是与中国经济结构的调整息息相关,早年的创业潮更是带有中国从计划经济走向市场经济的转型烙印。

1984年春,邓小平考察深圳和珠海等地,在特区到底是姓资还是姓社的全民大讨论中,坚持进一步推动生产力发展和思想解放,给中国的改革开放事业进一步发展奠定了基础。这一轮的创业潮以打破计划经济下的平均主义、解放思想、搞活商品经济为主。1984年的新闻人物步鑫生,就是以对浙江海盐县衬衫总厂做的"三新(款式新、衣型新、装潢新)"、"一快(周转得快)"以及对员工薪酬的"按劳分配"而闻名全国。张瑞敏给中国商界的贡献主要在管理上。"不准在车间随地大小便"和"76台不合格冰箱被砸成废铁"这些广为流传的事例恰恰是那个时候中国企业管理改革的写照,也成了"中国制造"的缩影。这一轮的创业弄潮儿大多是在体制下创业,以自己的血汗、智慧以及胆量在实践着中国经济改革开放的"政企分开"和"对外开放"的目标。

如果说，1984年的创业还只是勇敢者的拓荒游戏，1992年的创业潮则更像一个社会精英的掘金潮。据《中华工商时报》的统计，当年度全国至少有10万党政干部主动下海经商。他们的创业活动与当时的政策及时代风气息息相关。1992年春天，邓小平再次到南方考察，并发表了著名的南方讲话。以此为契机，国务院修改和废止了400多份约束商业活动的文件，《人民日报》甚至还发表了《要发财，忙起来》的文章鼓励人们下海经商。这一时期的创业潮在当时依然被称作"下海"。不过，他们在市场经济的大海畅游时，比前辈幸运，可以选择非体制下的创业。这一年5月，中国的《有限责任公司暂行条例》、《股份有限公司暂行条例》相继出台，全国兴起办公司热。这一批人是中国的现代企业制度的试水者，和之前的创业者相比，他们是中国改革开放以来，最早具有清晰、明确的股东意识的企业家代表。他们普遍具有企业现代管理意识，具有较强的资源整合能力，尤其是懂得资本运作，对宏观环境变化有灵敏的嗅觉。

"海归"创业初步形成一股潮流是在20世纪90年代中后期，以互联网领域的张朝阳、李彦宏等为代表。他们创业成功后，被称为互联网时代的英雄。同前两波创业潮一样，他们回国创业也有一个政策大环境。1997年，江泽民在中共十五大报告中指出，鼓励留学人员回国工作或以适当方式为祖国服务。这些先行的"海归"，在回国创业前，大多是工科专业，在美国获得过博士学位，目睹或亲历过美国硅谷高科技产业发展的奇迹。他们回国，带来的不仅仅是创业项目，还有美国的风险投资资本。模仿硅谷的创业项目和来自硅谷的早期资本的支持成了这一轮"海归"创业潮最鲜明的特征。

在"海归"群体的示范下，本土的创业者也越来越多，创业的领域也从互联网向生物医药、太阳能、清洁技术、教育、消费等诸多领域扩张，出现了全民创业潮。

2008年的全球经济危机，则让新一轮"海归"创业潮和全民创业潮出现了叠加。新一轮"海归"创业潮以中组部部长李源潮倡导的"千人计划"为标志，在全国各地展开引进海外高层次人才回国创业。创业范围不再以互联网为主，而是涵盖新能源、新材料、生物医药、汽车制造、文化创意等多领域。全民创业潮的新推动者则包括各级地方政府，他们倡导"回乡创业"和"大学生创业"，并出台了一系列扶持政策。

这新一轮"海归"创业潮和全民创业潮也是中国经济转型和升级的发动机，其主题词是创新、创意。正如温家宝2010年8月21日考察深圳时所言："年轻人富有朝气，没有框框，敢想别人不敢想的事，敢做别人不敢做的事，反映在工作上就是勇于创新，打破框框。"

创业活动对中国经济和社会发展做出了贡献。张维迎教授在接受《权衡》杂志专访时说道，我们把全国31个省市自治区的GDP情况做一个比较，就会发现，企业家活动越发达的地方，社会收入差距就越小。哪个地方对企业家有吸引力，哪个地方的经济增长就快,哪个地方普通人的生活水平就高;哪个地方的创业环境好,哪个地方的企业办的多,哪个地方的就业压力就小。企业家队伍的壮大对社会的贡献是多方面的。中国改革开放以来几次大的经济发展,都与企业家群体的成长有关。

从发展的角度看,我国创业活动的性质发生了很大变化。其一是机会的性质发生了变化。投机性的机会减少了,可以凭借知识和创造力开发的机会增多了,这是改革开放不断深化的结果。其二是创业者队伍的结构发生了变化。如前所述,20世纪80年代的创业者队伍的主体是"弱势群体",包括不甘心与土地为伴的农民和没有什么出路的城市个体户;90年代党政干部和知识分子下海经商,其中很多人认为失去了政治前途,但看到了商业活动的前景;2000年前后,随着互联网的发展,出现了一大批以"海归"人员为主的专家型企业家,可以说他们是21世纪开始以"新经济"、"网络经济"为重要特征的经济增长的推动力量。

当下,我们正处在一个创业环境日益宽松、创业机会日益增多的全民创业时代。随着创业环境的不断优化,我国必将迎来一个前所未有的"创业黄金期"。

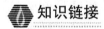
知识链接

2013大学生创业政策优惠政策解读

一、企业注册登记方面

1. 程序更简化

凡高校毕业生(毕业后两年内,下同)申请从事个体经营或申办私营企业的,可通过各级工商部门注册大厅"绿色通道"优先登记注册。其经营范围除国家明令禁止的行业和商品外,一律放开核准经营。对限制性、专项性经营项目,允许其边申请边补办专项审批手续。对在科技园区、高新技术园区、经济技术开发区等经济特区申请设立个私企业的,特事特办,除了涉及必须前置审批的项目外,试行"承诺登记制"。申请人提交登记申请书、验资报告等主要登记材料,可先予颁发营业执照,让其在3个月内按规定补齐相关材料。凡申请设立有限责任公司,以高校毕业生的人力资本、智力成果、工业产权、非专利技术等无形资产作为投资的,允许抵充40%的注册资本。

2. 减免各类费用

除国家限制的行业外,工商部门自批准其经营之日起1年内免收其个体工商户登记费(包括注册登记、变更登记、补照费)、个体工商户管理费和各种证书费。对参加个私协会的,免收其1年会员费。对高校毕业生申办高新技术企业(含有限责任公司)的,其注册资本最低限额为10万元,如资金确有困难,允许其分期到位;申请的名称可以"高新技术"、"新技术"、"高科技"作为行业予以核准。高校毕业生从事社区服务等活动的,经居委会报所在地工商行政管理机关备案后，1年内免予办理工商注册登记，免收各项工商管理费用。

提醒：据工商局个体处的工作人员介绍，目前有关政策已经执行，大学毕业生在办理自主创业的有关手续时，除带齐规定的材料，提出有关申请外，还要带上大学毕业生就业推荐表、毕业证书等有关资料。

二、金融贷款方面

1. 优先贷款支持、适当发放信用贷款

加大高校毕业生自主创业贷款支持力度，对于能提供有效资产抵（质）押或优质客户担保的，金融机构优先给予信贷支持。对高校毕业生创业贷款，可由高校毕业生为借款主体，担保方可由其家庭或直系亲属家庭成员的稳定收入或有效资产提供相应的联合担保。对于资信良好、还款有保障的，在风险可控的基础上适当发放信用贷款。

2. 简化贷款手续

通过简化贷款手续，合理确定授信贷款额度，一定期限内周转使用。

3. 利率优惠

对创业贷款给予一定的优惠利率扶持，视贷款风险度不同，在法定贷款利率基础上可适当下浮或少上浮。

提醒：中行、农行、建行、民生银行、中信实业银行等银行相关人士均表示，该行目前没有开办大学生自主创业贷款这项业务，这种尴尬情况主要缘于此类贷款的高风险。中信实业银行办公室有关人士表示，银行在追求资金收益性、流动性的同时，也要考虑其安全性。大学毕业生自主创业贷款相对其他贷款，风险高。大学生刚毕业，缺少社会工作经验，又没有合适的抵押物或担保，银行一般不会轻易贷款。另一位业内人士也表示，即使大学生手头上有合适的项目，但这也只是个别现象。作为企业，银行发放这样贷款投入成本和收入不成正比。

事实上，大学生创业贷款难就难在无法提供有效资产作抵押或质押。目前已有多家银行开办了针对具有城镇常住户口或有效居留身份，年满18周岁自然人的个人创业贷款。此类创业贷款要求个人采用存单质押贷款，或者房产抵押贷款以及担保贷款。

三、税收缴纳方面

凡高校毕业生从事个体经营，自工商部门批准其经营之日起1年内免交税务登记证工本费。新办的城镇劳动就业服务企业（国家限制的行业除外），当年安置待业人员（含已办理失业登记的高校毕业生，下同）超过企业从业人员总数60%的，经主管税务机关批准，可免纳所得税3年。劳动就业

服务企业免税期满后,当年新安置待业人员占企业原从业人员总数30%以上的,经主管税务机关批准,可减半缴纳所得税2年。

四、企业运营方面

1. 员工聘请和培训享受减免费优惠

对大学毕业生自主创办的企业,自工商部门批准其经营之日起1年内,可在政府人事、劳动保障行政部门所属的人才中介服务机构和公共职业介绍机构的网站免费查询人才、劳动力供求信息,免费发布招聘广告等;参加政府人事、劳动保障行政部门所属的人才中介服务机构和公共职业介绍机构举办的人才集市或人才、劳务交流活动给予适当减免交费;政府人事部门所属的人才中介服务机构免费为创办企业的毕业生、优惠为创办企业的员工提供一次培训、测评服务。

2. 人事档案管理免2年费用

对自主创业的高校毕业生,政府人事行政部门所属的人才中介服务机构免费为其保管人事档案(包括代办社保、职称、档案工资等有关手续)2年。

3. 社会保险参保有单独渠道

高校毕业生从事自主创业的,可在各级社会保险经办机构设立的个人缴费窗口办理社会保险参保手续。

(资料来源:青年创业网 http://www.qncye.com/ruhe/daxue/01102828.html)

二、知识经济时代赋予创业的重要意义

(一)知识经济时代的到来为创业活动提供了更为广阔的舞台

知识经济时代就是以知识运营为经济增长方式、知识产业成为龙头产业、知识经济成为新的经济形态的时代。知识经济作为一种崭新的经济形态正在悄然兴起。在知识经济的模式中,知识、科技先导型企业成为经济活动中最具活力的经济组织形式,代表了未来经济发展的方向。

知识经济时代,高科技产业发展已成为一国竞争力的主要决定因素,而发展高科技产业不仅需要一个完整的国家创新创业体系的支撑,更需要一大批具有创新精神和创造力的人才,创业已成为一国经济持续发展的原动力。

伴随知识经济时代的到来,许多行业中原有投资主体正逐步退出,个别行业甚至萎缩或消失,而蕴涵着更为丰富的知识和科技含量的新兴行业正迅速崛起。新的产业部门将取代传统的产业部门,新的资源与新的资源配置方式不断呈现,一些新的就

业方式和财富增长方式也随之产生,知识就业者、信息就业者、网络就业者、数字就业者大量涌现将成为时代的必然。这为科技人员的创业提供了广阔的市场。与此同时,我国制订了多项政策大力鼓励个人创业,各大城市都有经济技术开发区、高新技术开发区,有的城市还有科技创业楼(园)等,可为高素质专业技术人员提供更多的就业与创业机会。由此可见,知识经济时代不仅呼唤创新创业活动的蓬勃开展,也为科技型创业提供了广阔的舞台。作为当代大学生,要迎接知识经济的挑战,不仅要掌握专业知识和技能,也要注重把自己培养成为创业型人才,这样才能在知识经济的大背景下立于不败之地。

(二)大学生创业的时代意义

大学生创业兴起于20世纪七八十年代的美国,硅谷大批学生的成功创业有力地刺激并推动了美国经济的发展,创业教育也受到了前所未有的关注。就我国而言,随着高等教育从"精英教育"向"大众教育"的迈进,大学生毕业志向和就业趋势将更加多样化和自主化,自主创业也成为越来越多的大学生的理性选择。大学毕业生创业明显具有以下现实意义:

1. 有利于缓解大学生就业压力

大学生的创业能力有利于解决大学生就业难的问题。创业能力是一个人在创业实践活动中的自我生存、自我发展的能力。一个创业能力很强的大学毕业生不但不会成为社会的就业负担,相反还能通过自主创业活动来增加就业岗位,以缓解社会的就业压力。为此,国家各级党政部门,纷纷把"鼓励和支持高校毕业生自主创业"作为化解当前社会就业难的主要政策之一。

2. 有利于大学生自我价值实现

大学毕业生通过自主创业,可以把自己的兴趣与职业紧密结合,做自己最感兴趣、最愿意做和自己认为最值得做的事情。在五彩缤纷的社会舞台中大显身手,最大限度地发挥自己的才能,并获得合理的报酬。当前社会鼓励大学生创业,虽然是从化解就业难的角度出发,但从大学生自身来说,其创业的主要原动力则在于谋求自我价值的实现。只有提高大学生创业的比例,整个社会才能形成创业的风气,才能建立"价值回报"的社会新秩序。

3. 有利于大学生自身素质的提高

我国高校扩招以后,伴随着就业压力,一些大学生素质与我国高等教育的水平一直为人所诟病。在提高大学教育管理水平与大学生素质的各类探索实践中,大学生创业无疑是最经济、最有效的办法之一。通过创业与创业实践,大学生可以充分调动自己的主观能动性,改变自身就业心态,自主学习,独立思考,并学会自我调节与控制。也只有这样,大学生创业才能成功。对于一个能自我学习、懂得如何管理自己的时间与财务、善于拓展人脉关系,并能够主动调适工作心态、积极适应社会的大学生来说,其就业将不存在任何问题。

4. 有利于培养大学生的创新精神

创新是一个民族的灵魂,是一个国家兴旺发达的不竭动力。青年大学生作为中国最具活力的群体,如果失去了创造的冲动和欲望,那么中华民族最终将失去发展的不竭动力。大学生的创业活动,有利于培养勇于开拓创新的精神,把就业压力转化为创业动力,培养出越来越多的各行各业的创业者。美国作为世界最发达的国家,其大学生的创业比率一直在20%以上。美国前总统里根曾说:"一个国家最珍贵的精神遗产就是创新,这是国家强大与繁荣的根源。中国的未来在于大学生,中华民族的精神永恒则在于大学生旺盛的创造力与创新追求。"

第三节　创业与职业生涯发展

创业格言

> 或许,你要问,谁能成为创业者?回答是:那些想要在不确定性和模糊性峡谷中探寻的人,或者那些想要涉足令人激动的成功高地的人,但是我要告诫你:如果你还未经历前者,请不要试着经历后者。
> ——杰弗里·A.蒂蒙斯(Jeffry A. Timmons)

一、创新型人才的素质要求

建设创新型国家,科技是关键,人才是核心,教育是基础。创新型人才指富于开拓性,具有创造能力,能开拓创新局面,对社会发展做出创造性贡献的人才。他们通常表现出灵活、开放、好奇的个性,具有精力充沛、坚持不懈、注意力集中、想象力丰富以及富于冒险精神等特征。创新型人才一般应具备以下素质:

(一)可贵的创新品质

当前,我国正处于发展的重要战略机遇期,大力培育创新型人才,为建设创新型国家、国家创新体系和全面建设小康社会,提供有力的人才保证和智力保障,显得尤为迫切和重要。从一定意义上说,创新型人才正以前所未有的时代需求承载着推进国家自主创新,在激烈的国际竞争中占据主动,实现中华民族伟大复兴的历史使命。

因此说,创新型人才必须是有理想、有抱负的人,具备良好的献身精神和进取意识、强烈的事业心和历史责任感等可贵的创新品质。具备了这样一种品质,才能够有为求真知、求新知而敢闯、敢试、敢冒风险的大无畏勇气,才能构成创新型人才的强大精神动力。

(二)坚韧的创新意志

创新是一个探索未知领域和对已知领域进行破旧立新的过程,充满各种阻力和风险,可能遇到各种困难、挫折甚至失败。人类科学技术发展到今天,要获得每一点进步都相当困难。因此,创新型人才每前进一步都需要非凡的胆识和坚忍不拔的意志,为了既定的目标必须始终不懈地进行奋斗,锲而不舍,遭到阻挠和诽谤不气馁,遇到挫折和挫败不退却,牺牲个人利益也在所不惜,不达目的誓不罢休,不自暴自弃,不轻言放弃。只有具备了这样的创新意志,才能不断战胜创新活动中的种种困难,最终实现理想的创新效果。

(三)敏锐的创新观察

历史上的科学发现和技术突破,无一不是创新的结果。从这个意义上讲,创新不仅是发现,还是突破。要实现发现和突破,就要求创新型人才必须具有敏锐的观察能力、深刻的洞察能力、见微知著的直觉能力和一触即发的灵感和顿悟,不断地将观察到的事物与已掌握的知识联系起来,发现事物之间的必然联系,及时地发现别人没有发现的东西。创新型人才的观察力同时还应当是准确的,能够入木三分,发现事物的真谛,具有善于在寻常中求不寻常的创新观察能力。

(四)超前的创新思维

创新思维是创新的基本前提,创新型人才只有具备思维方式的前瞻性、独创性、灵活性等良好思维品质,才能保证在对事物进行分析、综合和判断时做到独辟蹊径。

(五)丰富的创新知识

创新是对已有知识的发展。在人类知识越来越丰富和深奥的今天,创新型人才的知识结构既有要广度,又要有深度。因此,创新型人才须具有广博而精深的文化内涵,既要有深厚而扎实的基础知识,了解相邻学科及必要的横向学科知识,又要精通自己专业并能掌握所从事学科专业的最新科学成就和发展趋势,这是从事创新研究的必要条件。只有通过知识的不断积累才能用更为宽广的眼界进行创新实践。创新型人才拥有的信息量越大,文化素养越高,思路便越开阔。同时,完备的知识结构还使创新型人才具有综合化、一体化意识,有助于增强他们的综合思维能力和创新能力。

（六）科学的创新实践

创新的过程是遵循科学，依据事物的客观规律进行探索的过程。因此，创新型人才必须具有严谨而求实的工作作风，严格遵循事物的客观规律，从实际出发，以科学的态度进行创新实践。

二、创业者应具备的品质和素质

（一）创业者应具备的品质

对创业者应当具备的品质可谓是"仁者见仁，智者见智"。我国学者陈德智借鉴古代圣贤的思想精髓，提出创业者应具备的品质为"五德"，即"智、信、仁、勇、严"。陈冠任、肖万春则提出如下的品质应为创业者所具备：①时时刻刻在寻求机会，不断进取。②不安于现状，并常常试图靠自己的努力来塑造将来。③不强调自己的偏好，常想市场所想，急顾客所急。④通晓人情，善于团结，能激励部下，能重用能人。⑤忍耐、执着，不轻言放弃。北京航空航天大学创业管理培训学院则在网站上列出如下成功创业者品质：诚实和谦虚、克制和忍耐、热情和责任感、积极性和创造性、公道正派、自信心。

综合各家观点，我们提炼出以下创业者应具备的品质：

1. 成就动机

动机是推动人们行动的内驱力。美国心理学家麦克莱兰通过实验得出结论，成就需要是人们期望做得更好和渴望更卓越的标准的潜意识的驱动，成就需要高的人成为创业者的可能性较大。成功的企业家受到内心强烈愿望的驱动，希望和自己定下的标准竞争，追寻并达到富有挑战性的目标。新创建企业的创业者对地位和权力需求很低，他们从创业的挑战和兴奋中产生个人动机。他们受获取成就的渴望而不是地位和权力的驱动。成功的创业者有要求自己坚持最高标准的正直可信的品性。他们说到做到，有长远的战略眼光。他们能清醒地认识到自身及伙伴的优缺点，以及周围影响他们的竞争因素和其他环境，对自己能做什么、不做什么保持冷静而现实的态度。清醒的认识往往和其他有价值的创业品质——洞察力和幽默感携手。保持洞察力并能"认识你自己"的优缺点可以使创业者开怀大笑，可以平息他的紧张，并且常常能化不利为有利，朝着获取更大成功的方向发展。

2. 责任感与决策力

承担责任和富有决心是创业者具备的第一要素。有了责任承诺（承诺指对过去所做努力的坚持和决心），创业者可以克服难以想象的障碍，并且可以弥补其他缺点。

创业者生活在巨大的压力之下:最初为公司求得生存,然后是使公司站稳脚跟,最后是将公司发展壮大。一家新企业需要创业者把他们的时间、情感和忠诚首先献给企业。因此,责任感与决策力通常意味着个人牺牲。衡量创业者的责任承诺有以下3个方面:是否把自己净资产的一部分投资于企业;是否愿意接受较少的薪水;在生活方式和家庭生活中是否做出较大牺牲。尽管研究表明创业者极有恒心,但他们在判断哪些能做,哪些不能做,以及从哪儿可以获得帮助以解决难题时,往往表现得非常现实。

3. 诚实守信

做事首先是做人。诚信实际上体现了一种理想人格的道德力量和意志力量,这种力量能赢得对方的钦佩、信赖和支持。

一些创业企业为了获得眼前利益有时会违背商业道德,其实这是一种最短视的行为。只有卓越的产品质量、良好的客户服务,再加上诚实无欺、信守承诺等可靠的社会信誉,这个企业才能赢得众多客户的信任,它的前途才会一片光明。也许凭着某些特质,有些人可以快速致富,但是要想维持事业的不断发展和财富的持续增加,诚实和信誉是最重要的品质。对员工诚实守信,对供应商和客户诚实守信,才会使你的下属和合作者对你产生敬意。一个人拥有良好的信誉就如同拥有一笔取之不尽用之不竭的财富宝藏,不论是你认识的还是不认识的人,他们都会尊重你,乐于和你交往,乐于和你合作。合作的前提就是讲信誉,讲信誉可以反作用于合作,使得合作更加顺利;讲信誉的双方更容易合作,合作的双方在合作后更加相信对方,双方的信誉都会得到增加。

4. 脚踏实地

创业是一种需要全身心投入的事业,积极的态度和务实的精神才能使创业成功。在这个过程中,没有人会给创业者部署安排,没有人会给创业者决策计划,面对困难、问题、危机,创业者只有积极努力、脚踏实地地去奋斗,才有可能取得创业效益。某些创业者热衷于投机取巧、钻空子,牟取暴利。的确,在社会转型期,存在大量的漏洞,提供了大量的机会,在某种情况下,抓住偶然的机会,通过灵活的手段,可以在短时间内取得较高的利润,甚至可以一本万利,一夜暴富。但把企业的发展完全寄托在投机取巧、钻空子上,风险是极大的,也不可能实现企业持续稳定发展。而务实永远是企业发展的主题,创业者必须建立自己的实业,建立自己过硬的"拳头"产品,取得市场和消费者实实在在的信赖和认可,这才是企业长盛不衰的重要保证。

5. 风险意识

当某个机会突然出现的时候,风险肯定也随之而来,只有敢于冒险才能果断地抓住机会,而有冒险精神则是其中的关键,有冒险精神就是有勇气承担风险,这种特质在转折时刻至关重要。在国外,人们通常认为,"企业家"是"有冒险精神的一群人",

冒险精神是创业者区别于其他人群的显著特征。比如,你需要放弃从前的工作和稳定的收入,时间的紧张、信息的匮乏以及害怕亲友失望的顾虑,都会给创业者的选择带来更大的压力。

另一方面,创业过程中也是充满风险的。创业者对可能出现和遇到的风险准备和认识不足,是我国当前群体创业活动中一个普遍现象。这种创业风险意识的缺位,突出表现在以下4个方面:

(1)在心理准备上表现为:对创业中可能出现和可能遇到的困难准备不足;
(2)在决策上表现为:不敢决策,盲目决策,随意决策;
(3)在管理上表现为:不抓管理,无需管理,不敢管理;
(4)在经营上表现为:盲目进入市场,随意接触客户,轻率签订合同。

对待风险,正确的态度是既要从害怕风险、不敢迈步之中解放出来,敢于去市场经济的大潮中斩浪前行,又要在商海的历练和锻打中,善于规避风险,化解风险,使自己在迎战风险的过程中站立起来,成熟起来,这才可能成为商海精英和栋梁。

6. 终身学习

人类已步入知识经济新时代,终身不断学习,将越来越成为人们生存和发展的第一需要。学习将无处不在、无时不有,甚至成为一种重要的生存方式和生活方式,同时也必将成为人们追求幸福与财富品质的主要诱发因子及原动力。江泽民同志在全国教育工作会议上指出:"终身学习是当今社会发展的必然趋势,要逐步建立和完善有利于终身学习的教育制度。"我国是一个历史悠久的国度,有着"活到老学到老"、"学无止境"等传统美德。当今时代,就业结构已发生显著变化,人们的职业和岗位变动愈加频繁,一次性学校"充电"用于一辈子工作中的"放电"的时代已成为历史。终身学习的价值就在于培养一种学习习惯,使得人生各阶段都能获得相应的学习机会,不断提升学习者自身能力和素质,才能应对知识经济和信息、高新技术的挑战,这对于个体在社会中找到生存位置并不断发展自我有着重要的意义。

(二)创业者应具备的素质

正如诸葛亮所言:"有制之兵,无能之将,不可胜也;无制之兵,有能之将,不可败也。"创业者是引领企业在市场中乘风破浪的"有能之将"。具有优秀综合素质的创业者,犹如航船上的舵手,能够给企业带来正能量和凝聚力,从而使企业到达胜利的彼岸。因此,要成为创业者,要获得创业成功,创业者必须自觉地培养自己的创业素质。具体来讲,应努力提升自己的心理素质、身体素质、知识素质和能力素质。

1. 心理素质

心理素质是指创业者的心理条件,包括自我意识、性格、气质、情感等心理构成要素,主要体现在人的独立性、坚韧性、克制性、适应性、合作性等方面,它反映了创业者的意志和情感。创业之路充满艰难与曲折,要随时面对变化莫测的激烈竞争以及各种问题和矛盾,这需要创业者具有非常强的心理调控能力,能够持续保持一种积极沉稳的心态,即有良好的创业心理素质。创业的成功在很大程度上取决于创业者的心理素质。创业之路不会一帆风顺,如果不具备良好的心理素质、坚忍的意志,一遇挫折就垂头丧气、一蹶不振,在创业路上就走不远。正如宋代苏轼所言:"古之成大事者,不惟有超世之才,亦必有坚韧不拔之志。"只有具有处变不惊的良好心理素质和愈挫愈强的顽强意志,才能在创业路上不畏艰险、自强不息、竞争进取、顽强拼搏,才能从小到大,从无到有,闯出属于自己的一番事业,取得创业的最后胜利。

2. 身体素质

身体素质是指身体健康、体力充沛、精力旺盛、思路敏捷等。身体素质是创业者成功的"本钱"。新创企业的经营活动常常面临诸多酸辣苦涩之事,创业者工作繁忙、工作时间长、压力大,倘若身体素质不好、心有余而力不足,难以承受创业重任,势必会导致企业因创业者的健康出问题而中途夭折。因此,创业者良好的身体素质是确保创业成功的根本保障。创业者要学会工作、学会休息,牢记:身体健康也是企业的生产力。

3. 知识素质

创业者的知识素质对感动创业起着举足轻重的作用。创业者要进行创造性思维活动,要做出正确的决策,必须掌握广博知识,具有一专多能的知识结构。具体来说,创业者应该具有多方面的知识,做到用足、用活政策,依法行事,用法律维护自己的合法权益;了解经营管理知识和方法,提高管理水平;掌握与本行业和本企业相关的科学技术知识,依靠科技进步增强竞争能力;具备管理学、经济学方面的知识,如财务会计、市场营销、国际贸易、国际金融等等。毫无疑问,创业者的知识素质是创业成功的基石,不断地提升知识素质是创业者的获胜法宝。

4. 能力素质

成功的创业者至少应具备:提出创意并作出评价的能力;视问题为机遇的能力;知人善任的能力、向所有相关人员学习的能力;寻求解决问题的能力;人际交往的能力;始终从利益相关者,特别是从顾客的角度出发,看待自身和看待企业的能力。当然,这并不是要求创业者必须完全具备这些能力后,才可以去创业,但创业者本人要有不断提高自身素质的自觉性和实际行动。提高能力素质的途径是:一靠学习;二靠恒心。要想成为一位成功创业者,就要做一个终生学习者。

总而言之,成功需要条件,去追求成功就要努力地让自己获得相应的条件,这是一个艰辛努力的过程,同时也是一个自我提高的过程。只要创业者树立必胜的信心,自觉地提升自己的综合素质,就一定会取得创业的成功。

三、创业能力对个人职业生涯发展的意义和作用

（一）个体的职业生涯规划

职业生涯规划指的是一个人对其一生中所承担职务相继历程的预期和计划，这个计划包括一个人的学习与成长目标，及对一项职业和组织的生产性贡献和成就期望。个体的职业生涯规划并不是一个单纯的概念，它和个体所处的家庭以及社会存在密切的关系。并且要根据实际条件具体安排。基于未来的不确定性，职业生涯规划也需要确立适当的变通性。职业规划也是个体的人生规划的重要组成部分。

职业生涯的设计流程主要包括以下环节：

1. 自我评价

一个有效的职业生涯设计必须是在充分且正确认识自身条件与相关环境的基础上进行的。要正确客观地审视自己、认识自己、了解自己，做好自我评估，包括自己的兴趣、特长、性格、学识、技能、智商、情商、思维方式等。即要弄清我想干什么、我能干什么、我应该干什么、在众多的职业面前我会选择什么等问题。

2. 确立目标

确立目标是制订职业生涯规划的关键，通常目标有短期目标、中期目标、长期目标和人生目标之分。长远目标需要个人经过长期艰苦努力、不懈奋斗才有可能实现，确立长远目标时要立足现实、慎重选择、全面考虑，使之既有现实性又有前瞻性。短期目标更具体，对人的影响也更直接，也是长远目标的组成部分，在确立目标时应充分说明各目标的内容，才能展现职业规划的详细内容。

3. 环境评价

职业生涯规划还要充分认识与了解相关的环境，评估环境因素对自己职业生涯发展的影响，分析环境条件的特点、发展变化情况，把握环境因素的优势与限制。了解本专业、本行业的地位、形势以及发展趋势。

4. 职业定位

职业定位就是要为职业目标与自己的潜能以及主客观条件谋求最佳匹配。良好的职业定位是以自己的最佳才能、最优性格、最大兴趣、最有利的环境等信息为依据的。职业定位过程中要考虑性格与职业的匹配、兴趣与职业的匹配、特长与职业的匹配、专业与职业的匹配等。

（二）创业能力对大学生职业生涯发展的影响

在多种形式的就业路径中，自主创业正在悄然兴起，成为一条引人注目的就业之路，自主创业不仅解决了自身的就业问题，而且还能为他人创造更多的就业机会，已

经成为国家和地方各部门重视和鼓励的一种就业路径。作为就业大军中的特殊群体——大学生,国家更是寄予了更高的创业厚望。国家和各相关部门不仅出台了相应的配套政策,而且频繁举行全国性或地区性大学生创业大赛,建立大学生创业实习基地,设立大学生创业基金,为大学生自主创业打开了方便之门。自主创业已经成为许多大学生职业生涯规划中迈向成功的第一步。

作为高等院校的创业教育,应着力从以下方面对大学生进行教育和引导:

1. 引导大学生强化创业意识

创业意识是创业思维和创业行为的必要准备。大学生创业意识是指大学生根据社会和自身发展的需要所引发的创业动机、创业意向或创业愿望。创业意识是创业的先导,它构成创业者的创业能力,由创业需要、动机、意向、志愿、抱负、信念等组成,是人们从事创业活动的强大内驱力。因此,对于每一个希望创业的大学生来说,都必须首先强化创业意识。增强创业意识,就要有明确的人生目标。创业作为一种社会实践活动,是在一定的意识和目的的支配之下进行的。不同的创业目标与价值理念,体现出不同的人生目的,也体现出不同的创业人生价值。人的自我价值反映了个人在实现人生价值过程中所持的态度和看法,只有将自我价值与社会价值统一起来,才能体现真正的创业人生价值;只有把自我价值与社会价值统一起来的创业者,才能获得创大业的机遇和成功。明确的人生目标是实现创业的人生价值的前提,处在信息化时代的大学生应首先明确人生的意义和价值,早日确立自己的创业目标。

2. 引导大学生掌握创业知识

大学生要创业,仅有良好的愿望是不够的。要真正实现创业目标还要有过硬的本领。创业者要想成功创业,必须具备相应的专业知识。专业知识对于创业者确定创业目标有直接作用。要想在某一领域开展创业活动,就必须深入了解该领域的活动及发展规律。可以说,专业知识就是对某一领域内发展规律的概括和总结。掌握的专业知识越多越深,创业活动就越能有效地开展。近年在高科技领域获得成功的创业者,无一不具备深厚扎实的专业知识。因此,大学生在校期间一定要学好专业知识。创业不是简单地谋生,而是对创业目标和更高理想的追求。要想达到成功的彼岸,就必须打下坚实的专业知识基础。在知识经济时代,"T"型知识结构越来越重要,不仅要掌握专业方面的知识,而且还应掌握与之相关的非专业知识。只有具备了深厚的专业知识与广博的非专业知识,才能正确分析形势,认清事物的发展趋势,把握全局,最终实现自己的创业目标。

3. 引导大学生培养创业能力

创业能力是大学生创业素质的一个重要方面。创业能力是一种多方面的综合能力,与创业的成败直接相关。大学生创业应着重培养和提高以下3个方面的创业能力。一是提高开拓创新能力。开拓创新能力是成功创业者最重要的能力之一。开拓创新是创业的灵魂和赢得竞争优势的关键。一个优秀的创业者必须勇于开拓、敢于创新。二是提高组织管理能力。在市场经济条件下，市场充满了竞争和风险，创业者要使自己的创业实践活动获得成功，必须重视经营管理。经营管理能力是创业者在管理上的体现。管理活动贯穿于组织运行过程的每一个环节，不仅是组织正常运行的前提，也是组织生存与发展的基本条件。三是提高人际协调能力。要想创业成功，大学生还需要培养自己的人际协调能力。因为包括创业在内的任何活动都离不开人与人之间的交往。因此，大学生在校期间有意识地培养与他人的协作能力是获得他人和社会支持的重要前提条件，对大学生创业者创业成功具有重要的作用。

4. 引导大学生提高创业心理素质

所谓"心理素质"是指人们在心理活动方面的能力，即应付、承受及调节各种心理压力的能力。创业是艰苦的，不仅会遇到各种各样的困难，而且还有失败的可能，所以在创业过程中拥有良好的创业心理素质十分重要。当代大学生基本上都出生在改革开放年代，物质条件比较优越，经历的都是从学校到学校的单一过程，生活阅历浅，社会经验缺乏，对风浪和挫折体验少，尤其是独生子女对新环境的适应能力和对挫折的承受能力较差。因此，学校应该加强对大学生的心理健康教育，提高他们的创业心理素质；大学生更要自觉加强对创业素质的训练与培养，从而正确了解自己，正确认识社会，认识到创业的艰难，形成谦虚、豁达、坚韧不拔的创业心理素质。

总而言之，创业是人生路上的一个转折点，是知识增加、能力提升的好机会。然而，也并非每个人都适合自主创业。对自我的认知及创业能力的评价不可或缺。作为现代大学生，需要冷静地审视自身的能力和素质，将自己作为创业者做出客观评价，以做出正确的人生抉择。

本章小结

创业至少有两层含义：一层含义是"活动"，指创业者及其团队为孕育和创建新企业或新事业而采取的行动；另一层含义是"精神"，也可以叫作企业家精神，指创业者及其团队在开展创业活动中所表现出来的抱负、执着、坚韧不拔、创新等品质以及一些相对独特的技能。创业的核心和本质就是创新。创新支撑着创业，创业是创新的重要表现形式。

创业活动对我国经济发展有着重要的战略意义。它在增加就业、促进创新、创造价值的同时，正逐步成为解决我国现今诸多社会问题的有效途径之一。

蒂蒙斯模型提炼出了创业的3大关键要素，即：机会、创业者及其创业团队、资源，这3个要素是任何创业活动都不可或缺的。

依据创业者创业动机的不同，可以将创业分成生存型创业与机会性创业；根据创业活动主体的不同,创业可划分为个体创业与公司创业;基于创业绩效的不同,创业可分为复制型创业、模仿型创业、安定型创业和冒险型创业。创业过程包括创业者从产生创业想法到创建新企业或开创新事业并获取回报,涉及识别机会、组建团队、寻求融资等一系列活动。

创业精神是创业者在创业过程中的重要行为特征的高度凝练,主要表现为勇于创新、敢当风险、团结合作、坚持不懈等。

经济转型是创业热潮兴起的深层次原因,知识经济时代的到来为创业活动提供了更为广阔的舞台。

创新型人才通常具有可贵的创新品质、坚韧的创新意志、敏锐的创新观察力、超前的创新思维、丰富的创新知识以及科学的创新实践等方面特点。作为高等院校的创业教育,应着力引导大学生强化创业意识、掌握创业知识、培养创业能力以及提高创业心理素质。

本章习题

1. 如何理解创新与创业的关系?
2. 简要描述创业三要素及相互之间的关系。
3. 创业的类型有哪些?过程如何?
4. 如何理解经济转型是创业热潮兴起的深层次原因?
5. 简析大学生创业的现实意义。

案例研讨

创业软指标:创意 人品 恒心

临近毕业季,除了直奔就业而去的"找碗族",还有不少年轻人选择创业。他们摩拳擦掌,跃跃欲试,希望通过自己的努力,将创业的梦想变成现实。他们在创业路上披荆斩棘,只为见到成功的曙光。除了政策支持、资金铺垫等"硬件",创业还需要哪些"软件"? 3位创业者的故事,也许能给我们一些启示。

17岁的小姑娘张进从平常的鞋子中发现商机,制作手绘鞋。她的这个创意,不仅获得了创意精神大赛第一名,还得到了实际订单。不怕做不到,就怕想不到。虽然没有雄厚的资本,也谈不上成熟的经验,但张进能发现个性需求,并付诸实践。张进的成功,得益于独到的创意。她的宣言是"让每一个青春的独到之处,从脚开始",我们祝福这个刚刚走上创业路的孩子,让创意长大。

当孙炳权在招聘栏写下"人品好,责任心强"时,我们看到了一个成熟的小伙子。他曾在大企业就职,工作出色。这段经历,给他带来一笔"财富"——丰富的经验和良好的客户关系。而孙炳权的可贵在于诚信。宁可担着亏损超过10%的压力,也要给供货商补足货款。保住了自己的信誉,也就保住了以人品为担保的企业。从最初的50万元注册资金,到2年后销售额近3000万元,我们可以想见一家有诚信的企业如何迎来自己的春天。

丁雪莹,人如其名。工作稳定、包分配是她求学的初衷。也许是骨子里的勇气,她毅然放弃事业单位。作为第一批员工,跑工地、建厂房,工作的艰辛,对丁雪莹是很大挑战。但她坚持了,付出了,也成长了。从技术骨干到副总经理再到独当一面创办企业,当年的"薄脸皮"女孩,已经成为让新公司年销售额达5000万元的老总。谁说女子不如男?有恒心,能坚持,创业路上,女性风采依旧。

（资料来源：《中国教育报》2011年03月23日）

研讨：
1. 创业者应具备哪些创业品质和素质？
2. 作为现代大学生应如何培养和锻炼自己的创业能力？

第二章

创业者与创业团队

学习目标

- ◆ 了解创业者应具备的素质和能力
- ◆ 理解创业动机的含义和分类
- ◆ 掌握创业团队的优劣势分析
- ◆ 掌握创业团队的管理技巧和策略
- ◆ 领悟创业团队的社会责任

案例导引

乔布斯与苹果电脑公司

苹果电脑公司董事长史蒂夫·乔布斯是一位优秀的领导者。优秀的领导者最主要的特征就是,具有洞察市场的慧眼和难以抗拒的感召力,在他周围团结着与他志同道合的崇拜者。这里充满青春的活力,这些年轻人是这支队伍的中坚力量,正是他们研制了苹果计算机,并将公司发展成为与IBM具有同等竞争力的电脑公司。他们亲密无间,像海盗一样的大胆。乔布斯在充当教练、一个班子的领导和冠军栽培人的新型管理方面是一个完美的典型。他是一个既狂热又明察秋毫的天才,他的工作就是专门出各种新点子,他是传统观念的活跃剂,他不会把什么事情随意丢在一边、容不得无能与迁就的存在。这些年轻人也纷纷对乔布斯表述了自己的看法,他们希望在从事的工作中做出伟大的成绩。他们说:"我们不是什么季节工,而是兢兢业业的技术人员。"他们要对技术有最新的理解,知道如何运用这些技术并用来造福于人。所以最简便的办法就是网罗十分出色的人物组成一个核心,让他们自觉地监督自己。为什么领导者具有感召力,关键是他和他的企业的价值观,具有无穷的影响力。所以团队精神不是孤立的,要建立精英团队,首先是要确定企业的精神或是企业的信仰,确定企业的核心价值观,然后通过它来吸引志同道合的合作者。现在公司人人都愿意工作,并不是因为有工作非干不可,而是因为他们满怀信心,目标一致。员工们一致认为苹果电脑公司将成为一个更大的企业。

(资料来源:张玉利,《创业管理》,北京:机械工业出版社,2013年。)

第一节 创业者

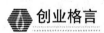

每一个人都是自己命运的设计师。

一、创业者

创业者一词由法国经济学家坎蒂隆(Cantillon)于1755年首次引入经济学。1880年,法国经济学家萨伊(Say)首次给出了创业者的定义,他将创业者描述为将经济资源从生产率较低的区域转移到生产率较高区域的人,并认为创业者是经济活动过程中的代理人。著名经济学家熊彼特则认为创业者应为创新者,这样,创业者概念中又加了一条,即具有发现和引入新的更好的能赚钱的产品、服务和过程的能力。

在欧美学术界和企业界,创业者被定义为组织、管理一个生意或企业并承担其风险的人。创业者的对应英文单词是entrepreneur,entrepreneur有两个基本含义:一是指企业家,即在现有企业中负责经营和决策的领导人;二是指创始人,通常理解为即将创办新企业或者是刚刚创办新企业的领导人。

在当前,国内外学者将创业者的定义分为狭义和广义两种。狭义的创业者是指参与创业活动的核心人员。该定义避免采用领导者或组织者的概念。因为在当今的创业活动中,技术的含量越来越大,离开了核心的技术专家,很多创业都无法进行,核心的技术专家理应成为创业者。事实上,很多创业活动最早都是由拥有某项特定成果的技术专家发起的。广义的创业者是指参与创业活动的全部人员。在创业过程中,狭义的创业者将比广义的创业者承担更多的风险,也会获得更多的收益。

我们这里介绍香港创业学院院长张世平的最新定义，创业者是一种主导劳动方式的领导人，是一种无中生有的创业现象，是一种需要具有使命、荣誉、责任能力的人，是一种组织、运用服务、技术、器物作业的人，是一种具有思考、推理、判断的人，是一种能使人追随并在追随的过程中获得利益的人，是一种具有完全权利能力和行为能力的人。

 创业案例

聚美优品陈欧的创业故事

提到陈欧和他的聚美优品，相信很多人都了解，因为最近我们从电视上常常观看到有关于他的一段励志短片，观看起来的确给人以很大的触动。那么接下来我们就全面了解这位帅气小伙的创业之路。

"我希望不管怎样，大家还是保持一种乐观心态，一起奋斗，千万不要被生活压力打倒了"。眼前的这位80后新贵，聚美优品CEO陈欧给80后"打气"。阳光、朝气蓬勃、有激情，充满正能量，这是陈欧给人的印象，而这也正是他希望传达给80后的信息。

海外留学，斯坦福大学MBA毕业，海归创业……这些经历透露出陈欧的个性：不甘于接受安排，希望打出自己的一片天。他创立的聚美优品如今已成为众多女性欢迎的化妆品购物网站，他的创业梦想激励了众多同龄人。在天津卫视《非你莫属》节目中，陈欧以其阳光帅气的风格吸引了众多求职者，成为给观众留下深刻印象的嘉宾之一。

"活着，就是为了改变世界"

谈到创业的动力，陈欧跟记者说："以前在斯坦福上大学，我们商学院有种风气：Change lives, Change organization, Change the world。也就是改变生活、改变组织、改变世界。这种风格深刻地影响了我，创业也正是为了实现这一目标。"

其实在更早之前，陈欧的创业理想已经萌芽。"大三大四，快毕业的时候，大家都在找工作，但是我真的不知道自己要做什么，我既不想继续读书，然后硕士、博士毕业之后再去找工作，那样的按部就班不适合我。互联网的创业故事激励了我，我也选择了创业"。于是大学四年级时，陈欧仅靠着一台笔记本，创办了一家在线游戏平台Garena，成功积累了第一桶金。

聚美优品无疑已经改变了人们的生活，而陈欧也希望通过自己的经历能改变更多的人，给他们带去更多"正能量"。"我希望更多的年轻人都能参与到创业中来，一起去努力、奋斗，去创造价值。就像今天的聚美一样，每天有上百

万用户上聚美买东西,它会给人们的生活带去更多的美,更多的便利"。

然而并不是所有年轻人都适合创业,陈欧总结了创业需要具备的"三力":"第一是魄力,因为创业需要勇气,你需要承担风险,需要狠下心做些别人不敢做的事;第二是判断力,因为作为一个创业者、企业家,需要对企业方向做一个判断,一定要有正确的方向,才能避免整个公司犯下致命的错误。像我刚回国时做的是游戏业务,最后我转型过来做了化妆品电商,找对了方向;第三是领导力,这是最重要的一点。公司创始人需要团结很多的人,整合很多资源。如果没有领导力,公司团队必然会是一盘散沙,缺乏凝聚力,更谈不上创新。最后的失败就是必然的。"

特别在中国,创业环境比较恶劣,与国外相比非常不同。"当初回国的时候,我们看中了一个在美国特别看好的项目,但在中国就行不通。美国人创业可以轻松赚钱,感觉没什么难度,回国后却发现根本没钱赚"。中国的创业者需要经历更多的艰辛,其成功也更加来之不易。

尽管经历重重困难,陈欧依然保持一颗阳光的心。"挫折不叫失败,它只是创业路上遇到的小插曲,是你路上的小石子,你可以把他踢开,也可以跨过去,只要不被绊倒就好"。

创业第一步

陈欧十几岁时留学新加坡,26 岁获得美国斯坦福大学 MBA 学位。2009 年 7 月,在从斯坦福商学院毕业的第三天,他就回到了国内,希望在自家门口创业。

应该说,他的第一次创业就颇具"海归"气质。在美国求学期间,陈鸥曾目睹一家小游戏广告公司在很短时间里创造 2 亿美元的惊人业绩;回国后,他选择了这种商业模式创业。第一笔资金来自新东方徐小平的 18 万美元。

但很快,这家游戏广告公司陷入了窘境。在美国,一个有效的点击可以卖到几十美元,而在国内几乎是白菜价,连几毛钱都卖不到。最困难时,他的公司只剩下了几个人。他不得不调整公司的业务方向。

不久,"百团大战"狼烟四起。陈欧很快投入了这场混战,并把目光锁定在当时尚属冷门的垂直领域——化妆品的团购上。

"做游戏广告时,我们和一些化妆品公司有过合作",陈欧解释道,化妆品的平均利润在 20%～30%,属于高利润的行业;而且传统渠道成本高,这也是造成化妆品价格虚高的主要原因。"有利润空间,企业愿意做,有价格优势,用户也愿意买"。

转做团购网

2010 年 3 月,陈鸥创立团美网。跟团购市场上踌躇满志的创业者不同,经历过一次失败之后的陈欧心里也没底,不确定团购这个模式在美妆领域能否做得通,比如那些单价很高的大品牌化妆品是不是真的能卖出去。

在成立之初,团美网主要选择一些像化妆棉这样,单价较低又不涉及真假问题的美妆周边产品。陈欧和团队在这段时间主要是在验证商业模式,比如会统计100个流量过来多少会转化为购买。

第一次尝试大品牌化妆品团购,陈欧选择了倩碧的黄油,直接从专柜买货,五折出售。那一单他赔了很多钱,甚至自己贴差价,但好消息是知道单价很高的商品也是可以团购出去的。"消费者有这个需求,我们要做的就是把阻挡他们购买的顾虑因素都消除",陈欧说。

一个多月的试运营后,他们上次创业的天使投资人徐小平又给了他们200万的投资,陈欧开始全力投入。

化妆品的特点是毛利高、货源杂、高仿假货多。创业不久的公司很难跟大品牌直接建立合作,只能先通过代理等渠道扫货,但陈欧非常明白要想让公司获得更好的发展,一定要能给消费者100%的正品保证。

一方面陈欧组织起十几人的团队,一瓶一瓶验货,另一方面他向用户承诺30天无条件退款,到2011年6月又推出拆封30天无条件退货——只要消费者有疑虑,即使已经拆封试用的化妆品也可以由基层客服直接为消费者办理退货,直到现在也没有第二家公司跟进这项服务。

不过到目前为止,他们的退货率还保持在1%左右。"你要相信绝大多数人都是有购物需求的用户,而个别不正常的退货则是提供好服务所必须付出的成本",陈欧说。

早期,陈欧也曾遇到过提供假货的供应商,他的态度是"杀无赦"。而且随着网站规模的扩大,一天之内突破万件的销售量让他们获得更多供应商的青睐,现在即使团购价1249元的蓓丽鱼子面霜在聚美优品开团5小时后也可以卖出100多份。聚美优品可以优先选择信誉好的供应商长期合作,比如高丝就是由厂家总代安排合作,而国内的化妆品牌则争取建立直接的合作。

不过供货商问题仍然是陈欧要面对的最大难题,现在也经常会有商品在凌晨就卖断货。"我们会优先考虑货源最靠谱的供应商,然后才是价格。我工作的第一重点是供应商,第二重点还是供应商,希望建立起对货源的良好控制",陈欧说。

"一直在做B2C"

2010年9月,陈欧将网站改名为"聚美优品",聚美方面对此的解释,一则是团美此前的域名有点问题,".com的域名买不到",但更重要的是表明其"不是团购"的立场。

2011年6月,聚美优品推出聚美商城,商城与品牌商直接合作,品类更多、不限时,全部以8至9折出售。现在,聚美优品正在谋划更多的品类扩张,已经开始出现鞋类限时团购。陈欧希望不久能建立起化妆品、鞋类等多个频道,"跟女人和美丽相关的产品都可以卖"。

不过一旦弱化了团购限时特卖的特色,变身一家标准电子商务网站,聚美优品就要面对老牌化妆品电商的正面竞争,虽然它在一年之内获得10倍月流水的增长,但聚美优品在产品品类和渠道控制力上与传统化妆品电子商务网站还有一定的差距。

"我们的商城频道上线,这是我们从团购转型化妆品B2C的标志",陈欧说,聚美商城主要提供在超市类售卖的精品化妆品,和团购品类不冲突。他打了一个比方说,如果说限时特卖区是机场免税店,那么聚美商城是家乐福化妆品专柜。

为了提升用户体验,陈欧要求聚美的员工一定要对用户所有意见负责,跟用户去沟通,不管是客服还是送货员都要达到行业一流水平。同时聚美还花大力气建设供应链。"我们的货,因为量比较大,都是直接从品牌厂商拿货,是官方授权的正品。我们承诺为用户提供退货服务,这些都有利于打消用户购买化妆品的疑虑,提升用户体验"。

"活着,就是为了改变世界",多么霸气的一句话。陈鸥的创业经历相信能给很多人以精神的鼓舞……

面对未来,陈欧很有信心:"我们会继续在化妆品领域上,给消费者提供最优质、最可靠的服务,这样做深、做专,为消费者带去更多价值。"

(资料来源:根据网上材料改编)

二、创业者素质与能力

我们可能曾经幻想拥有一家自己的企业,成为一个真正的企业家,但是并非每一个创业者都能成功。那么,什么样的人能够成为一个成功的企业家?或者说一个小企业的创业者应具备哪些素质?

一般来说,要成为一名成功的创业者,应具备以下素质:

(一)不断进取,勇于创新的能力

市场经济强调的是公平竞争、优胜劣汰,这就要求小企业的创业者要具备不断进取、勇于创新的能力,时刻保持对新鲜事物的敏锐洞察力,无论在产品还是在管理上,都应该提出新目标和新要求,捕捉机会,推动企业的向前发展。

(二)较强的经营能力和业务能力

通常小企业初创时期都要求创业者自己动手解决企业中的所有工作,这就要求创业者必须是个既懂技术又懂经营管理的通才,这样才能使企业的生产和经营向着同一目标发展。

(三)充满自信、永不言败的精神

企业倒闭破产的事件每天都在发生,但同时也能看到一些小企业正在不断地发展壮大,为创业带来丰厚的利润。所以作为一位创业者必须做到,在失败面前保持乐观自信;在成功面前保持谦虚冷静,胜不骄、败不馁才是创业者所必须具备的心态。

(四)身体健康

小企业创业者除了应具备以上精神方面的素质外,还要有一个健康的身体。创业初期工作量是很大的,如果没有一个健康的体魄,就不能应付繁重的脑力劳动和体力劳动。

总之,一个想要创办企业的人既要有正确的创业思想,还应具备良好的心理素质,这样他在创办企业时才不会因为创业的艰辛而退却,也不会因为企业的成功而沾沾自喜,不思进取。创业是一种进取精神,是一种生存状态,是一种青春经历,是一种学习提高,是一种社会责任,是一种价值体验,更是一种成功的享受。创业的本质在于把握机会,创造性地整合资源,创业精神是创新的源泉。自主创新离不开创业精神,更离不开由创业家主导、以创新型企业为主体的创业活动。

关于创业者的素质和能力方面的阐述很多,下面我们来了解一些:

这是 W.D. 拜格雷夫提出的创业者的 10 大行为特征:

Dream:梦想

Decisiveness:果断

Doers:实干

Determination:决心

Dedication:奉献

Devotion:热爱、为之献身

Detail:周详、全面

Destiny:命运

Dollar:金钱

Distribution:分享、分配

以下是经过总结提炼的创业者最重要的20项素质与能力：

(1)财务管理经验与能力

(2)沟通与人际关系能力

(3)激励下属的能力

(4)远见与洞察力

(5)自我激励与自我突破能力

(6)决策与计划能力

(7)市场营销能力

(8)建立各种关系的能力

(9)人事管理的能力

(10)建立良好的企业文化的能力

(11)掌握行业与技术知识的能力

(12)领导与管理能力

(13)对下属的培养和选择能力

(14)与重要客户建立关系的能力

(15)创造能力

(16)组织能力

(17)向下级授权能力

(18)个人适应能力

(19)工作效率与时间管理能力

(20)技术发展趋势预测能力

我们说创业者要具备很多方面的素质和能力，才能在商场上应付自如。在这里我们重点给大家介绍作为一名创业者在社会交往、商务谈判、执行力、时间管理和心理调节等方面应具有的素质。

(一)社会交往

受人欢迎的社会交往技巧体现在：
1.拥有良好的个性

说起个性与交往的关系，不少人认为性格外向利于交往，而内向则于交往无益。一些性格内向的人，认为自己腼腆少语，不如别人洒脱自如、侃侃而谈，因此确信自己难有好人缘，其实对于人际交往而言，良好的个性不在于内向还是外向，这些对交往来说仅仅是特点而非优缺点。在人际交往中有积极影响的个性特点有3个：诚实、积极、善良。

(1)诚实。诚实有信的人在交往中，让别人感觉很放心、很踏实，用不着提防什么,因而心里很放松,调查发现,在人际关系中,人们最痛恨的是欺骗和虚伪。

(2)积极。是否受人欢迎的个性,不在于内向还是外向,而在于积极还是消极。个性积极者乐观开朗,豁达大度,与之相处,如沐阳光,自然令人感到愉悦畅快;个性消极者悲观阴沉,多疑狭隘,与之相处,如顶乌云,必定令人感到忐忑压抑。

(3)善良。良好的人际关于基于良好的人品,如果人品有问题,使用技巧只会使其变得更虚伪,而善良的人因为总是替对方着想,与别人交往自然令对方心情愉快。

2. 遵守3A原则

接纳、赞同、赞美三个词的英文首字母均为"A",所以称为3A原则。

(1)接纳(Aceept)。人都渴望得到认可和欣赏,没有人喜欢别人挑剔的眼光,懂得欣赏别人的长处,认可别人的特点,按其本来面目去接受他,会在交往中给人以安全感。求全责备的挑剔不能使朋友有所改变,只会让朋友远离。

(2)赞同(Agree)。对别人引起你共鸣的观点坦率而真诚地表示赞同,会给人知己感,处处抬杠和反驳则会给自己树敌,一句简单的"是呀,我也是这样想的"、"我和你有很多相似之处"就足够让对方知道你是知音,认为自己的意见受到了尊重,从而更主动地与你交往。

(3)赞美(Admire)。当我们看到别人优点时,应该真诚地奉上赞美,从赞美中感受到的欣赏与尊重,会引起别人的行为发生自己所期待的改变,而指责和批评会让他们表现更坏。

3. 尽可能满足他人自尊的需求

(1)记住别人的名字和私人信息。人们对自己的名字都看得十分重要,卡耐基曾说"记住人们的名字,而且很轻易就能叫出来,等于给别人一个很巧妙而又有效的赞美",反过来,如果你把别人的名字忘掉或者记错,那么在交往中你会处于非常不利的地位。

(2)谈论对方感兴趣的话题。谈话是否能够起到增进感情、密切关系的作用,就要看谈话过程是否令人愉快了。如果想要掌控谈话过程,让谈话有令人满意的氛围,就需要抛开潜在的"自我中心"意识。许多人会有意无意地将谈话作为表现自己的舞台,如果你想要取悦对方的话,就不要与他争着表现,而是要让对方成为舞台的主角。如何才能做到这一点呢?很简单,谈论对方感兴趣的话题,并积极参与到这个话题里面去。

(3)做一个好的倾听者。有人认为滔滔不绝、口若悬河会让人佩服,从而获得别人的好感,其实正好相反。耐心而专注地听对方说话,会让对方感到自己受到重视,从而获得自尊的极大满足,而对于给予他这种满足的倾听者也会报以特别的好感。

4. 学会掌握拒绝的艺术

遭到拒绝肯定不是一件令人愉快的事情,但是人总会面对一些自己力所不及的求助,或一份迟到的感情,都不得不拒绝。我们正确的做法是巧妙地拒绝,既表明了态度,又不致让对方感觉到自尊受伤害。

(1)补偿式拒绝。拒绝一个要求的同时提出另一建议,以示诚意。

(2)先肯定后拒绝。先要对其所提出的要求表示理解或同情,并声明若可能的话自己当尽力相助,然后再客观陈述自己的难处,以示情非得已。这样的拒绝也比较容易得到对方的谅解。

(3)爱护性拒绝。站在对方立场谈拒绝的理由,让对方觉得你的拒绝是为了他好。

(二)商务谈判

良好的谈判技巧会帮助你在每一宗销售交易中占有主动,进而增加利润。

1. 定下较高目标

在谈判过程中,索要高价的人往往有较大的收获,而报价低的人则通常无法在合理价格下成交。因为在叫价以后,高报价会有较大弹性,而低报价往往会把你局限在较低的层次进行洽谈,弊多于利,而且索要一个合理的高价位,也会给公司的产品和服务带来正面的影响。

2. 竞争中让步

谈判中的竞争是谈判过程中最重要的一项内容,如果你能在具有冲突及竞争性的谈判层面上有出色的表现,那么你就有机会在洽谈中处于有利地位。有很多人在谈判中会害怕面对谈判中的冲突,他们会避免谈判中难以应付的方案,并且很容易作出让步;还有一些人可能过分固执,拒绝作出迁就对方的举动,从而导致失去整个项目。

3. 运用谈判手法

在适当的时机,运用适当的谈判方法,可以帮助你在困难的谈判中获取主动,谈判的手法是指在谈判过程中保障己方利益或获取好处的方法,具体包括:与谈判形式有关的手法、与单位政策有关的手法、资源不足的手法及增强己方优势的手法。

与谈判形式有关的手法主要是对谈判方式的处理,有时为了迫使对方尽早终止谈判而在时间上给予必要的限制;有时为了确保相互的关系而以不同性格取向的谈判组合与对手周旋。使用与单位政策有关的手法的主要目的是使价格这一因素成为既定事实,以自身权力限制为由避免为对手的问题作出回答或让步。资源主要指价格、时间或人力,运用资源不足的手法通常都会用对方比较容易接受的方式来表达坚定的立场而促使对方让步。增强己方优势的手法形式多样,要因势利导,灵活处理,不可因为突然的形势变化而惊慌失措。

4. 谈判中的合作

由于谈判的目的是通过双方的合作获利,所以必须设法平衡双方利益和维护双方关系这两方面需要。在谈判中,每一个项目都必然会存在竞争性层面与合作性层面,在谈判中,双方既追求己方利益,又关注与对方之间的关系。最好的结果是谈判双方都取得胜利而各得其所。

(三)执行力

1. 什么是执行力

所谓"执行力",指的是贯彻战略意图、完成预定目标的操作能力。

执行力可以分为企业执行力和个人执行力,它是企业竞争力的核心,是把企业战略、规划转化成为效益、成果的关键。

商界领袖眼中的执行力:

(1)GE的前CEO杰克韦尔奇:所谓"执行"就是公司所运作的细节。

(2)IBM的前CEO郭士纳:把战略转化为计划,并对结果进行测量。

(3)戴尔电脑总裁迈克戴尔:要求每个员工每个阶段都要一丝不苟。

(4)联想集团总裁柳传志:选拔合适的人到合适的岗位上来。

(5)海尔集团CEO张瑞敏:就是把一件事情做到彻底的韧性。

(6)海外晋商郭台铭:经营公司重要的是上行下效,上面重视什么,下面就会执行什么。

(7)世界组织行为学大师保罗·赫赛博士:执行力问题就是领导力问题。

(8)中国著名讲师余世维先生:按质按量地完成任务。

对于创业者而言,执行力应包含战略分析力、时间规划力、标准设定力、岗位执行力、过程控制力与结果评估力。

2. 为什么需要执行力

执行力就是竞争力,没有执行力就没有竞争力,没有执行力就没有凝聚力,没有执行力就没有创造力,没有执行力就没有持续发展的空间。这是一条亘古不变的公理性法则,如果没有执行力,无论战略蓝图多么宏伟或者组织结构多么科学合理,都无法实现其预期效果。

3. 如何提升执行力

在执行过程中,心态要素是非常重要的,如果一个人没有健康的心态,当他进入社会开始工作的时候,即使用尽种种办法催其奋进,也不会有什么效果,心态是影响执行力的内在要素。另外,适宜的工具是执行的关键,新创企业要取得成功,除了要有发展的信念,还要找合适的工具,所谓"工欲善其事,必先利其器",没有合适的工具,空有一腔热情也是无法成就事业的。

4. 重视执行中的创造性

创新是一个民族的灵魂,是一个国家兴旺发达的不竭动力。要提高执行力,更重要的还要时时、事事都有强烈的创新意识,今天的执行力不是简单的"保质完成",而是"创造性完成",执行中的创造性就是在执行任务过程中进行方式方法创新、技术创新、管理创新、措施创新,以完美的执行力,安全、高速、优质地实现战略目标。

(四)时间管理

对于一个事业型的人士来说,时间是最宝贵的资源,时间对于每个人来说都是公平的,但在实际工作中我们常常会发现,有的人整天忙得焦头烂额,工作效果却很差,有的人举重若轻,处理大小事情有板有眼,胜似闲庭信步。为什么差异这么大?这其中除了工作方法、工作环境、工作能力等种种因素外,还有一个因素就是时间管理的问题。

1. 学会统筹安排

什么是统筹安排?举一个简单例子:你要洗衣服,烧开水,有两个办法,一个是先洗衣服,洗完后再烧水;一个是先烧开水,在烧水的同时把衣服洗掉。这两种处理方式,时间的利用效率差异很大。当然,实际工作中要复杂很多,例如,生产过程中,工序安排和各种零件的生产时间、包括路径安排,都是有讲究的。

2. 克服惰性,当日事当日毕

有惰性的人,一碰到比较困难的事情或一时难以完成的事情,往往半途而废,这样你会发现,有些事情可能下次要从头开始,还是要花同样的时间,有些事情会不断累积,最后越积越多,而有些事情可能不了了之。如果经常这样,你的计划就会被弄得乱七八糟,可见光有一个好的计划是不够的,关键是要有一个好的计划执行能力。

3. 注意用脑卫生,学会积极休息

计划不要排得满满的,一定要安排适当的休息时间,不会休息就不会工作,适当的休息反而会有助于提高整个工作效率,减少工作中的差错。还有一种方法就是脑力劳动和体力劳动交替安排,也能起到积极休息的效果,这种积极的休息方法有助于提高时间的利用率和使用效果。

4. 不要忽视一些小的时间片段

实际工作中,你会发现有很多没有工作任务的小的时间片段,时间长了,这些小的时间片段累积起来很可观,因此我们要学会利用这些时间片段,做一些有用的事情。这样,在相同的时间内,可能你所做的事情比别人多很多。

(五)心理调节

1. 创业中常见的心理问题分析

社会的竞争日趋激烈,对创业者心理产生了很大的影响,正确把握自己,走出心

理阴影是创业迈向成功的第一步,从接触的一些实例看,目前大学生创业中主要存在以下问题,有的属于一般的心理矛盾,有的属于心理误区,但有的已经演变成了心理障碍,应引起高度关注。

2. 缺乏艰苦创业的心理准备

在创业过程中,很多大学生都愿意从自己的专业出发,准备干一番事业,实现自己的人生理想和价值,但是想干事业的学生也大都不愿到基层去,到艰苦的地方去,这实际是缺乏艰苦创业的心理准备。

3. 自我观念很强,但自我调控能力较差

自制力是善于控制和支配自己行动的意志品质,表现在两个方面:一是善于促使自己去执行已经作出的决定,并能战胜一切障碍与困难;二是善于在决定行动时,抑制消极情绪和冲动行为。一个有自制力的人善于忍耐和克制,组织性、纪律性强,情绪稳定,注意力集中,思路敏捷,既不因顺利而松动,也不因困难而畏缩,无论在什么情况下都能保持清醒的头脑、冷静的态度,充分发挥主观能动性,以保证达到既定目标。

4、焦虑心理严重

有些大学生受传统创业观的影响,把初次创业看得很重,总在心里告诉自己,行业选好了,一辈子好过了;否则,一辈子就没有希望了。在创业过程中产生恐惧、不安、忧虑心理及某些生理反应。

5、自卑心理

自卑是一种缺乏自尊心、自信心的表现,自卑常和怯懦、依赖等心理联系交织在一起。在创业过程中,大学生的自卑感不仅来源于事业、能力方面,某些生理、心理缺陷以及个人目前的地位和生活挫折等原因,也会使他们产生轻视自己、自觉不如他人的心理状态。自卑感强的学生在创业时胆怯、害羞、怕别人瞧不起自己,更怕竞争失败的打击,心理上往往采取退缩性的自我防御。

6、自傲心理

与自卑心理形成鲜明对比的是一部分学生的自傲心理。他们对自己的估价过高,自身条件好,家庭条件也不错,所以非常骄傲,在创业过程中,好高骛远,脱离现实,以幻想代替现实,使自己的创业目标和现实产生极大的反差,这样的学生即使创业,由于自己的傲气也会很快遭遇挫折,如果不能顺利创业,又会情绪低落,产生孤独、抑郁等不良的心理问题。

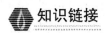

大学生创业心理问题的调试

1. 观念上的调整

要确立符合实际情况的理想自我,一个人的自我概念可以分为现实自我和理想自我,现实自我是个体从自己的立场出发对现实中自我的认识,也就是对实在的我的认识,理想自我是个体从自己的立场出发对将来的我的认识,也就是对想象的我的认识。在创业过程中要积极地悦纳自己,心理研究表明,心理健康者更多地表现出对自我的接受和认可,而心理障碍者则表现出对自我的不满和排斥。要做到悦纳自己,就一定要坚信只要真正付出努力,同等条件下,别人行,我也一定能行,并以此来增强自信心。有了自信心,通过坚忍不拔的努力,就能将理想逐步实现。

2.心理调适的具体方法

(1)注意转移法。就是把消极情绪转移到积极情绪上去。当不良情绪出现时,可以采取转移注意力的方法寻找一个新的刺激,激活新的兴奋中心以抵消或冲淡原来的兴奋中心,使不良情绪逐渐消失。在创业过程中,难免会碰到许多不顺心的事,从而陷入不良情绪之中,这时候注意转移法就可以起到很好的作用。

(2)自我安慰法。大学生在创业中经常会遇到各种各样的意想不到的挫折,当经过自己的主观努力仍然无法改变时,可适当地进行自我安慰,以缓解矛盾冲突,解除焦虑、抑郁、烦恼和失望情绪,这样有利于保持心理健康。

(3)适度宣泄法。有时遇到不顺心的事太多,人就会情绪烦躁,心情极度压抑。这时需要进行调整或进行适度宣泄,使压抑的心境得到缓解和改善。

(4)合理情绪疗法。合理情绪疗法认为,人们的情绪困扰是由于不正确的认知即非理性的信念所造成的。我们可以通过自我激励法、松弛练习法、自我静思法、环境调节法、幽疗法来进行心理调适,以合理的思维方式代替不合理的思维方式,就可以最大限度地减少不合理的信念给人们带来的不良影响。

我们说创业者一般具有强大的人格魅力,具有自信、执着的心理素质,同时具有创造性的思维和想象、经营管理、社会交往能力等专业素质。

三、创业动机的含义与分类

(一)创业动机的含义

创业动机是指引起和维持个体从事创业活动,并使活动朝向某些目标的内部动力。它是鼓励和引导个体为实现创业成功而行动的内在力量。创业很多情况下是内因和外因共同作用的结果,这里介绍一些与创业动机相关的理论:

1. 熊彼特关于精神层面的创业动机理论

(1)建设私人王国;

(2)对胜利的热情;

(3)创造的喜悦。

2. 马斯洛的五层次需要理论

(1)生理需要;

(2)安全需要;

(3)友爱与归属的需要;

(4)尊重的需要;

(5)自我实现的需要。

3. 创业者的心理特征

(1)成就需要。一般来说,成就需要高的人,成为创业者的可能性大,一个拥有高水平成就需要的社会将产生更多更有活力的创业者,这些创业者将更快地推动经济发展。

(2)风险承担倾向。几乎所有的关于创业者的定义都会提到创业者风险承担倾向,从一定程度上说,创业者实际上是不可计量的不确定性风险的承担者。

(3)控制欲。一般来说,创业者拥有较强的控制欲,统计规律证明,拥有高度控制欲的人更有可能成为成功的创业者。

4. 创业的环境或背景因素

根据社会学习理论,个人的行为差别在很大程度上来自于在成长过程中的经历不同。创业者的成长环境和经历影响着其创业行为的发生,这些因素包括社会环境、家庭背景、受教育程度、年龄、性别等。

(二)创业动机的分类

我们说大学生创业是适宜的创业环境与做好创业准备的大学生相结合的产物,他们创业的动机归纳起来主要有以下 4 种类型:

1. 生存的需要

首先,由于经济的原因,许多的家庭越来越难以负担昂贵的学费,国家有助学贷款、奖学金制度也不能完全解决问题。在沉重的经济负担压力之下,为了顺利完成学业,这部分学生中的一部分人只好利用课余时间打工来维持正常的学习和生活。在打工的过程中,有一部分具有创业素质的人会发现商机并且去把握它,开始走上了创业的道路。

其次，当前我国高校学生中城镇生源的学生 95% 均是独生子女，培养他们的独立性已经成为当务之急。目前已经有一部分学生开始独立承担自己的学习、生活费用，在他们中也产生了一定数量的创业先行者。这部分创业者通常都以学习为主要目的，从事一些需要投入时间、精力较少的行业，对经济回报要求较低。

2. 积累的需要

按照奥尔德弗（Alderfer）的 ERG 理论，人的需求分为生存、相互关系和成长。这3种需求并不一定按照严格的由低向高的顺序发展，可以越级。当代大学生随着年龄的增长，对于相互关系和成长的需要会逐渐强烈。一部分大学生为了增加自己的实践经验，丰富自己的社会阅历，或者为了自己以后的发展或实现自己的某个目标做好经济上的准备，在条件成熟的情况下也会利用课余时间走上创业的道路。这个类型的创业者往往以锻炼为目的，承受失败的能力较强。同时由于压力较小，失败和半途而废的比例也比较高。

3. 自我实现的需要

心理学研究表明：25～29 岁是创造力最为活跃的时期，这个年龄段的青年正处于创造能力的觉醒时期，对创新充满了渴望和憧憬。他们思维活跃、创新意识强烈，同时所受的约束和束缚较少，按照 ERG 理论，他们对成长的需要也更为强烈。另外，由于大学生所处的环境，他们往往更容易接触一些新的发明和学术上的新成果，或者他们中的一部分人本身拥有具有自主知识产权的科研成果。为了能早日实现自己成功的目标，他们中的一部分人改变了自己的成功观念，也开始了自己的创业生涯。

4. 就业的需要

当前，我国的大学生就业形势相当严峻，一方面表现为需求不足，另外一方面表现为大学毕业生的工资待遇降低。在这种情况之下，为了找到一份自己满意的工作，有一部分大学生也开始了创业。

四、产生创业动机的驱动因素

（一）社会环境

社会对创业的鼓励程度，对失败的宽容程度，往往是产生创业动机的驱动力。

（二）家庭背景

父母的职业、社会地位、出生的顺序、与父母的关系（支持程度），被认为是创业精神的影响因素。

(三)受教育程度

受教育程度高不是创立新的企业的必要条件,但是教育对创业者的作用是肯定的,尤其是当所受到教育和创业的领域有关系的时候,新经济时代的创业英雄大都受过良好的大学教育。

(四)经验的积累

统计规律表明创业者开始创业时的年龄在 30～40 岁之间,平均年龄在 35 岁左右。因为创业者在开办自己的企业之前,需要获得特定领域的知识和经验。年轻人拥有精力、热情和信心,中年人拥有较强的判断力、较丰富的人际关系处理技巧和与年龄相伴而来的众多的朋友和关系。

产生创业动机还有一些很现实的驱动因素,包括:为生活所迫,维持生存;为利益所驱动,发财致富;摆脱束缚,获取独立;为自己工作,追求满意的生活方式;提高能力,获取地位和成功;经纶济世,回报社会。从前,一个叫拉里·埃利森的美国人突然面对自己说:"我不能再干技术了,它只能是我永远受穷,我要当老板,开自己的公司。"就是这句话造就了一个全球软件业巨头——甲骨文公司,从 1977 年,埃利森抵押了自己的住房,创办了自己的公司——甲骨文公司,到 2001 年 4 月 24 日,由于股票升值,埃利森所持的股票的价值为 530 亿美元,超过盖茨成为世界首富,完成这一切,埃利森只用了不到 25 年。这里,拉里·埃利森创业的动机就是想摆脱束缚,获取独立,为自己工作,最终他成功了。

创业案例

女大学生网上开店创业 月营业额近 50 万

河南农业大学文法学院在校女大学生张慧于 2008 年在网上开了一家化妆品店,经过一段时间的苦心经营,月营业额近 50 万元,所办的化妆品店也被郑州市团委授予"青年文明号"。

2008 年,张慧的妹妹从日本回家探亲带回来很多化妆品,本想着把手头的化妆品处理掉的张慧就突然有了创业的想法,于是,就在淘宝上开了个化妆品店。"开店容易守店难,每天淘宝都有近 5000 个店铺开店,但是能做起来的是相当少的一部分,我开始的时候也曾经想过放弃"。张慧说,在最开始的几个月里都是在赔钱,也沮丧过,但是我告诫自己做什么都不容易,别人能做好,我也能做好,于是就坚持了下来。

"我坚持做真货,绝不卖假货,只有这样才能不断赢得顾客的厚爱"。张慧说道,有一次店里缺货,顾客又等不及,她就从别的皇冠网店买了一些产品,拿回来便发现是假货,她宁愿自己赔钱也坚决不发给顾客。由于她的诚信、热心的态度,越来越多的顾客光顾她的网店,生意也越来越红火。为了保证货源可靠,她的进货渠道只有2个,一个是让妹妹从日本给寄回来,欧美的产品从国内进货,每次购进新品牌,张慧都先少进几件样品,判断真假,确定真货后才进货。

如今她的网店不仅营业额高,而且月交易量、信誉度在河南市场夺得了第一的宝座。

(资料来源:李纲、张胜前主编:《大学生创业指导》,北京:国防工业出版社,2010年。)

第二节　创业团队

创业格言

> 企业,只有担当起社会责任,才能和世界一起前进、发展。

创业案例

俞敏洪和他的创业团队

只要一提到"俞敏洪"这个名字,大家就会把他和新东方联系在一起。新东方造就了俞敏洪这个新的亿万富翁。有人说他是中国最成功的老师,有人说他是一个纯粹的商人。

作为国内最大的英语培训机构,新东方已在全国赫赫有名。十几年来,它帮助数以万计的年轻人实现了出国梦,莘莘学子借此改变了自己的命运。有人曾评价说:"在中国,任何一个企业都不可能像新东方这样,站在几十万青年命运的转折点上,站在东西方交流的转折点上,对中国社会进步发挥如此直接而重大的作用。"

1978年,俞敏洪高考失利后回到家里喂猪种地。由于知识基础薄弱等原因,俞敏洪第一次高考失败得很惨,英语才考了33分;第二年又考了一次,英语考了55分,依然是名落孙山。当时的俞敏洪并没有远大的志向,作为一个农民的孩子,离开农村到城市生活就是他的梦想,而在当时,高考对农村孩子来说是离开农村的唯一出路。尽管生活条件比较艰苦,俞敏洪仍在微弱的煤油灯下坚持学习。

1979年,县里办了一个外语补习班,俞敏洪得知这个消息,报名参加了补习,这是他第一次学习外语。30个人挤在一间大房子里上课,俞敏洪的感觉就像进了天堂,到了第二年春节,俞敏洪在班里的成绩已经进入前几名。功夫不负有心人,1980年俞敏洪坚持考了3年后,最终考进了北京大学西语系,现实了梦寐以求的大学梦想。1985年,俞敏洪毕业留在北大成了一名教师。接下来是2年平淡的生活。中国随后出现的留学热潮,让俞敏洪也萌生了出国的想法。1988年俞敏洪托福考了高分,但就在他全力以赴为出国而奋斗时,美国对中国采取紧缩留学政策。以后的2年,中国赴美留学人数大减,再加上他在北大学习成绩并不算优秀,赴美留学的梦想在努力了3年后付诸东流,一起逝去的还有他所有的积蓄。

为了谋生,俞敏洪到北大外面去兼职教书,后来又约几个同学一块儿出去办托福班,挣出国的学费。1990年秋天,俞敏洪的如意算盘被打碎了:因为打着学校的名头私自办学,北京大学在校园广播、有线电视和著名的三角地橱窗里高调宣布了对俞敏洪的处分决定。对此,俞敏洪没有任何思想准备,以至于他遭遇到来自学校的指责。

1991年,俞敏洪经不住压力,被迫辞去了北京大学英语教师的职务,为了挽救颜面不得不离开北大,生命和前途似乎都到了走投无路的地步。但正是这些折磨使他找到了新的机会。尽管留学失败,俞敏洪却对出国考试和出国流程了如指掌;尽管没有面子在北大待下去,反而因此对培训行业越来越熟悉。离开北大后,俞敏洪开始在一个叫东方大学的民办学校办培训班,学校出牌子,他上交15%的管理费。这一年他29岁,他在中关村第二小学租了间平房当教室,外面支一个桌子,放一把椅子,"东方大学英语培训班"正式成立。第一天,来了2个学生,看"东方大学英语培训部"那么大的牌子,只有俞敏洪夫妻俩,破桌子、破椅子、破平房,登记册干干净净,人影都没有,学生满脸狐疑。俞敏洪见状,赶紧推销自己,像是江湖术士,凭着三寸不烂之舌,活说死说,让2个学生留下钱。夫妻俩正高兴着呢,2个学生又回来了。他们心里不踏实,把钱又要回了⋯⋯

尽管困难重重,但拼死拼活干了一段时间后,俞敏洪的培训班渐渐有了起色。眼看着培训班越来越火,俞敏洪渐渐萌生了自己办班的念头。1993年,在一间10平方米透风漏雨的小平房里,俞敏洪创办了英语培训学校——北京新东方学校。1995年底,积累了一小笔财富的俞敏洪飞到北美,这里曾是他魂牵梦绕的地方,当年就是为了凑留学的费用,他丢掉了在北大的教师职位。

在加拿大,曾经同为北大教师的徐小平听了俞敏洪的创业经历怦然心动,毅然决定回国和俞敏洪一起创业。在美国,看到那么多中国留学生碰到俞敏洪都会叫一声"俞老师",已在美国贝尔实验室工作的同学王强也深受刺激。1996年,王强终于下定决心回国。

在俞敏洪的鼓动下,昔日好友徐小平、王强、包凡一、钱永强陆陆续续从海外赶回加盟了新东方。经过在海外多年的打拼,这些海归身上都积聚起了巨大的能量。这批从世界各地汇聚到新东方的精英,把世界先进的理念、先进的文化、先进的教学方法带进了新东方。

经过10多年的发展,新东方已发展为一家以外语培训和基础教育为核心,拥有短期语言培训系统、基础教育系统、职业教育系统、教育研发系统、出国咨询系统、文化产业系统、科技产业系统等多个发展平台,集教育培训、教育研发、图书杂志音响出版、出国留学服务、职业教育、在线教育、教育软件研发等于一体的大型综合性教育科技集团。2006年9月7日,新东方教育科技集团在美国纽约证券交易所成功上市,成为中国第一家在美国上市的教育机构。截止2008年年底,新东方已在全国39个城市设立了41所学校、400多个学习中心和6家子公司,累计培训学员近700万人次。

当中外媒体采访俞敏洪问道:"新东方为何能从竞争激烈的英语培训市场脱颖而出?"俞敏洪很自豪地说:"自己最成功的决策就是把那帮比他出息的海外朋友请了回来,加入了新东方。可以说,没有我的那些朋友的加入,新东方还可能是一个不起眼的培训学校。"

(资料来源:本书编写组:《创业必读创业案例》,合肥:黄山书社,2010年。)

一、创业团队及其对创业的重要性

(一)创业团队的内涵

国内外很多学者从不同角度对创业团队进行了定义。在国外,Kamm、Shuman、Seeger 和 Nurick 从所有权角度出发,将创业团队定义为2个或2个以上参与公司创立过程并投入资金的个人。Ensley、Gartner 和 Gatewood 等站在成员对企业影响的角度,认为创业团队应该包括对战略选择产生直接影响的个人。Mitsuko 认为创业团队是指参与且全身心投入公司创立过程,并共同克服创业困难和分享创业乐趣的全体成员,由于律师和会计师等外部专家只参与公司创立的部分工作,因此不能算作创业团队成员。Gaylen 和 Steven 从参与实践的角度出发,提出创业团队是指在公司成立之初执掌公司的人,或是在公司营运的头2年加盟公司的成员,但不包括没有公司股权的一般雇员。Leon则认为创业团队应包括在创业初期履行执行职务的所有成员。

在国内，姜彦福等认为，创业团队可以从广义和狭义2个层面来理解：狭义的创业团队是指有着共同目的、共享创业收益、共担创业风险的一群经营新成立的营利性组织的人，他们提供一种新的产品或服务，为社会提供新增价值；广义的创业团队不仅包含狭义的创业团队，还包括与创业过程有关的各种利益相关者，如风险投资商、供应商、专家咨询团体等。汪良军认为，创业团队是指2个或2个以上的个人联合创建一个企业，并且他们在新创企业中拥有各自的股份。创业团队成员可以共同分享的投入或承诺指的是股份或财务利益，创业团队成员在创业团队内部对所有权的分享。高考等认为，创业团队是由有着共同创业理想、具备不同专业知识和承担各自工作职责的若干个成员构成，从而形成优势互补、分工明确的总体整合态势，进而组成为创建的新企业而努力奋斗的工作集体和经营班子。在创业团队中，各成员有着共同的目标和共同的利益，也有着不同的资源和不同的分工，他们各自的优势经整合后得以充分发挥，以实现整体效应。梅强认为，创业团队是2个或2个以上具有一定利益关系的、拥有所创建新企业所有权，或处于高层主管位置并共同承担创建和领导新企业责任的人所组成的工作群体。

从上面的这些定义中可以看出，许多学者认为，构成创业团队这一集体组织形式的基本要素中，最重要的有5个：目标、人员、定位、权限和计划。

1. 目标

创业团队应该有一个既定的共同目标，为团队成员导航，没有目标，创业团队就没有存在的价值。目标在新创企业的管理中常以新创企业的愿景、战略的形式体现。

2. 人员

人是构成团队最核心的力量。目标是通过人员具体实现的，所以人员的选择是团队中非常重要的一个部分。在一个团队中可能需要有人出主意，有人订计划，有人实施，有人协调不同的人一起去工作，还有人去监督团队工作的进展，评价团队最终的贡献。不同的人通过分工共同完成团队的目标，在人员选择方面要考虑人员的能力如何、技能是否互补、人员的经验如何。在一个创业团队中，不同的成员通过分工来共同完成创业团队的目标。

3. 定位

创业团队的定位包含2层意思：一是创业团队的定位，包括创业团队在新创企业中处于什么位置，创业团队最终应对谁负责等；二是创业团队成员的定位，包括个体作为成员在创业团队中扮演什么角色等。

4. 权限

创业团队当中主导人物的权限大小与其团队的发展阶段和新创企业所处行业地

位相关。一般来说,创业团队越成熟,主导人物所拥有的权限相应越小,在创业团队发展的初期阶段,领导权相对比较集中。

5. 计划

计划有2层含义:一是创业目标最终的实现,需要一系列具体的创业行动方案,可以把计划理解成达到创业目标的具体工作程序;二是按计划进行可以保证创业团队的顺利成长,只有按照计划,创业团队才会一步一步地接近创业目标,从而最终实现目标。

(二)团队与群体的区别

1. 群体的含义

群体是个别行动的人们所构成的集合。群体被定义为2个或多个具有共同目标、共同社会规范和共同个性的人们所形成的,可以自由发挥交互作用的工作小组。群体可以是正式的,也可以是非正式的。正式群体是指有领导者的、从事对组织生产有帮助活动的群体。正式群体可以是公司、部门、工作组或委员会。它可以是长期的,也可以是临时的。非正式群体是指人们为寻找友谊而建立起来的群体,没有官方任命的领导者,但可能在小组成员中产生领导者。非正式群体可以仅仅是在一起休闲娱乐的朋友的集合,也可以组织起来成立某种群体,如保龄球团体、服务俱乐部或其他自愿者组织等。

2. 团队与群体的具体区别

团队和群体并不是一回事,群体是一群人的集合,团队是一个集体行为和绩效的强有力的组织单位。具体来说,它们之间的区别如下:

(1)导向方面。群体是典型的管理导向,团队则是自我导向。

(2)协作方面。协作性是群体和团队最根本的差异,群体的协作性可能是中等程度的,有时成员还有些消极、有些对立;但团队中有一种齐心协力的气氛。

(3)责任方面。群体的领导者要负很大责任;而团队中除了领导者要负责之外,每一个团队的成员也要负责,甚至要一起相互作用,共同负责。

(4)技能方面。群体成员的技能可能是不同的,也可能是相同的;而团队成员的技能是相互补充的,把不同知识、技能和经验的人综合在一起,形成角色互补,从而达到整个团队的有效组合。

(5)结果方面。群体的绩效是每一个个体的绩效相加之和,团队的结果或绩效是由大家共同合作完成的产品。

由此可见,并非任意的群体都可称为团队,我们可以把团队看作是任务群体的一种特殊类型,是由负责实现目标的2个或更多的个体组成,不同的团队成员担任不同的角色,并且都对最终成果做出了贡献。团队和一般的工作群体不同,在工作群体中,成员虽然彼此相互熟悉,在工作中有一定的相互影响,但各工作成员之间相对独立。而团队除了具有一个工作群体的某些特征之外,还包括团队成员彼此协作以完成任务,每个人对共同绩效的完成都负有责任。

(三)创业团队对于创业的重要性

1. 组建创业团队的重要性

团队型创业的成功率高于个人型创业。美国20世纪80年代一项针对高成长企业的调查显示:83.8%的创业属于团队型创业。在中国改革开放后,20多年来民营企业的迅猛发展为创业活动提供了广阔的空间。在第一阶段生存型创业(主要是个人创业)之后,团队型创业将会越来越多。随着创业的深化和发展,已有很大一部分创业活动从开始构建就需要组建团队去完成。

大量证据表明,一个好的管理团队对企业的成功起着举足轻重的作用。在新企业的发展潜力与企业管理团队的素质之间有着十分紧密的联系。新创立的公司既可能是一个仅仅为创始人提供一种替代就业方式、为几个家人和几个外人提供就业机会的公司,也可能是一个具有较高发展潜力的公司,前者和后者之间的主要不同点之一在于是否存在一支高质量的管理团队。一个喜欢单打独斗的创业者固然可以谋生,然而一个创业团队的营造者却能够创建出一个组织或公司——能够创造重要价值并有多种收获选择的公司。

没有团队的企业也许并不注定会失败,但要建立一个没有团队而具有高潜力的企业却极其困难。当然,确实有一些创业者讨厌合伙人,还有一些创业带头人只有在拥有绝对控制权的情况下才会觉得合伙制令人满意。也就是说,他们需要的是雇员而不是合伙人,这种态度不仅针对企业的内部人员,也针对企业的外部投资者。例如,有一位创业者,他建立了一家增长稳定但发展较为缓慢的高科技企业,其销售额在成立后的10年内增长了200万美元。随着光纤技术领域新专利的不断涌现和相关技术的日新月异发展,这家企业渐渐引起了风险资本家们极大的投资兴趣。他曾有几次获得超过500万美元融资的机会,但是他都拒绝了,因为投资者们要求拥有其公司51%以上的股份。对此,他只是简单明了地说:"这家企业是我多年来苦心经营起来的,我不愿意把它的控制权拱手相让。"这显然和我们上述的规则相悖,但这位创业者后来还是成功地使其企业成长为销售额超过2000万美元水平的企业。

从整体上看,无论是制造业中的家族企业,还是现在的高科技行业,团队创业的企业比个人创业的企业要多。特别是当前的高科技行业,它所要求的能力远超过个人所拥有的。因此为了成功地创办一个企业,团队创业就显得非常必要。大量的实证研究表明,团队创业的企业在存活率和成长性等方面都明显高于个人创办的企业。此外,不单单是创业团队的存在与否关系重大,其素质的高低也非常重要。拥有高素质创业团队的新创企业,不仅团队成员可以相互取长补短、拥有更多的资源、更广阔的视野和更强的能力,而且有更强的吸引私人资本和风险投资的能力,因而具有更大的增长潜力。正因为如此,风险投资者们越来越注重并积极参与管理团队的塑造和提高。

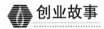

不离不弃的创业伙伴

  史玉柱是我国少有的经过大难又能够东山再起的优秀企业家。由于史玉柱的决策失误,导致巨人集团几乎陷入绝境。但谁都没有想到几年后,史玉柱居然奇迹般地复出,他不但还清了近亿元的债务,还创造了事业的新高峰。史玉柱东山再起的重要原因之一就是在巨人集团陷入最低谷时,仍有十几个创业伙伴在不拿任何报酬的情况下,追随史玉柱打拼事业。

(资料来源:中国创业投资网)

2. 创业团队重要性的体现

  许多研究和实践都证明了团队工作方式能够有效提高企业绩效,能促进团结和合作、提高员工的士气、增加满意感、提高决策的效率等。团队的优势主要体现在以下3个方面:

  (1)团队约束力。创业团队成员间可以相互督促,朝着共同的方向努力奋斗。一个人经常容易放松对自己的要求,时常忘记自己应该去做的事,有了目标不能督促自己去采取行动,有了计划不能让自己从头到尾彻底去执行。团队约束力可以非常有效地帮助个人克服以上情况。每个团队都有自己的一套执行标准,这个标准不是开一次会或是某一个人就能编拟出来的,而是整个团队在不断工作的过程中总结、提炼出来的。它必须来源于实际经验,这样对大家才具有共同的说服力。

  (2)优势互补,创新创意。有不同背景和经历的个体组成的团队中,每个人都有自己的优势和劣势,因此团队看问题的角度更广,所做的决策也更有创意。同时,正因为优势互补,大家都可以专心做自己擅长的事,所以效率将大幅度提升。优势互补包括以下3个方面:

  ①性格互补。外向型的与内向型的互补;强势的与弱势的互补;行动力强的与思考力强的互补等。

  ②特长互补。一个优秀的创业团队需要各种人才,需要有懂市场销售、财务管理、生产计划、人力资源等各个专业的人才。团队可以集合有各种专业优势的人才,大家相互配合,各尽其才,使团队具有综合竞争力。

  ③资源互补。这里的资源包括人、财、物3个方面。每个人的资源是有限的,当

大家的资源凑在一起重新整合支配的时候,所发挥的效力将数倍提升。

(3)团队氛围。团队的成员强调相互之间的帮助、支持与互补。以团队方式开展工作,促进了成员之间的合作并提高了员工的士气。团队在鼓励其成员进行卓有成效的工作的同时,还创造了一种良好的工作氛围。团队的工作氛围和文化对个人的工作状态有直接的影响。

二、创业团队的优劣势分析

一般说来,创业团队大体上可以分为3种:星状创业团队(Star Team)、网状创业团队(Net Team)和虚拟星状创业团队(Virtual Star Team)。下面针对这3种类型的团队分别进行优劣势分析。

(一)星状创业团队

1. 定义

星状创业团队又称核心主导型创业团队,一般是指在团队中有一个核心主导人物,充当了领军的角色。这种团队在形成之前,通常是核心人物想到一个商业点子或发现了商机,有了创业的想法,然后以自己为核心组建创业团队。因此,在团队形成之前,核心主导人物已经就团队组成进行过仔细思考,然后根据自己的想法选择相应的人员加入团队。这些加入创业团队的成员也许是核心主导人物以前熟悉的人,也有可能是不熟悉的人,但其他的团队成员在企业中更多时候是支持者角色。

2. 星状创业团队的优势

(1)稳定性较好。主要原因在于星状创业团队是由核心成员挑选其他成员。在挑选时,核心成员会充分考虑团队成员的个性、能力、技术以及未来的收入分配模式等问题,从而能够保证团队成员的能力和素质。

(2)组织结构紧密,向心力强。主导人物在组织中的行为对其他个体影响巨大。

(3)决策程序相对简单,组织效率较高。

3. 星状创业团队的劣势

(1)容易形成权力过分集中的局面,从而使决策失误的风险加大。

(2)当其他团队成员和主导人物发生冲突时,因为核心主导人物的特殊权威,使其他团队成员在冲突发生时往往处于被动地位,在冲突较严重时,一般都会选择离开团队,因而对组织的影响较大。

创业故事

牛根生和蒙牛

牛根生1978年参加工作,先从伊利集团的洗瓶工干起,先后担任过车间主任、厂长等职,后来在伊利做到了生产经营副总裁的位置。1999年牛根生被伊利集团免职,当时牛根生已经43岁了,但他还是选择了创业。他和一起被伊利免职的几个人聚在一起,决心重新在乳品行业创业。牛根生在乳品行业素有"乳业怪才"之称,具有10多年乳品行业经营管理经验、良好的人际关系和自身很强的凝聚力。牛根生成为这个创业团队的核心人物,担任董事长和总裁,创业团队的其他成员原来都是伊利的中层,信任并愿意跟随牛根生一起创业。由于其他成员都具有乳业行业工作的经验,所以创业初期顺利解决了人才的问题。此后,蒙牛的发展势头迅猛,造就了中国乳品产业的神话。

(资料来源:财经创业网)

(二)网状创业团队

1. 定义

网状创业团队也称群体型创业团队,这种创业团队主要由志趣相投的伙伴组成。这种创业团队的建立主要来自于因友谊和共同兴趣等关系而结缘的伙伴,比如同学、亲戚、同事、朋友等。一般都是在交往过程中,共同认可某一创业想法,并就创业达成了共识以后,开始共同进行创业。在创业团队组建时,没有明确的核心人物,大家根据各自的特点进行自发的组织角色定位。因此,在企业初创时期,各位成员基本上扮演协作者或者伙伴角色。

2. 网状创业团队的优势

(1)团队的成员关系较密切,较容易达成共识,发挥各自的作用。

(2)团队中成员的地位相对平等,有利于沟通和交流。

(3)当团队成员之间发生冲突时,一般都采取平等协商、积极解决的态度消除冲突,团队成员不会轻易离开。

3. 网状创业团队的劣势

(1)团队没有明显的核心,整体结构较为松散。

(2)组织决策时,一般采取集体决策的方式,通过大量的沟通和讨论达成一致意见,因此组织的决策效率相对较低。

(3)由于团队成员在团队中的地位相似,因此容易在组织中形成多头领导的局面。

(4)一旦团队成员间的冲突升级,使某些团队成员撤出团队,就容易导致整个团队的涣散。

(三)虚拟星状创业团队

1. 定义

虚拟星状创业团队是由网状创业团队演化而来的,基本上是前两种的中间形态。在团队中,有一个核心人物,但是该核心人物地位的确立是团队成员协商的结果,因此核心人物从某种意义上说是整个团队的代言人,而不是主导型人物,其在团队中的行为必须充分考虑其他团队成员的意见,不像星状创业团队中的核心主导人物那样有权威。

2. 虚拟星状创业团队的优势

(1)核心人物地位的确立是团队成员协商的结果,因此该核心人物具有一定的威信,能够作为团队的领导。

(2)团队的领导是在创业过程中形成的,既不像星状创业团队那么集权,又不像网状创业团队那么分散。

3. 虚拟星状创业团队的劣势

核心人物的行为必须充分考虑其他团队成员的意见,不像星状创业团队中的核心主导人物那样有权威。

联邦家私的创业团队

广东南海联邦家私集团成立于1984年,20多年来从一个小作坊成长为中国家具行业中的知名民营企业,时至今日,当初创业时的6个股东仍然留在联邦。这个团队是如何组建的呢?

1984年10月28日,联邦集团的前身广东南海盐步联邦家具厂成立。王润林、何友志、杜泽荣、陈国恩4个小时候一起玩的朋友聚在一起,他们要干一番事业。小小的家具厂让这几个朋友走得更近了,不过,他们之间的关系还是发生了一些变化,在朋友之外多了一层股东关系。

王润林之前学过设计,何友志做过藤椅师傅,杜泽荣在建筑公司干过打桩,陈国恩也没有什么做老板的经历。这样的4个普通人创立了联邦家具厂。然而,4个农民出身的人还是不知道企业怎么办,他们还需要新的成员加入进来。

之后他们请杜泽桦加入团队。那时的杜泽桦担任着一家藤器厂厂长,是当时广州荔湾区最年轻的厂长,曾参加过中国第一期厂长经理培训班,正是意气风发之时。杜泽桦被推举为团队的核心。随后,同样有着藤器厂工作背景的另一个玩伴——郭泳昌也加入了这个团队。

联邦的6人团队,杜泽桦评价说:"朴素、简单、正派,没有野心,没有排斥,在性格上互补,为了生计走到了一起。"儿时的友谊和成人后的相互信任,是这支团队合作的纽带。

(资料来源:慧聪网 http://ww.360.com)

三、创业团队的组建

(一)创业团队的组建策略

优秀的团队并非招之即来、挥之即去的一件物品,团队是一个很复杂的概念,已形成的优秀团队是一个意味深长、充满魅力、蕴涵无穷的集体。你必须付出巨大的精力去建设它、完善它、培育它、打造它,并且在发展中进一步突出团队文化,形成自己的独特企业文化。更重要的是,作为创业者,你必须具备建设、完善、培育、打造优秀团队的素质。否则,你可以成为团队的理论研究专家,或是优秀团队的幻想者、期盼者,而你的身边就是永远无法形成一个优秀的团队。

组建一个成功的创业团队需遵循哪些策略呢?

1. 寻找合适的合作伙伴

在创业过程中,一般情况下,大多数人都无法面面俱到、样样精通。营销专家通常满脑子营销,很少会花时间去注意行政业务的细节;行政专家则用心于营业细节,追求管理效率。这两种职务所需的特质如何并存? 如果有人身兼这两种职务,他不是只做得好其中一项,另一项做得很糟,就是两项职务都表现平平。所以,对大多数人而言,如果想做大生意,就得寻找适当的合伙人。

但是,在创业初期,由于创业团队的不成熟,创业成员之间处于磨合期,抵御和防范风险的能力非常小,特别是来自创业团队内部的风险。如果这种创业团队内部风险得不到及时、有效的控制和化解,其对创业的负面影响就会阻碍创业企业进一步成长,也可能导致创业团队土崩瓦解。所以说,创业合作伙伴的选择,对发展前途至关重要,所以要慎重选择合作伙伴。要明了合作伙伴是精神上的支持,还是自己的知识和基本技能有漏洞,需要他人弥补。和不熟悉的人一起创业结果不会很好,和自己熟悉的人合作,比较容易建立信任关系。一个人永远不能完全确定自己选对了人,但对他们越了解,则越有可能做出好的选择。

2. 制造核心人物

一般来说,刚刚成立的企业规模都比较小,因为技术、管理等方面不够成熟,要想获得成功就必须付出更大的努力,更需要组织创建一个合理的、有战斗力的团队。对于这些企业来说,有核心主导的创业团队显得更加重要。团队的核心人物是团队、企业发展的核心支柱,是重大战略决策的最后拍板者。

核心人物凭借其在团队里的威信和主导作用,能及时协调创业成员之间的分歧,从而在企业的一些重大问题上较容易达成共识,一些重大决策能够很快作出并付诸行动。更重要的是,其核心领导人的凝聚力更好地保证了紧密的组织结构和较强的向心力。他能保证团队成员的能力都可以适应公司未来发展的要求,也可以让全体成员的目标保持一致,能明确指出团队将要努力的目标和方向;同时还能创建共同的行动纲领和行为准则,从而使团队协作具有高效能和高战斗力。

对于创业团队和企业来说,核心人物不仅是公司决策、执行中的决定性力量,更是团队与整个公司的支柱和精神领袖。创业初期,困难和挫折是不可避免的,核心人物不仅要协调、解决各种矛盾与困难,更重要的是核心人物还是各团队成员的精神支柱,不断地鼓舞他们的斗志,调整他们的创业心态。

如何才能形成这样的团队的核心领导呢?核心人物并不是单单靠资金、技术、专利来决定的,也不是谁出好的点子谁当头的。这种带头人是团队成员在多年同窗、共事过程中发自内心认可的。因此,核心人物最首要的是要有过硬的素质和可贵的品格。企业发展的第一要素是创业团队,而创业团队发展的第一要素又是核心创业人物的素质和品格。从某种意义上说,团队核心人物的基本素质直接决定了成员的基本素质。

首先,作为核心人物,涵养气度和亲和力是最重要的。要善于营造一种良好的气氛,能与团队成员相互信任与尊重。只有这样,才能让其他团队成员开诚布公地表达他们实实在在的意见与想法,才能赢得团队的信任,并最终形成团队的凝聚力。其次,要信守诺言。作为一个决策者,绝不能对任何人承诺办不到的事情。作为团队支柱,要言行一致,对自己所采取的每一个行动、所作出的每一个决定都负责到底。要以身作则,以自己的实践带动团队成员,培养他们的责任感,同时引导他们客观评估自己的表现。再次,因为核心人物具有其独一无二的支柱作用,这就要求他对企业的发展与市场的前景具有一定的预见性,能切实把握未来企业的发展与市场的前景,在战略上占据优势,同时对业内的竞争具有深刻的洞察力。

3. 组建优势互补的团队

创业团队是企业创立发展乃至成功壮大的核心因素,建立优势互补、专业能力完美搭配的"异质性"创业团队是保持创业团队稳定的关键。所以,寻找到好的优势互补的合作伙伴,是创业成功一半的保证。社会分工越来越细,专业的事就要交给最专业的人去做,胜算才会更大;也只有优势互补的团队才能充分发挥其组合的潜能。

在创建一个团队的时候,不仅仅要考虑团队成员相互之间的关系,最重要的是考虑成员之间的知识、资源、能力、市场、销售或技术上的互补性,充分发挥个人的知识和经验优势。纯粹的技术人员组成的公司容易形成技术为王、产品为导向的情况,从而使产品的研发与市场脱节;全部是市场和销售人员组成的创业团队缺乏对技术的领悟力和敏感性,也容易迷失方向。创业团队成员的知识结构越合理,创业的成功性越大,这种互补将会有助于强化团队成员间彼此的合作。一个完整的、具有高效运作能力的创业团队必须包括技术类人才、市场类人才和管理类人才。但在团队形成之初,并不需要以上各方面的成员全部具备,在必要时,一个或多个成员去学习团队所缺乏的某种技能,从而使团队充分发挥其潜能的事情并不少见。

一个优势互补团队所掌握的可控社会资源以及潜在可用资源会更有利于一个企业的发展。企业在不同的阶段对社会资源有不同的要求:对于起步期的项目,团队往往以技术人员为主;对于发展扩张期的项目,技术和市场开拓并重;而对于成熟期、规模较大企业,管理人才的权重必须加强。

(二)创业团队的组建原则

创业者在组建创业团队的时候,需要注意以下5个原则:

1. 诚实守信

重承诺、守信用,是对创业团队最起码的道德要求,也是最为基本的要求。创业合作伙伴会全面介入企业的经营管理,并了解新创企业内部的所有情况,如果道德有问题的话,企业的资金、人员、关系、精力等都可能遭受不必要的损失。此外,从经济学的角度来看,个人信用往往建立在一定的财产基础上,有财产便能承担责任。因此,作为资本匮乏的创业者应当寻找经济实力比较强的创业合作伙伴。

2. 志同道合

创业团队一定要有碰撞后形成的一致的创业思路,成员要有共同的目标愿景,认同团队将要努力的目标和方向,同时还要有自己的行动纲领和行为准则。创业者在组建创业团队时一定要和创业合作伙伴事先沟通,了解对方的创业目的和动机。企业新创时期是非常脆弱的,需要创业者之间紧密团结,形成坚强的堡垒才能抵御外界的压力,否则等企业经营到一定阶段的时候,可能会由于创业合作伙伴的意见不一而导致企业停滞不前,甚至导致企业解体,创业失败。

3. 取长补短

理想的合作者要求双方在能力、性格、资本上有较好的互补性。每个人都有自己的优势也有自己的不足,这是创业者要选择创业合作伙伴的重要原因。实现优势互补,合伙的各方都能真实感受到对方对于新创企业发展的重要作用,才会更加珍惜彼此的合作机会,再加上集体智慧的力量,创业成功的几率就要大得多。

4. 分工协作

创业团队需有完全不同的性格,最完美的组合是内外分明,如负责设计、生产的人(主内)和负责销售的人(主外)配合。创业者一般是比较偏向主外的人,往往不容易找到主内的人选,主要原因是不知道该找什么样的人来合伙。理想的主内人选是聪明又野心不大的人。如果主外的创业者选择了既聪明又有活力的创业合作伙伴,那么这两位积极进取的创业者必定都会争取控制权,但控制权只能落在一方手上,所以就会发生冲突和争执。实际上最合适的权力分配方式是主外的人拥有控制权。

5. 权责明晰

创业团队成员要以法律文本的形式确定一个清晰的利润分配方案。要把最基本的责权利界定清楚，尤其是股权，此外还包括增资、扩股、融资、撤资、人事安排、解散等与团队成员利益紧密相关的事宜。其中，核心的条款是股权配置或投资比例问题。它不仅关系到各创业合作伙伴以后在企业中的地位、作用，还关系到创业合作伙伴的利益分配等实质性问题，因此，合作创业一定要做到账目清楚、手续齐全，签订好合作协议，把各方应尽的职责和应享的权益仔细协定下来，绝不能口头约定。总之，宁可"先小人后君子"，也不要日后闹得"兄弟"反目成仇。对于所有账目的进出情况、合作实体的经营状况和损益情况要定期在合作人间进行公开，合作人的利益分配要严格按照合作协议中的规定办理；合作人私人使用合作实体的财物的，要及时入账并在利益分配中予以扣除……总之，要做到"亲兄弟明算账"。

此外，还值得一提的是，知心朋友并不等于创业合作伙伴。由于对社会事物的接触具有局限性，对创业合作者的选择往往会感情用事，比较容易单纯地把身边亲密的朋友等同于最理想的创业合作伙伴。当友情面对金钱的诱惑、公司经营的压力的时候，不是都能经受得住考验的。默契的合作者有可能在长期的合作中成为知心朋友，但知心朋友并不一定都能成为最好的创业合作伙伴，所以在选择合作人的时候，千万不能感情用事。

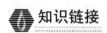
知识链接

企业社会责任4层次框架

社会学家卡罗尔在20世纪70年代后期提出了企业社会责任4层次框架。最基本的层次也是企业首要的责任是经济责任，包括为股东提供投资回报，为员工创造工作并提供合理报酬，进行技术创新扩大销售等。但企业的经营活动应当在法律要求的框架下进行，应遵守法律法规，法律责任是企业应承担的第二层责任。虽然经济责任和法律责任都包含了伦理规范要求，但社会还是期望企业遵守法律明文规定要求之外的伦理规范，包括尊重他人、维护员工权益、避免对社会造成伤害、做正确的事情等，伦理责任是企业应承担的第三层责任。第四层也是最高一层责任是企业自行裁定的责任，这完全是一种自愿履行的责任，社会期望、法律规范甚至伦理规范并没有对企业提出明确的要求，企业拥有自主判断和选择权来决定具体的企业活动，例如慈善捐助、支持当地社区发展和帮助妇女儿童残疾人等弱势群体。

（资料来源：张玉利，《创业管理》，北京：机械工业出版社，2013年。）

四、创业团队的管理

创业团队中的管理活动一般分为 2 类：一类是作为创业团队核心的主要创业者所进行的管理活动，包含领导活动；另一类是创业团队普通成员所进行的管理活动。广义的管理活动包含领导活动，狭义的管理活动不包含领导活动。这一部分讨论的创业团队管理问题，是就狭义的管理活动而言的。而在创业团队的管理过程中，分工、合作、激励和冲突是 4 个相当重要的管理问题，需要分别进行分析和研究。

（一）创业团队管理之分工

创业团队成员作为一个工作集体，其工作的具体内容由于业务内容极其不稳定而处于不断变化之中，因此用角色而不是工作职责更能清楚地表明创业团队成员之间的分工。

在高绩效团队中，成员的角色往往是互补的。高绩效团队的成员都应该清楚自己在团队中的角色，而且应该明白相互之间的角色有时又可以相互替代，因此，在高绩效团队中，有时一个人可以充当几个角色，有时几个人又可担当同一个角色。

一个高绩效的团队中，一般需要领导者、造型师、监测评论员、生产者、执行者、资源调查者和督促者 7 种角色。

1. 领导者

这种人应该是纪律严明、轻重分明和各方面能力比较均衡的人。他们的职责是挑选人才，凝聚和协调员工努力工作。

2. 造型师

他们的工作是领导项目，能有力地推动任务的进展。他们的力量来源于个人动机和对任务的激情，其性格一般较外向。

3. 监测评论员

他们主要开展检查工作并论证工作中缺陷之处，擅长分析。

4. 生产者

他们是思想和建议的源头，团队中最富于创造性和最聪明的成员，但可能不注重细节问题。他们需要激励和引导，其才能才会发挥到极致。

5. 执行者

这些人负责把思想化为行动。他们是实践组织者和管理者。

6. 资源调查者

他们是让团队和周围世界保持联系的联络人，他们的性格趋于外向，比较有个人魅力。

7. 督促者

他们的任务主要是对任务进行严格跟踪,并监督各项任务的完成情况。

就创业团队而言,始终存在一个成员承担领导者的角色,这一角色可能是形式性的,也可能是实质性的。对一个高绩效的创业团队而言,创业团队的主要负责人可能承担领导者、监测评论员、执行者、资源调查者和督促者等多种角色,重要的骨干成员可能承担执行者和资源调查者等角色,其他一些成员可能扮演造型师、监测评论员和资源调查者的角色。

(二)创业团队管理之合作

创业团队成员根据自己的特长和拥有的资源状况进行工作分工之后,为了提高整个创业团队的工作效率,还需要进行合作。创业团队成员之间的合作可以分为常规性合作和非常规性合作。

常规性合作是指创业团队成员在承担各自工作职责、扮演好各自角色的前提下进行的工作协调和工作整合。做好自己的工作,就是对其他创业团队成员工作的一种最为重要的支持和配合。对于工作内容有交叉和衔接的创业团队成员来讲,做好各自的工作,更是对其他创业团队成员工作最好的支持和配合。

非常规性合作是指创业团队成员在做好自己的本职工作、扮演好自己角色的前提下,跨越自己的工作范围,直接帮助其他创业团队成员做好他们的工作,从而救助、支持、加强整个创业团队和创业企业的工作。

常规性合作是最基本的合作方式,非常规性合作是一种补充性的、救急性的合作方式。创业团队成员之间的合作应以常规性合作为基础,以非常规性合作为补充。

(三)创业团队管理之激励

创业团队的激励制度关系到创业团队成员的工作动力,关系到创业团队成员的工作积极性。如果缺乏有效的激励,新创企业难以保持长久的生命力。而有效激励是新创企业保持团队士气的关键。创业团队要实现高效运作,要有有效的激励机制,使团队成员看到随着创业目标的实现,其自身利益将会得到怎样的改变,从而达到充分调动成员的积极性、最大限度地发挥团队成员作用的目的。

创业团队可以根据每位成员的工作能力和实际贡献提供激励,主要包括2种形式:一种是物质激励,比如报酬、工作环境;另外一种是非物质激励,比如创业成就感和地位,感受到尊重、承认和友爱等。

1. 团队文化的激励

团队文化是固化剂,创业团队凝聚力的培养离不开团队文化的建设。团队文化激励对创业团队建设的积极作用主要表现在:团队文化通过营造一种积极向上、相互尊重、相互信任的文化氛围来协调新创企业内外的人际关系，通过调动创业团队成员的积极性、主动性和创造性来增强团队的凝聚力和竞争力。

2. 经济利益的激励

新创企业的产权一般比较明晰，机制灵活，所以对创业团队成员可以通过股权增加作为经济利益激励的一项重要内容来实施，从而把传统的以报酬为代表的短期经济激励和以股权为代表的长期经济激励结合起来，体现人力资源的价值。此外，还要建立奖励机制。将团队成员的一部分报酬，尤其是浮动薪酬，与创业团队成果有机地结合起来。同时，在进行年度固定薪酬调整时，也要考虑成员的工作绩效表现。

3. 心理满足的激励

在知识经济时代，创业者具有良好的进取精神，创业团队通常又是高知群体。他们进行创业活动不仅仅为追求经济利益，也为获得成就感以及权力和地位上的满足。从创业团队的生命周期来看，团队发展到追逐权力的阶段，团队冲突增加，矛盾加剧，团队效率降低，部分核心成员选择离开团队，许多团队在"争权夺利"这个阶段就停止了发展。对于新创企业来说，此时的生存和发展可能会面临着重大危机。如何突破这个"瓶颈"，实现团队自我超越是创业团队建设应考虑的关键问题。因此，随着新创企业的发展，创业团队领导者要注重权力和地位的激励机制，将创业成员的工作成效和职业生涯发展、地位提升有效地结合起来，建立并维护好创业团队的运作原则，使团队成员之间相互尊重和信任，能够倾听彼此的意见。基于不同的工作情景和分工，创业团队成员应该可以共享领导角色，在各自的领域中发挥领导作用。

（四）创业团队管理之冲突

创业团队成员之间的冲突，大致可以分成5种类型。

一是性格冲突。性格冲突是指创业团队成员之间由于性格的差异而引起的冲突。性格上的冲突会导致创业团队成员之间对工作目标、工作步骤和工作措施认识上差异，从而导致工作冲突。

二是工作冲突。工作冲突是指与工作任务的内容有关的冲突，是创业团队成员之间在认识上的不一致所造成的。工作冲突在本质上属于一种认识上的差异，但这种认识上的差异会蔓延到权力冲突和利益冲突。

三是权力冲突。创业团队内部为获取权力而进行的政治斗争将会降低团队的有效性，进而降低企业的绩效。因为为获取权力而进行的政治斗争会使得企业内部的信息流动受到限制和资源在企业内部配置上的低效率，更加严重的是消耗新创企业内部最宝贵的企业家资源。

四是利益冲突。利益冲突是指创业团队成员自己在创业企业中的权益关系和权益比例关系上所形成的冲突，属于最为严重的冲突。

五是沟通冲突。创业团队内部的沟通是影响团队有效性的一个重要因素。Tjosvold 认为,当人们之间具有合作关系、共同目标时,会导致开放的讨论和互相帮助;人们的竞争关系或独立关系则会引起闭锁的思维,阻碍沟通。所以,团队成员的关系会影响团队内成员的互动。所以沟通冲突并不简单地是一个交流不充分的问题,它往往与权力冲突和利益冲突相连。

心理学家托马斯认为,冲突的结果都有两种性质:坚持性和合作性。坚持性表明了满足自身利益的愿望,说明了冲突一方在追求自己的目标时所表现的坚持程度。合作性表明了满足他人利益的愿望,说明了冲突一方所表现出来的合作倾向的程度。基于坚持性和合作性的不同程度的组合,托马斯提出了 5 种处理冲突的方式。

一是强制方式。冲突中的一方采取坚持而不合作的方式,这是一种非赢即输的解决冲突的方式。采取这种方式的一方,会力图达到自己的目标而无视他人的利益。这种方式是处于强势地位的一方往往采用的方式。

二是回避方式。在多方冲突中,其中的一方采取不坚持也不合作的行为,表明了对冲突的回避。采用这种方式来处理冲突的一方,对自己的利益和他人的利益都缺乏兴趣,试图置身于冲突之外。

三是抑制方式。冲突中的一方具有合作倾向而缺乏为自己的胜利斗争下去的坚持性。抑制方式是一种利他的行为,一种推动他人合作的策略,一种对冲突中的其他方的愿望屈从的行为。

四是协作方式。这是一种既合作又坚持的处理冲突的行为。采用这种方式来处理冲突,要求冲突中的各方彼此关照相互之间的利益和愿望,是一种开诚布公处理冲突的方式,是使冲突中的各方利益都得到最大限度关切的一种方式。

五是妥协方式。这种方式要求在坚持和合作之间作出一种中间选择。这种方式可能含有协商谈判和让步的成分。与协作方式相比,妥协方式不能使冲突中的各方都达到最大限度的满意,是一种使冲突中的各方只能达到中等程度的、部分满意的一种手段。

对于创业团队成员来讲,采用何种方式来解决冲突问题,一是取决于冲突的类型,二是取决于自己在创业团队中的地位,三是取决于处于优势地位的创业成员的价值取向。总体说来,采用协作方式解决冲突问题是一种实现共赢的方式,是一种可以把全体创业成员的积极性都充分调动起来的方式。

五、创业团队的领导方式

作为创业团队核心的主要领导者,其领导行为和艺术决定了其领导水平的高低和领导效果的好坏,决定了一个创业团队的内部凝聚力和战斗力,决定了一家创业企业的生死存亡和盛衰荣辱,是创业团队的灵魂,是团队力量的协调者和整合者。

坦南鲍姆和施米特2人对领导方式进行了研究。他们的领导方式理论在早期是将领导方式分为独裁、民主和放任3种类型，认为民主方式的效率是最高的。后来，他们认为这种理论过于简单。在权变理论的影响下，他们进一步提出了"领导方式连续流"理论。这一理论认为，领导方式是一个连续变量。从独裁方式到民主方式再到放任方式之间存在许许多多的中间方式，领导方式不能简单地讲只有3种方式，同时，不能笼统地讲哪一种领导方式好，哪一种领导方式不好，领导方式的好坏取决于各种客观情况，要具体情况具体分析。坦南鲍姆和施米特在"领导方式连续流"中选择了7种有代表性的方式进行了分析。

1. 领导者作出决定并直接宣布

这是最集权的领导方式。领导者发现一个问题后，考虑了各种可供选择的解决方案并从中选择一个比较满意的，在决定后直接向下属宣布，要求执行。在这种领导方式里领导者不给下级任何参与决策的机会。

2. 领导者说服下属接受决定

这种领导方式与上一种领导方式的相似之处在于：由领导者作出决策并向下属宣布。但增加了一个步骤：在宣布时说服下属接受这个决策。领导者这样做，表明他认识到下属中可能有某些反对意见，因而他企图通过说明这种决策的必要性和对下属可能带来的利益来消除下属的反对。

3. 领导者提出计划，但征求意见

领导者作出决策并期望下属接受这个决策，但他向下属提供一个有关他的想法和意图的详细说明，并征求大家对计划的意见。这样，既可以使下属更好地了解领导的意图和计划，也可以使领导者更深入地探讨决策的意义和影响。

4. 领导者提出初步的决策方案，同下属交换意见后作出决策

在这种领导方式中，允许下属对决策发挥某些影响作用。领导者先提出一个初步的计划，然后同下属交换意见，并在最后确定计划时考虑下属提出的意见和建议，但最后的决定权是掌握在领导者手中的，领导者可以按下属的意见修改计划，也可以不接受下属的建议和意见。

5. 领导者提出问题，征求下属意见，然后作出决定

在这种领导方式中，是由领导者先提出需要解决的问题，然后听取下属关于解决这个问题的意见和办法，最后由领导者在综合下属的各种意见和建议后形成一个最终的解决方案。

6. 领导者规定所要解决的问题，交由下属作出决定

在这种领导方式中，领导者先解释清楚需要解决的问题，并就如何作出决策提出原则性意见，然后将决策权交给下属，由下属决定如何解决问题。

7. 领导者提出原则性要求，将问题的提出权和解决问题方案的决定权全部交由下属行使

这是领导者给予下属最多自由和民主的模式。问题的提出和决策，都是由下属自主决定，唯一的要求是要遵循领导者提出的原则性要求。在这种领导方式中，领导者也可能参与其中，但他是作为一位平等的团队成员加入的，同其他团队成员的权力是同等的。

对于创业团队而言，创业团队领导者的领导方式更多的是第 3~7 项，创业团队的领导者采用民主的和放任的方式进行领导，可以更好地调动其他创业团队成员的工作积极性。

本章小结

创业者是一种主导劳动方式的领导人，是一种无中生有的创业现象，是一种需要具有使命、荣誉、责任能力的人，是一种组织、运用服务、技术、器物作业的人，是一种具有思考、推理、判断的人，是一种能使人追随并在追随的过程中获得利益的人，是一种具有完全权利能力和行为能力的人。

一个成功的企业创业者有许多创业思想和素质要求，有许多也只能在实战中获得，创业是一种进取精神，是一种生存素质，是一种青春经历，是一种学习提高，是一种社会责任，是一种价值体验，更是一种成功的享受。创业的本质在于把握机会，创造性地整合资源，创业精神是创新的源泉。

创业团队成员之间的冲突，大致可以分成 5 种类型：一是性格冲突，二是工作冲突，三是权力冲突，四是利益冲突，五是沟通冲突。

构成创业团队这一集体组织形式的基本要素中，最重要的有 5 个：目标、人员、定位、权限和计划。

本章习题

1. 什么是创业者？
2. 谈谈创业者的素质和能力要求。
3. 创业动机的分类有哪些？
4. 产生创业动机的驱动因素是什么？
5. 如何进行创业团队的优劣势分析？
6. 创业团队组建的策略是什么？
7. 谈谈创业团队冲突的类型。

案例研讨

雅虎的创业团队

雅虎是由杨致远和他在斯坦福电机研究所博士班的同学大卫·费罗创建的。杨致远和费罗是旧识，两人曾经同班听课，还在作业方面开展合作。以此为起点，两人成了最佳搭档。费罗内秀，喜沉思，而杨致远活跃，是社团中的领袖；费罗善于在屏幕上整理资料，有一种"只要在终端前，就能统治全世界"的感觉，而杨致远在电脑的操作上却不如费罗有规划。两人的实验室相邻。不久，两人报名去了日本。在那里，他们都成了外国人，友谊与日俱增。

回到斯坦福，两人在一辆学校拖车上成立了一间小型办公室。这时他们迷上了互联网，每天有数小时泡在网上，分别将自己喜欢的信息链接在一起，上面有各种东西，如科研项目、网球比赛信息等。雅虎就是从这里发展起来的。起初他们各自独立地建立自己的网页，只是偶尔对彼此的内容感兴趣才互相参考，渐渐地他们链接的信息越来越广，他们俩的网页也就放在了一起，统称为"杰里万维网导向"，他们共享这一资源。搜集的网站越来越多，两人就分类。不久，他们的网站招徕了许多用户。人们纷纷反馈信息，还附上建设性意见，使内容更加完善。

(资料来源：中国 MBA 联盟网)

研讨：
1. 雅虎的创业团队属什么类型的创业团队？
2. 结合相关资料，分析雅虎近几年收购风波。

第三章

创业机会与创业风险

◆ 学习目标

- ◆ 掌握创业机会的特征与类型
- ◆ 了解影响创业机会识别的关键因素
- ◆ 掌握有价值创业机会的基本特征
- ◆ 理解创业机会评价的特殊性
- ◆ 了解机会风险的构成与分类
- ◆ 了解商业模式的定义与本质
- ◆ 掌握设计商业模式的思路和方法

◆ 案例导引

21岁赚下2000万的大学生

一个名叫彭海涛的21岁成都男孩,因为酷爱动漫游戏,放弃了才读了不到一年的大学,在父亲彭国权的支持下,与3个志同道合的朋友历时2年研发出了国内第一款真正意义上的原创3D网络游戏《传说On line》。

专家评价这款游戏足以和目前最热门的韩国游戏一决高低。国内著名游戏代理商北京晶合时代软件技术有限公司以高达2000万元的价格,买断了《传说On line》的全国总经销权。国家文化部获知此消息后也十分重视,以特事特办的高效率为这款游戏发放了"准生证"。

北京晶合时代软件技术有限公司曾签约推广过《大富翁》、《轩辕剑3》、《航海时代》等知名游戏,与连邦、骏网并称为国内3大游戏经营商。该公司副总裁范向辉向记者表示:"《传说On line》最有价值的地方是拥有完全自主的知识产权,是全国第一款自主研发的3D游戏引擎,意义不亚于第一款汽车发动机。"他说:"目前日韩动漫游戏几乎占据了大部分的市场,国产动漫面临的最大困难之一就是缺乏具有完全自主知识产权、科技含量高的游戏引擎。"作为国内第一款自主研发的游戏引擎制作的3D网游,美丽的《传说On line》也许会开创一个时代!

彭海涛对动漫游戏可以用痴迷来形容,小学3年级他就开始与黑白机"交朋友"。

进入四川大学后,学习计算机专业的彭海涛已经不满足于"喜好"了,他利用业余时间设计了两三款休闲小游戏,备受玩家和专家的好评。在一次旅行途中,彭海涛向做生意的父亲彭国权和盘托出自己想停学创业的念头。没料到父亲竟一口答应,还主动赞助了100万元作为启动资金。就这样,当时才19岁的彭海涛成立了成都锦天科技有限公司。作为董事长的彭海涛还招罗了3个好朋友共同组建核心技术团队。值得一提的是公司一成立,彭海涛做的第一件事竟然是把公司的一部分股份分别让给几个创业伙伴,并放弃总经理职位,聘请职业经理人团队来担任。这种才刚刚兴起的现代企业运作机制,让做了20多年董事长的父亲也惊讶不已:"他的经营理念比我先进。"

站在记者面前的彭海涛简朴得让人很难想象出他已经是一个"千万少富":几乎可以在任何一家商场都能买到的运动装,小平头外加一副普通的眼镜,说话十分简洁。当记者夸他年轻有为时,他不好意思地低下了头,脸上泛起羞涩的红晕。

据锦天公司的员工介绍,彭海涛平时上班也是这样打扮,没有一点老板的架子。2005年成都举行中日韩三国文化产业论坛,彭海涛和日韩专家一道登上讲坛阐述自己的动漫游戏产业理念时,同样也是这身打扮。正是因为彭海涛的质朴风格赢得了不少日韩专家的青睐,他们纷纷表示对《传说On line》的浓厚兴趣,国内一些风险投资机构也对锦天公司表达了合作意向。据悉,国家文化部也有意支持《传说On line》向海外销售。

(资料来源:李纲、张胜前《大学生创业指导》,北京:国防工业出版社,2010年。)

第一节　创业机会识别

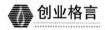
创业格言

> 我极少能看到机会,往往在我看到机会的时候,它已经不再是机会了。
>
> ——马克·吐温

一、创意与机会

创业家们常说:"好的创意是成功的一半"。创意不是发明创造,创意是将一些司空见惯的元素以意想不到的方式展现给消费者,从而在消费者和品牌之间建立某种关系。大多数的经销商在代理其他品牌产品的时候,往往希望能够存在一个很好的市场机会使自己目前的业务有所发展或者开拓更多的业务方向,因此,绝大多数的经营者对创意都很敏感。然而,一个很好的创意未必就是一个很好的市场机会,尽管大多数情况下,市场机会源于创意。但并不是所有的创意都会成为市场机会。一个市场机会必然是一个实实在在的,能够用来作为企业发展基础的。这就是创意和市场机会之间最重要的差别。一个好的创意仅仅是一个好的创业工具,而将创意转化为良好的市场机会却是一个非常艰巨的工作。人们常常过高地估计创意的价值,而忽视了市场需求是否真实可靠。比如,中关村一家经销商与北京大学的学生合作开发了能够在黑暗中发出荧光的键盘,这样,在黑暗中(比如有别人休息的夜晚),计算机的使用者不用点灯就可以敲打键盘。这个创意很好,但显然这样的产品成本一定比普通键盘高,而经常使用计算机的用户,绝大多数可以基本实现盲打,因而市场需求不会很好,正是这个原因,这个产品始终未能获得成功。此外,第一个获得最好的创意也并不一定能保证企业的成功,毫无疑问,第一个获得最好的创意是一件大好事,但除非你能够迅速地占有很大的市场份额或者建立很难逾越的市场进入壁垒,从而领先于竞争对手,否则第一个出现只不过意味着开拓了供竞争对手发展的市场。在这一点上最好的例子就是大家熟悉的VCD,万燕发明了VCD,但最终却在市场竞争中成为"先烈"。

创业因机会而存在,而机会是具有时间性的。纽约大学柯兹纳教授认为机会就是未明确的市场需求或未充分使用的资源或能力。机会具有很强的时效性,甚至瞬间即逝,一旦被别人把握住也就不存在了。而机会又总是存在的,一种需求被满足,另一种需求又会产生;一类机会消失了,另一类机会又会产生。大多数机会并不是显而易见的,而需要去发现和挖掘。如果显而易见,总会有人开发,有利因素很快就不存在了。

对机会的识别源自创意的产生,而创意是具有创业指向的同时又具有创新性的想法。在创意没有产生之前,机会的存在与否意义并不大。有价值潜力的创意一般会具有以下基本特征:

独特、新颖,难以模仿。创业的本质是创新,创意的新颖性可以是新的技术和新的解决方案,可以是差异化的解决办法,也可以是更好的措施。另外,新颖性还意味着一定程度的领先性。不少创业者在选择创业机会时,关注国家政策优先支持的领域就是在寻找领先性的项目。不具有新颖性的想法不仅将来不会吸引投资者和消费者,而且对创业者本人都不会有激励作用。新颖性还可以加大模仿的难度。

客观、真实,可以操作。有价值的创意绝对不会是空想,而要有现实意义,具有实用价值,简单的判断标准能够开发出可以把握机会的产品或服务,而且市场上存在对产品或服务的真实需求,或可以找到让潜在消费者接受产品或服务的方法。

另外,有潜力的创意还必须具备满足用户和创业者需求的价值。创意的价值要靠市场检验,好的创意需要进行市场测试。

总而言之,先有创意,再谈机会。创业机会指那些适合创业的机会,特别是创意。看到机会、产生创意并发展成清晰的商业概念,意味着创业者识别到机会,至于发展出的商业概念是否值得投入资源开发,是否能成为有价值的创业机会,还需要经过认真论证。

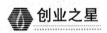

戴尔辍学创业的故事

20年前,戴尔电脑公司从一间办公室起家。今天,它已经成为美国第三大个人电脑制造商。它的创办人美国电脑业青年巨子迈克尔·戴尔的奋斗经历,是一个惊人的创业故事。他锲而不舍的科学创业精神、精明的商业头脑以及清醒的市场竞争意识,使他成为现代青年企业家中的佼佼者和创业者们争相效仿的典范。

迈克尔的"钓鱼主意"

1977年的一个周末,当时只有12岁的迈克尔·戴尔跟家里人到墨西哥湾海滨垂钓。但是,迈克尔却携带了许多丝网片,他说,这是他的一个"新主意"。

当他的父母和两个哥哥都已安闲地握着钓竿,就等鱼儿上钩时,迈克尔还在费劲地摆弄一付能挂上许多鱼钩的渔具。当他的父母和两个哥哥拉上一条又一条鱼时,迈克尔还是两手空空。

"快用钓竿和我们一起钓,瞧我们好开心"。迈克尔却充耳不闻,继续顽强地对付缠成一团的网呀钩呀的。中午时分,他总算理出了头绪,其他人却已经准备收竿野餐了。小迈克尔颇为自信地把整理好的渔网投到深水里,这些渔网上挂有100多个大小不同的鱼钩,并把连接渔网的长竿牢牢地固定在岸上。

整个午餐时间,大家都拿他打趣说,迈克尔的"钓鱼主意"大概要空手而归了。但后来等他拉上渔具一看,上钩的鱼儿比其他所有人钓到的鱼加起来还多!

"我要和IBM竞争"

18岁那年,迈克尔上了奥斯汀市的得克萨斯大学,像大多数新生一样,他需要自己挣零花钱。当时电脑热刚刚在大学校园中兴起,人人都在谈论个人电脑,没有的人都想弄一台,但经销商出售的产品价值昂贵。人们想要能满足他们特定需要定做的电脑,而且价格低廉,这就不好办得到了。为什么经销商在电脑上加了一点点附加功能后就卖得这么贵呢?迈克尔先是百思不解,继而豁然开朗,为什么不从制造商那儿买来,再直接卖给用户呢?

迈克尔知道:IBM要求经销商每月要确保一定的个人电脑销售额,而且往往超出了他们的销售能力;他还知道库存过大会造成经济损失,因此,他抓住有利时机从经销商那儿按进货价买进当月未售出的产品。回到宿舍,他再在电脑上增加特定功能,改进了性能。这种改进过的电脑颇受欢迎。看准了这个"饥渴的市场",迈克尔就在报纸上刊登广告,以低于市场零售价15%的价格提供按顾客需要改进过的电脑。很快,他的产品进入了企业、医生的办公室和律师事务所。他的轿车行李仓成了"门市部",而他的宿舍简直就成了一个小工厂。

那年感恩节假期他回到休斯敦。非常关注他的学业的父母告诉他,"如果你想开办企业,最好在获得大学文凭后再干",迈克尔同意了。但一返回奥斯汀,他感到千载难逢的机遇正在失之交臂,"我不能坐失良机",他对自己说。一个月后,他以百倍的热情再次开始改装和销售电脑了。他与另外两个室友共住的宿舍看来像个战场,纸箱高叠,电脑线路板和各式各样的工具摊满一地。这引起了室友们的不快。一天,他的室友把他所有的东西都堆在他房间的门口,不让他进去。他想,是抓住自己创造的巨大势头,开辟发展事业的新天地的时候了。当时,他每月的营业额已超过5万美元。

迈克尔向他的父母承认他还在从事电脑业务,而他们想知道他的功课怎么样了。他说他想退学自己办公司。

"你那样干到底为什么呢?"他父母问。

"和IBM竞争",他直截了当地回答。和美国以至于世界的电脑业巨头IBM竞争?他的父母真的感到不安了。但不管他们说什么,迈克尔都不为所动。他们最后总算达成了一项"交易",在暑假期间他得把他的电脑公司开办起来,如果他失败了,9月份他必须回校读书。回到奥斯汀,迈克尔·戴尔倾其所有,创办了戴尔电脑公司。那是1984年5月3日,他只有19岁。

奇迹般的成功

由于父母给他规定了最后的期限,他决心背水一战,开始了狂热的冲刺。他以每月付一次租金的方式租了个只有一个房间的办公室,雇用了他的第一个职员:一个28岁的经理替他管财务搞管理。他抓起一只装比萨饼的空盒子在反面画了个戴尔公司第一幅广告的草图。一个朋友再把它画在纸上,送到报社去刊登。

迈克尔仍然专门从事直接向用户销售IBM公司的个人电脑业务,并按顾客要求附加特定的功能。当订单一来,他就到处采购合同的零件装配每一台有特殊要求的电脑。头一个月销售额就达18万美元,第二个月则上升到26.5万美元。迈克尔几乎没有留意到新学年又开始了,因为他的事业蒸蒸日上,每月就要售出1000台个人电脑。他搬进了较大的场所,雇用了更多的人员。

在管理上,迈克尔充分施展出他的才华。他要等顾客的电话订货共达到800台时才叫雇员成批装配整机,这样操作更规范,管理更方便。零件只是在需要时,才去采购,减少了资金的占用。小型货车每天都把当天的产品运走,控制了库存,降低了费用。企业的效率极高,当然也获利丰厚。

正当企业前途无量之际,销售额高达300万美元时,迈克尔聘请的经理辞职了。但如他常说的,每次遇到一个危机,某种好的东西或许会由此而生。他从需要出发学习了会计基础课程,结果证明那是笔无法估量的财富:"如果它对你很重要,学习一种知识或技能就容易多了。"这句话正好反映了他的教育观和知识观。

不像其他制造商,迈克尔向顾客提供"退款的质量担保",即不合格的产品可退回全部货款。他还认识到,当一台电脑出毛病时,顾客总想能立即修复使用。因此迈克尔对他的产品实行"第二天现场维修"制度,并为顾客设立了24小时免费电话专线,让顾客直接与电脑技术人员通话。据迈克尔说,90%的电脑技术问题能在电话上解决。与顾客保持经常性的电话联系使公司更贴近市场,顾客们直接让戴尔公司了解到他们喜欢哪一种特定型号,不喜欢哪一种型号。"我的竞争者们是先开发出新产品,然后告诉顾客他们该要什么,不该要什么,而不是先去弄清楚市场真正需要什么,再去开发新产品"。迈克尔一针见血地指出竞争对手的弱点。

迈克尔·戴尔没有再回学校读书,他有太多的计划设想亟待实施,他有太多的创造力亟待释放。而面面俱到某些内容已经陈旧的常规教育对他而言已经成为"束缚"。到他该从大学毕业的那一天,戴尔公司电脑的年销售额已达7000万美元。戴尔公司不再加工改装其他公司的产品,"借鸡生蛋"的阶段结束了。迈克尔开始设计、装配和销售自己的产品了。戴尔公司登上了新台阶。这是迈克尔所创造的奇迹般的成功。

"为什么要做第五第六或第十名呢?"

今天,戴尔电脑公司已经在全世界16个国家开办了子公司,年销售额超过20亿美元,共雇用5500人。迈克尔个人的财富则接近3亿美元。为了鼓励更高的劳动生产率,公司奖励提出任何好主意的雇员,即使这些建议结果可能并不成功。"我们的成功迫使其他电脑公司巨头变得懂得竞争",迈克尔说,"那对顾客有好处"。

迈克尔和他的妻子及2岁的女儿仍过着相当普通的生活,并热心公益事业。迈克尔还为他的母校德克萨斯大学的商学院研究生院的工商管理硕士班学员讲授企业管理课程。

想当初他的公司只有2个人1间房时,迈克尔曾对朋友说,他的梦想是成为世界上最大的个人电脑制造商,朋友们说他异想天开。"为什么要做第五、第六或第十名呢?"他回答。他的经历启发我们,为什么不去追求你的梦想呢?要努力实现你的梦想!如果有什么"好主意",至少可以试一试。

(资料来源:王绎,《大学生零资本创业》,北京:科学出版社,2010年。)

二、创业机会与商业机会

创业机会,一般是指适合于创业的商业机会,指具有吸引力的、较为持久的有利于创业的商业活动空间,创业者可以基于此为客户提供有价值的产品或服务,并同时使创业者自身获益。

一般来说,适合于创业的商业机会至少有3个特点:一是特定的盈利空间可能有一定的成长性,也可能没有成长性,创业者今天去创业,过不了多长时间就得关门;二是利用这样的商业机会去创业,起步阶段一般只需要较少的资源;三是利用这样的机会去创业,起步阶段一般对组织模式没有绝对需求,即在组织模式设计上,创业者可以最大程度地发挥想象力和创造力。

而对于一般的商业机会而言,它也有3个特点:一是特定机会的盈利空间是有成长性,若盈利空间没有成长性,甚至是转瞬即逝的,商家常常是赚一把是一把;二是利用这样的商业机会,一般需要一定规模的资源;三是利用这样的商业机会,一般需要成型、规范的组织模式,只要特点的机会不至于打破既有的商业模式,商家就难以发挥组织模式设计的想象力和创造力。

市场机会的出现往往是因为环境的变化、市场的不协调或混乱、信息的滞后、领先或者缺口,以及市场中各种各样的其他因素的影响。市场越不完善,相关知识和信息的缺口、不对称或不协调就越大,市场机会也就越充裕。对于创业公司的经营者来说,就是在面对自相矛盾的数据、信号、嘈杂的市场动态中敏锐地发现和识别市场机会。

三、创业机会的特征与类型

有的创业者认为自己有很好的想法和点子,对创业充满信心。对创业机会的捕捉是创业者要学会的一门技术,创业者要有灵敏的商业嗅觉,就能捕捉到别人看不到的创业机会。蒂蒙斯教授认为,一个创业机会"其特征是具有吸引力、持久性和适时性,并且可以伴随着可以为购买者或者使用者创造或增加使用价值的产品或服务"。

(一)吸引力

创业机会要有吸引力,它不仅仅要对创业者有吸引力,还必须代表一种顾客渴望的未来状态,对顾客也很有吸引力。所以,创业机会一定是一个有吸引力的创意,这个创意给人以期待。

(二)持久性

把握创业机会的持久性是非常重要的,有的创业机会稍纵即逝,不好把握,即使把握到了,由于不具持久性,获利空间也不大。创业机会必须有一定的时间长度以待创业者去把握。

(三)适时性

创业成功讲究天时、地利、人和,在把握创业机会时,同样要注意对时间的把握。适当时间内出现的机会才是真正的创业机会。如果把握不好,时过境迁了,就不是创业机会了。蒂蒙斯教授认为,好的商业机会必须在机会之窗存在期间被实施,其中的机会之窗就是指商业想法推广到市场上去所花的时间。

（四）为客户创造价值

创业最终必须依附于为买者创造或增加价值的产品、服务或业务才能进行。如果一项产品或服务不能给顾客带来价值，而是带来麻烦，那么肯定不能构成创业机会。

创业机会的类型从表现上看，可以分为3种：一是隐性的机会，现有的产品种类未能满足或尚未完全为人们意识到的隐而未见的需求，就是潜在的市场机会；二是显性的机会，显性的机会是指在目前的市场上存在着明显的没有被满足的现实需求，这往往是人们共知共识的机会；三是突发的机会，另外有时会有一种突发的变化造成一种不平衡，由此而带来新的机会，我们把它叫作突发的机会。

从来源上看，也可以分为3种：一是问题型机会，指的是由现实中存在的未被解决的问题所产生的一类机会；二是趋势型机会，就是在变化中看到未来的发展方向，预测到将来的潜力和机会；三是组合型机会，就是将现有的2项以上的技术产品、服务等因素组合起来，以实现新的用途和价值而获得的创业机会。

温水煮青蛙

有人做了一个实验，把一只青蛙突然放进沸腾的油锅里，这只反应灵敏的青蛙在千钧一发的生死关头，全力跃出了将使他葬身的油锅，跳到地上而逃生。

过了半小时，把那只死里逃生的青蛙放在同样大小装满冷水的铁锅里。接着，实验人员偷偷在锅底下用炭火慢慢地加热。青蛙虽然可以感觉到外界温度的变化，但它却因惰性享受着水中的"温暖"，它开始意识到锅中水温已经使它受不了，必须奋力跳出才能活命时，却欲试乏力，全身瘫软，再也跳不出来了。

研讨：结合环境变化和个人生存、成长的角度，谈谈你的感想。

四、创业机会的来源

当前，创业机会层出不穷，创业机会的出现往往是因为环境的变动、市场的不协调或混乱、信息的滞后、领先或缺口，或者因为消费者观念的变化，以及各种各样的其他因素的影响。总的来说，创业机会大致有5个来源：

（一）问题

生活中出现的问题或生活中的烦恼就是创业机会。作为创业者在捕捉创业机会的时候，要经常思考人们生活中的种种烦恼形成的原因。创业的根本目的是满足顾客需求。而顾客需求在没有满足之前就是问题、就是烦恼。寻找创业机会的一个重要途径就是善于去发现和体会自己和他人在需求方面的问题或生活中的难处。比如，上海有一位大学毕业生发现远在郊区的本校师生往返市区交通十分不便，创办了一家客运公司，就是把问题转化为创业机会的成功案例。天津郊区的一位农村女青年李萍，一次在海滨游泳时不小心被尖石划伤了脚，伤好了以后，她发现游泳中有商机，在广泛的调查后，她发现，游泳时除了不小心会划伤脚外，人们还有其他烦恼，如下海游泳后上来，鞋子找不到了，有的鞋子是海水退潮时被海水带走了，有的鞋子是被别人穿错了。她思考，如果有一种鞋，穿上去游泳时不用脱下，踩到礁石上脚又划不破。这种鞋一定受欢迎。经过潜心研究，终于研制出"海滩鞋"并推向市场，受到消费者的热捧。

（二）变化

创业的机会大都产生于不断变化的市场环境，环境变化了，市场需求、市场结构必然发生变化。著名管理大师彼得·德鲁克将创业者定义为那些能"寻找变化，并积极反应，把它当作机会充分利用起来的人"。这种变化主要来自于产业结构的变动、消费结构升级、城市化加速、人口思想观念的变化、政府政策的变化、人口结构的变化、居民收入水平提高、全球化趋势等诸方面。比如居民收入水平提高，私人轿车的拥有量不断增加，这就会派生出汽车销售、修理、配件、清洁、装潢、二手车交易、陪驾等诸多创业机会。比如皖江城市带承接产业转移示范区的批准，会带来很多的创业机会。

（三）创造发明

创造发明提供了新产品、新服务，更好地满足顾客需求，同时也带来了创业机会。比如随着电脑的诞生，电脑维修、软件开发、电脑操作的培训、图文制作、信息服务、网上开店等等创业机会随之而来，即使你不发明新的东西，你也能成为销售和推广新产品的人，从而给你带来商机。关注新产品，也是关注新商机的一个途径。如果你比别人早一步进入这个行业，你创业成功的可能性就比别人大得多。

（四）竞争

在竞争中发现商机，把握创业机会，也是创业者要关注的。如果你能弥补竞争对手产品或服务的缺陷和不足,这也将成为你的创业机会。如果你可以比周围的公司提供更快、更好、更可靠、更便宜的产品与服务,那么,你就找到了一个新的创业机会。

(五)新知识、新技术的产生

随着社会的不断发展,新知识、新技术层出不穷,作为创业者,不要对新知识、新技术视而不见,不断关注这方面的信息,也能捕捉到不少创业机会。例如随着健康知识的普及和技术的进步,围绕"水"就带来了许多创业机会,上海就有不少创业者加盟"都市清泉"而走上了创业之路。

美国管理学家德鲁克提出了机会的7种来源

1. 意外之事

没有哪一种来源比意外的成功提供更多的成功创新的机遇。而且,它所提供的创新机遇风险最小,求索的过程也最不艰辛。但是,意外的成功几乎完全受到忽视。与成功不同的是,失败不能够被拒绝,而且几乎不可能不受注意,但是它很少被看作是机遇的征兆。当然,许多失败都是失误、贪婪、愚昧、盲目追求,或是设计或执行不得力的结果。但是,如果经过精心设计、规划及小心执行后仍然失败,那么这种失败常常反映了隐藏的变化以及随变化而来的机遇。

2. 不协调

所谓"不协调"指事物的状态与事物"应该"的状态之间,或者事物的状态与人们假想的状态之间的不一致、不合拍。也许我们并不了解其中的原因,事实上,我们经常说不出其中的原委。但是,不协调是创新机遇的一个征兆。引用地质学的一个术语来说,它表示下面有一个"断层"。这样的断层提供了创新的机遇。它产生了一种不稳定性,四两可拨千斤,稍做努力即可促成经济或社会形态的重构。

3. 程序需要

程序需要与其他创新来源不同,它并不始于环境中(无论是内部还是外部)的某一件事,而是始于需要完成的某项工作。它以任务为中心,而不是以状况为中心。它是完善一个业已存在的程序,替换薄弱的环节,用新知识重新设计一个旧程序等。

4. 产业和市场结构

产业和市场结构有时可持续多年,表面上看非常稳定,实际上,市场和产业结构相当脆弱。市场和产业结构的变化同样也是一个重要的创新机遇。

5. 人口变化

在所有外部变化中,人口变化被定义为人口、人口规模、年龄结构、人口组合、就业情况以及收入的变化等,最为一目了然。它们毫不含混,并且能够得出最可预测的结果。

6. 认知、意义和情绪上的变化

从数学上说,"杯子是半满的"和"杯子是半空的"没有任何区别。但是这两句话的意义在商业上却完全不同,造成的结果也不一样,如果一般的认知从看见杯子是"半满的"的改变为看见杯子是"半空的",那么这里就可能存在重大的创新机遇。

7. 新知识

基于知识的创新是企业家精神的"超级巨星",它可以得到关注,获得钱财,它是人们通常所指的创新。当然,并不是所有基于知识的创新都非常重要。有些的确微不足道,但是在创造历史的创新中,基于知识的创新占有很重要的分量。然而,知识并不一定是科技方面的,基于知识的社会创新也同样甚至更重要。

(资料来源:彼得·德鲁克:《创新与企业家精神》,蔡文燕译,北京:机械工业出版社,2007年。)

五、影响机会识别的关键因素

面对具有相同期望值的创业机会,并非所有潜在创业者都能把握。成功的机会识别是创业愿望、创业能力和创业环境等多个因素综合作用的结果。

首先,创业的愿望是机会识别的前提。创业愿望是创业的原动力,它推动创业者去发现和识别市场机会。没有创业意愿,再好的创业机会也会视而不见,或失之交臂。

其次,创业能力是机会识别的基础。识别创业机会在很大程度上取决于创业者的个人(团队)能力,这一点在《当代中国社会流动报告》中得到了部分佐证。报告通过对1993年以后私营企业主阶层变迁的分析发现,私营企业主的社会来源越来越以各领域精英为主,经济精英的转化尤为明显,而普通百姓转化为私营企业主的机会越来越少。国内外研究和调查显示,与创业机会识别相关的能力主要有:远见与洞察能力、信息获取能力、技术发展趋势预测能力、模仿与创新能力、建立各种关系的能力等。

最后,创业环境的支持是机会识别的关键。创业环境是创业过程中多种因素的组合,包括政府政策、社会经济条件、创业和管理技能、创业资金和非资金支持等方面。一般来说,如果社会对创业失败比较宽容,有浓厚的创业氛围;国家对个人财富创造比较推崇,有各种渠道的金融支持和完善的创业服务体系;市场有公平、公正的竞争环境,那就会鼓励更多的人创业。环境的特性研究中,较为公认的是 Dess 和 Beard 的理论,他们认为,环境的特性由宽松性、动态性、复杂性组成。其中,宽松性即解释为环境中可用的和企业所需要的资源的稀缺或充裕程度;动态性即环境因素的变化;复杂性指环境因素的数量和异质性。环境的这 3 种特性决定了机会识别是一个在复杂多变的世界探索、发现并抓住机会的一个动态过程。机会可能随时存在,可能瞬息万变。

六、识别创业机会的一般过程

创业机会的发现是创业机会识别过程中最重要的一步,它意味着创业者发现存在着的创业机会并使之成为自己所理解的创业机会。

(一)形成创意

一个企业创业成功开始的关键,可能来源于一个经适当评价的新产品或服务的较完美的创意,而创意往往来源于对市场机会、技术机会和政策机会的感觉和把握,具体来源于顾客、现有企业、企业的分销渠道、政府机构以及企业的研发活动等。

1. 顾客

创业者可以通过正规或非正规的方式,接触有关新产品或服务的创意的最终焦点——潜在顾客,了解顾客的需求或潜在需求,从而形成创意。

2. 现有企业

主要是对市场竞争者的产品和服务进行追踪、分析和评价,找出现有产品存在的缺陷,有针对性地提出改进产品的方法,形成创意,并开发有巨大潜力的新产品,进行创业。

3. 分销渠道

由于分销商是直接面向市场的,他们不仅可以提供顾客所需的产品改进和新产品类型等方面的广泛信息,而且能对全新的产品提出建议并帮助推广新产品。因此,与分销商保持沟通,是形成创意的一条途径。

4. 政府机构

一方面,专利局的文档中包含着大量的新产品创意,尽管其专利本身可能对新产品的引进形成法律制约,却可能对其他具有市场潜力的创意带来有益的启发;另一方面,创意可能来源于对政府有关法规的反应。

5. 研发活动

企业本身的研发活动通常装备精良,有能力为企业成功地开发新产品,它是创意的很大一个来源。

一个创意可以通过多种方法产生,主要有:(1)根据经验分析。对创业者而言,创意是创建企业的工具,在创建成功企业的过程中少不了它。就这方面而言,经验在审视创意时显得至关重要。有经验的创业者往往在模式和机会还在形成的过程中,就表现出了快速识别它们和形成创意的能力。(2)创造性思维。创造性思维在形成创意的过程中是很有价值的,而且在创业的其他方面也是如此。创造性思维可以通过学习和培训等来提升。(3)激发创造力。激发创造力的方法有很多,如头脑风暴法、自由联想法、灵感激励法等,可以通过这些方法来激发创造力。(4)依靠团队创造力。当人们组成团队时,往往可以产生单个人不会出现的创造力。而且,通过小组成员集体交换意见所产生的问题解决方案和其他方式相比,或者更好,或者相当。据统计,约47%的创意来源于工作团队的活动。

知识链接

创业警觉

创业警觉(alertness)本质上是一种个体的禀赋,是对信息的敏锐把握和解读能力,受到个体创造力、先前知识与经验、社会关系网络等因素影响。尽管创业警觉在很大程度上取决于先天因素,但是通过后天努力仍能够提升个体的创业警觉水平。有一项研究表明,个体市场知识、市场服务方式知识以及顾问问题知识能够明显改善个体的创业警觉,提高个体识别并发现其知识结构相吻合的创业机会可能性。

(资料来源:张玉利:《创业管理》,北京:机械工业出版社,2013年。)

(二)创业机会信息的收集

不掌握大量的市场信息,是很难判断出创业机会的。创业机会信息的收集是使创意变为现实的创业机会的基础工作。

首先,根据创意,明确研究的目的或目标。例如,创业者可能会认为他们的产品或服务存在一个市场,但他们不能确信:产品或服务如果以某种形式出现,谁将是顾客。顾客愿不愿意接受这样的产品、这样的价格。信息收集时的一个目标便是向人们询问他们如何看待该产品或服务,是否愿意购买,并了解有关人口统计的背景资料和消费者个人的态度。当然,还有其他目标,如了解有多少潜在顾客愿意购买该产品或服务,潜在的顾客愿意在哪里购买,以及他们的消费习惯如何,预期会在哪里听说或了解该产品或服务等。

其次,从已有数据或第二手资料中收集信息。这些信息主要来自于商贸杂志、图书馆、政府机构、大学或专门的咨询机构以及因特网等。一般可以找到一些关于行业、竞争者、顾客偏好趋向、产品创新等方面的信息。该种信息的获得一般是免费的,或者成本较低,创业者应尽可能利用这些信息。对这些信息加以认真梳理,也能发现很多有用的东西。

最后,从第一手资料中收集信息。收集第一手资料包括一个数据收集过程,如观察、上网、访谈、集中小组试验以及问卷等。该种信息的获得一般来说成本都比较高,时间比较长,却能够获得更有意义的信息,可以把握实时的市场情况,可以更好地识别创业机会。

(三)创业环境分析

环境在创业过程中扮演着非常重要的角色,因此,创业者准备创业计划之前,首先有必要对所处的环境进行研究分析,主要包括技术环境分析、市场环境分析和政策环境分析。

1. 技术环境分析

技术的进步难以预测,从某种意义上说,技术是变化最为剧烈的环境因素。因为技术的进步可以极大地影响到企业的产品、服务、市场、供应商、分销商、竞争者、用户、制造工艺、营销方法及竞争地位等。技术进步可以创造新的市场,产生大量新型的和改进的产品,改变创业企业在产业中的相对成本及竞争位置,也可以使现有产品及服务过时。技术的变革可以减少或消除企业间的成本壁垒,缩短产品的生命周期,并改变雇员、管理者和用户的价值观与预期,还可以带来比现有竞争优势更为强大的新的竞争优势。因此,创业者应对所涉及行业的技术变化趋势有所了解和把握,应考虑或因政府投入可能带来的技术发展。

2. 市场环境分析

市场环境分析可以从宏观、中观和微观 3 个层次来进行。

在宏观上,主要是对经济因素、文化因素的分析。一方面,一个新创企业成功与否,在很大程度上取决于整个经济运行情况,如整个国民经济的发展状况、产业结构的构成与发展、消费和积累基金的构成及其变化、失业状况以及消费者可支配收入等,具体体现在 GDP、人均 GDP、可支配收入等指标上,这些因素都会影响市场的需求状况,从而对创业企业有一定的影响。另一方面,文化环境,如人们生活态度的变化、价值观念的变化、道德观的变化等,也会对创业的市场需求产生影响,特别是那些与健康或环境质量等有密切关系的产品或服务更是如此。

在中观上,主要是对行业需求的分析。如市场是增长的还是衰退的、新的竞争者的数量以及消费者需求可能的变化等重要问题,创业者必须加以认真考虑,以便确定创建企业所能获得的潜在市场的规模。

在微观上,根据波特的竞争模型,潜在的进入者、行业内现有竞争者、代用品的生产者、供应者和购买者是主要的竞争力量。(1)新进入者的威胁。新进入者是行业的重要竞争力量,虽然创业者本身往往是一个行业的新进入者,但它同时也会面临着其他意识到同样创业机会的创业者或模仿者新进入的威胁,威胁的大小主要取决于进入障碍和本企业的可反击力度。其影响因素主要包括规模经济、产品差别优势、资金需求、转换成本、销售渠道等。(2)现有竞争者的抗衡。创业者在进入某一个行业时,会遇到行业内现有企业的压力与竞争,其程度是由一些结构性因素决定的。由于每个行业的进入和退出障碍不同,便形成不同的组合。(3)替代品的竞争压力。企业的发展将导致替代品的不断增多,因此,创业者在制订战略时,必须识别替代品的威胁及程度。对于顺应时代潮流,采用最新技术、最新材料的产品,或对于从能获得高额利润部门生产出来的替代品,尤其应当注意。(5)购买者和供应者的讨价还价能力。任何行业的购买者和供应者,都会在各种交易条件上尽力迫使交易对方让步,使自己获得更多的收益,其中讨价还价能力起着重要作用。(6)其他利益相关者。主要包括股东、员工、政府、社区、借贷人等,它们各自对各个企业的影响大小不同。创业者从创业初始就应适当考虑与利益相关者的价值均衡问题及它们对创业的影响。

3. 政策环境分析

政府的政策规定,法律法规等都可能直接或间接影响创业的活动。例如取消价格控制法规,对媒体广告的约束法规(如禁止香烟广告),影响产品及其包装的安全条例等,这些法规都将对创业企业的产品开发和市场营销等产生影响。另外,政府对市场的规制也是一个值得重视的方面。如美国政府在20世纪80年代对电信和航空业进入限制的放松,就导致了大量新公司的组建。

(四)分析结果,形成创业机会

一般来说,有关市场特征、竞争者等的可获数据,常常反过来与一个创业机会中真正的潜力相联系,也就是说,如果获得的市场数据清晰显示出重要的潜力,那么大量的竞争者就会进入该市场,该市场中的创业机会就会随之减少。因此,对收集的信息进行结果评价和分析,识别真正的创业机会是重要的一步。一般而言,单纯地对问题答案的总结,可以给出一些初步印象;接着对这些数据信息交叉制表进行分析,则可以获得更加有意义的结果。也就是说,对创业者来说,搜集必要的信息,发现可能性,将别人看来仅仅是一片混乱的事物联系起来以发现真正的创业机会,这是非常重要的。

七、识别创业机会的行为技巧

创业机会的存在是由于技术、行业结构、社会和人口趋势以及政治和制度等方面的信息发生了改变,这说明,获取信息以及相应的信息处理能力是识别创业机会的关键所在。首先是通过对整体的市场环境以及一般的行业分析来判断该机会是否在广泛意义上属于有利的商业机会;第二步是考察对于特定的创业者和投资者来说,这一机会是否有价值,也就是个性化的机会识别阶段。

创业机会的识别过程的核心线索是理性的分析方法。创业者不能够凭简单的直觉挖掘创意和识别机会,必须通过深入的思考和认识,才不至于决策失误。没有相应的理性分析作为基础,创业者进入市场之后,很快会由于市场经营环境的变化或是竞争者的经营行动而陷入被动之中。因此,我们强调在创业机会识别阶段的理性分析,就是要创业者在创业准备阶段进行更多的调查和分析,坚实准备工作,应对实际创业中可能遭受的挑战。

识别创业机会的行为技巧。首先了解创业机会的识别方法,主要有3种方法:一是趋势观察法,观察趋势并利用它来创造机会,寻找出各种最能反映趋势的要素,观察这些要素的变化,分析这些变化中存在的规律;二是问题发现法,问题会不会成为商业机会,就是要从商业角度来思考,不仅解决问题,而且解决方案可以商业化,不是所有问题都是商业机会,但通过创造性解决问题的方法,许多非商业机会的常规问题解决方案可以把它变成非常规解决的商业机会;三是市场研究法,市场研究包括市场信息的收集,以便确定其产品的策略、潜在市场的规模怎样等,还包括定价策略,最合适的分销渠道策略、促销策略等。在企业创业的早期阶段,信息对创业者来说非常重要。其次是市场信息的收集与研究,搜集必要的信息,发现可能性,将别人看来仅仅是一片混乱的事物联系起来以发现真正的创业机会。

识别创业机会的行为技巧,还有一点就是进行市场测试。一个靠预测分析、调查论证得出有价值而且适合自己的机会不一定有顾客,更不敢说能创造出巨大的市场,能开拓一片天地。大公司可以投入巨大的资源开展周密的市场调查和策划,因为它们有实力,可以用投入资金做广告宣传,可以投入大量的资源推销创意。即使如此,不少大公司在此基础上还是谨慎地开展市场测试。杜邦公司当年开发了一种计划生产皮鞋的皮革——可发姆。公司大规模投产前专门用这种皮革生产了一批鞋让消费者试穿,收集消费者的反馈意见。雀巢咖啡为打开中国市场,选择一些城市向住户投递小袋包装咖啡。肯德基在进入北京市场前也反复免费请广大消费者品尝。创业者经常犯的错误是,自己认为好的,就一厢情愿地断定顾客也应该认为好。古人说,"己所不欲,勿施于人",然而"己所欲施于人"也不一定能奏效。因为创业者面对的是全新且陌生的市场,研究表明,大部分创业者的第一个顾客是家人、同事或亲戚朋友。其他消费者的感受如何,只有通过市场测试。市场测试是把产品或服务拿到真实的市场中进行检验。市场测试与市场调查不完全相同,无论从创业者本人的感受,还是消费者的感受来说都不一样。市场调查得来的只是消费者意向性的资料和信息,市场测试是要体验消费者是否真的愿意消费。总结后得出的信息可能更加准确。

第二节 创业机会评价

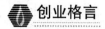

> 要永远相信:当所有人都冲进去的时候赶紧出来,所有人都不玩了再冲进去。
>
> ——李嘉诚
>
> 这个世界并不在乎你的自尊,只在乎你做出来的成绩,然后再去强调你的感受。
>
> ——比尔·盖茨

我们生活在一个充满无限机会的年代。对于这一点,创业者必须清醒地认识到。我们可以错过一个时点,但不可以错过一个时代。否则,你会后悔终生。对于创业者来说,关键在于如何能够从众多机会中寻找出有价值的创业机会,并采取快速行动来把握机会,鉴别有价值的创业机会是创业者要面对的最大挑战之一。

一、有价值创业机会的基本特征

创业者要善于把握创业机会,特别是要善于把握有价值的创业机会。有的创业者认为自己有很好的想法和点子,对创业充满信心。有想法有点子固然重要,但是并不是每个大胆的想法和新异的点子都能转化为创业机会的。许多创业者因为仅仅凭想法去创业而失败了。那么如何判断一个好的商业机会呢?《21世纪创业》的作者杰弗里·A.蒂蒙斯教授提出,好的商业机会有以下4个特征:

第一,它很能吸引顾客;

第二,它能在你的商业环境中行得通;

第三,它必须在机会之窗存在的期间被实施(注:机会之窗是指商业想法推广到市场上去所花的时间,若竞争者已经有了同样的思想,并把产品已推向市场,那么机会之窗也就关闭了。)

第四,你必须有资源(人、财、物、信息、时间)和技能才能创立业务。

二、个人与创业机会的匹配

创业机会的识别、评价和利用是创业者个人的个性、能力、资源等情况与创业机会本身相互作用的过程。为什么某些人而不是另一些人会开发他们发现的机会?问题的答案是一个涉及机会的特点和个人的本质特征的函数。

(一)关注创业者的能力和资源

在任何时点上都只有少数人能发现某个特定的机会。为什么是这些人而不是另一些人发现了某个特定的机会?过去的研究提出了两大类影响特定人发现特定机会的可能性的因素:拥有对识别机会很重要的信息;具备评估机会所必需的认识能力。而对机会的开发利用有影响的除了个人特征外,最重要的因素是创业者个人组织配置资源的能力。创业者的人力资源、认知能力(识别和产生新机会的能力)、与其他个人和组织建立的信任关系、引导组织必要的资源设立企业的能力以及通过企业创造多种多样的市场需要的产出能力,都是影响创业活动的资源。而且这些资源具备社会复杂性(social complexity)和路径依赖性(path dependency)这两个特点。

1. **社会复杂性**

当企业的资源和能力具有社会复杂性时,这些资源和能力就成为可持续的异质性的来源。具有社会复杂性的资源很难模仿,因为它们是复杂现象,很难系统管理和影响。许多导致异质性的资源都是社会复杂性的,如企业文化、企业声誉和人力资本。与这些资源相似的是,与创业者有关的使创业者可以有效地利用机会的资源,如创业者的能力、积累的实践经验或技能,都具有社会复杂性。创业者的社会复杂性资源会为企业增加价值,而且其他企业很难模仿创造出这样的能力和资源。创业资源具有社会复杂性,这个条件对创业来说很重要,因为它提醒我们——复杂的技术并不是完全不可模仿的;利用这些复杂技术涉及具有社会复杂性的资源的使用,这才是更重要的。

2. **路径依赖性**

创业资源是可以不断进化发展的,不过新的演化发展是有路径依赖的。在这种观点中,特殊资源的积累依赖于过去的创业决策,这些由创始人和未来企业管理者制订的决策就构成了企业的DNA。可持续的竞争优势是这样一个历史(路径)信赖的过程。创业者常常为了协调分散的知识而发展不同的知识基础,因为他们学习和理解事物发展规律的能力不同。这是企业发展不同能力和企业差别的不同路径。在创业企业里,由于它们是新成立的小企业,决策将对企业的未来起重大作用。企业差异的重要源泉是企业的历史,如专利技术和学习曲线。因为在这样的制订企业决策的独特条件下,企业具体的技能和资源的组合导致企业的长期路径依赖性。

由于创业现象的特殊性,创业资源的社会复杂性和路径依赖性比传统概念下的资源更为明显,对企业发展的影响也更大。

成功创业者的10Q

现代社会伴随着心理学、经济学和管理学的进一步交融,人们通过制订不同的指标和概念名词对创业者的商业才能进行分析,以下是一个合格的创业者应具备的10Q:

1. 德商(MQ):指一个人的道德人格品质。德商的内容包括体贴、尊重、容忍、诚实、负责、平和、忠心、礼貌、幽默等各种美德。

2. 智商(IQ):是一种表示人智力高低的数量指标。也可以表现为一个人对知识的掌握程度,反映人的观察力、记忆力、思维力、想象力、创造力以及分析问题解决问题的能力。

3. 情商(EQ):指管理自己的情绪和处理人际关系的能力。

4. 逆商(AQ):指面对逆境承受压力的能力,或承受失败和挫折的能力。

5. 胆商(DQ):是一个人胆量、胆识、胆略的度量,体现了一种冒险精神。胆商高的人能够把握机会,凡是成功的商人、政客,都具有非凡胆略和魄力。

6. 财商(FQ):指理财能力,特别是投资收益能力。财商是一个人最需要的能力,但往往会被人们忽略。

7. 心商(MQ):就是维持心理健康、缓解心理压力、保持良好的心理状态和活力的能力。心商的高低,直接决定了人生过程的苦乐,主宰人生命运的成功。

8. 志商(WQ):指一个人的意志品质水平,包括坚韧性、目的性、果断性、自制力等方面。

9. 灵商(SQ):就是对事物本质的顿悟能力和直觉思维能力。

10. 健商(HQ):是指个人所具有的健康意识、健康知识和健康能力的反映。

以上这些创业者的特质也可以认为是其所具备的创业精神,是他们进行创业活动的精神驱动力。毫无疑问,创业精神是任何商业组织(包括小企业或大企业,新创企业或历史悠久的企业)取得长期成功的根本要素。

(资料来源:刘志阳:《创业学》,格致出版社、上海人民出版社,2010年。)

(二)创业者的重要资源

1. 人力资本

尽管有许多争议,但以往的经验研究还是倾向于支持在人力资本和创业活动之间存在正相关关系。需要明确的是,个人的人力资本,即个人知识水平的提高不仅是正式教育(如大学教育)的结果,也是非正式教育(如工作经验和职业教育)的结果。工作经验、在工作中学习、非传统正式教育结构的专门课程训练,这些从理论上来说,都可以增强人力资本。经验研究显示,正式教育对于创业活动的影响,不如非正式教育的影响大。而创业者的工作经验、管理经验和以前的创业经验与创业活动显著相关。研究说明,由学校教育年限表示的人力资本与发现创业机会的显著正相关性比较小;由工作经验表示的人力资本对创业活动的影响是很小的正效应,不过这个指标没有统计显著性;最强的人力资本变量是创业经验,它与发现创业机会之间存在强正相关关系,而且统计检验显著。这意味着一般来说,在其他变量不变的情况下,有过创业经历的人更可能开始创业。对于机会的开发利用来说,人力资本的影响有所减弱,特别是正式教育对机会利用的关系很弱,只有管理经验和以前的创业经验的正相关性显著,并通过统计检验。

2. 机会识别能力

历史上有许多这样的例子:技术发现创造者没有看到重要技术带来的商业机会(新的生产函数关系)。以前许多研究揭示了人们在识别这样的关系方面的能力差异。例如,认知科学的研究指出,人们将现有概念和信息整合成为新观念的能力是因人而异的。有研究指出,成功的创业者在其他人看到风险的情况下会看到机会。创业者比其他人更可能发现机会是因为他们更少进行反事实的思考(如在特定情况下,很少花时间和精力来设想"本应该如何如何"),更少对失去的机会表示遗憾,很少受无作为的惯性影响。Busenitz & Barney 的研究指出,创业者进行决策的过程有异于常人,他们更多地进行探索性的决策,决策中有显然的偏向性。而这种具有非理性特征的决策模式有助于创业者在信息有限、资源有限、风险不确定的情况下迅速做出决策。

3. 社会资本

社会资本涉及主体从社会结构、网络和成员关系中获取利益的能力。社会资本能成为有用的创业资源,原因之一在于,其可以将主体结合在一起增强组织内部的信任,并为了提供资源而对外部网络产生支持作用;原因之二在于,社会资本能为创业提供诸如信息等资源的联系,这是一种支持性(包含性的)润滑剂。从创业者的角度来说,社会资本提供的是便于发现创业机会以及识别、收集和配置资源的网络。社会资本也通过提供和扩散关键信息以及其他一些重要资源对创业机会利用过程产生积极影响。尤其是在我国,社会网络作为一种特殊的创业资源,常常对创业机会获取和开发有重要影响。

4. 外部信息

外部信息虽然为创业机会的识别提供了可能,但是如果个体没有特定领域的相关专业知识,根本就不可能确定外部信息对自己的价值。换句话说,外部环境中充满了不确定性,而个体又不具备相应的知识,那么就根本不可能视不确定性为机会,因而也不可能感知到机会的存在。因此,个体能否感知到创业机会的存在取决于他们是否有先前知识去甄别外部信息。这意味着掌握特定领域的知识对识别创业机会而言至关重要。个人因素(如先前知识)有利于创业者感知和识别机会因素(如新信息的价值)。

三、创业机会评价的特殊性

对于创业者而言,发现创业机会是一个方面的问题,而另一个方面的重要问题是创业机会的评价。这是一个关系到创业者未来创办企业的市场价值的关键环节。据有关学者的研究,大约有60%~70%的创业计划在其开始阶段就被放弃,主要是因为这些计划不符合创业者的评价准则。当前对创业机会进行评价已经产生了一些有代表性的研究成果,如Timmons提出了包含8个一级指标、53个二级指标的评价指标体系,分别从行业与市场、经济因素、收获条件、竞争优势、管理团队、致命缺陷、创业家的个人标准、理想与现实的战略性差异这8个大类对机会进行评价,是目前最全面的创业机会评价的指标体系。但是创业机会的属性具有许多方面,既有可以量化的,也有不可量化的,既要考虑当前的实际,更要注重未来长远的发展。譬如对战略性新兴产业领域创业机会的评价,是否属于国家及地方政府重点扶持和发展的范围,就是很难量化的,在评价过程中必须依据国家和地方政府的相关法规和政策制订符合实际的决策。Timmons列出的指标只是一些可以参考的衡量标准,更主要的还是要依靠创业者对市场敏感的直觉和充分的了解分析。

创业案例

思科传奇

思科的传奇,是关于20世纪70年代美国斯坦福大学一对内向夫妇的故事。斯坦福大学商学院的桑德拉·莱拉和计算机科学系的伦纳德·博萨克想通过电子邮件互相发送情书,但他们各自的院系使用不同的计算机网络。所以他们充满热情而执着地发明了路由器——一种电缆线圈与一些灵敏软件组成的神秘黑盒子。后来,他们建立了思科公司。路由器使思科一度成为增长最快的企业。在2004年,也就是企业创建20年后,思科价值达1620亿美元。

(资料来源:刘志阳:《创业学》,格致出版社、上海人民出版社,2010年。)

创业者在识别创业机会的过程中,必须学会不断放弃很多机会而后抓住少数的机会,放弃或抓住机会的依据是机会识别的目标。蒂蒙斯给定了一个共同的机会识别的锁定目标,即机会能够:(1)为顾客或最终用户创造或增加极大的价值。(2)能够解决一项重大问题,或者满足某项重大需求或愿望。(3)有需求旺盛的市场。(4)与当时的创始人和管理团队配合得很好,也很适合市场状况和风险。

四、创业机会评价的技巧和策略

创业者自身的特征及想法固然重要,但并不是每个想法都能转化为创业机会。许多创业者仅凭想法去创业,也对创业充满信心,但最终却失败了。不是每个创业机会都会给创业者带来益处,每个创业机会都存在一定的风险,因此,创业者在利用创业机会之前要对创业机会进行科学的分析与评价,然后做出选择的决策。

(一)提出正确的问题

有很多重要的与评价有关的问题,这里列举了用来评价创业项目的10组预备问题:

1.这是一个新的产品、服务设想吗?它是独有的吗?它能申请专利或版权吗?它具有足够的在竞争中独领风骚的独特性吗?它可以被轻易地复制(效仿)吗?

2.样品经过了专业检验者以推翻系统或破坏产品为目的检验吗?产品存在弱点吗?它经得起检验吗?在未来的5年中对它的研究和开发将达到一个怎样的水平?若它是一项服务,它经得起消费者的挑剔吗?消费者愿意为它而掏腰包吗?

3.它参加过商业展览吗?若有,那它反应如何?达成交易了吗?它介绍给展销商了吗?获得订单了吗?

4.产品或服务易于理解吗?比如像银行家、风险投资家、会计师、律师及保险代理人这样的人能理解吗?

5.它的整体市场是什么?细分市场呢?产品能进入细分市场吗?能发展出什么特殊定位吗?

6.进行过市场调研吗?市场中还有什么别的产品吗?市场容量有多大?市场成长有多快?发展趋势是什么?产品或服务的预计生命周期有多长?能达到多大程度的市场进入?受到顾客或代理人的好评吗?将运用何种类型的广告及发展计划?

7.将采用何种分配和销售方式——批发商、独立销售代表、公司销售人员、直接邮寄、挨户推销、超市销售、服务站还是公司自有店铺销售?产品如何运送?公司自行运送、委托运输公司、邮政服务还是航空运输?

8.产品如何生产?机会成本是多少?比如说,产品是作坊生产还是其他方法?是加工车间还是流水作业?公司现有设备的生产能力是多少?盈亏平衡产量是多少?

9.公司的发展理念是开发并出售特许经营权,还是先开发再专卖?

10.公司具有或已形成运作商业企业的必要技能吗?要雇佣什么样的人?他们能够胜任吗?现在需要多少资金?将来还需要多少?研究过主要金融战略吗?

创业案例

胡润的富豪榜

胡润(Rupert Hoogewerf),1970年出生于卢森堡,英国注册会计师,著名的《胡润百富》创刊人。1993年毕业于英国杜伦大学(Durham University),曾留学中国人民大学学习汉语,在会计师行业拥有7年安达信伦敦和上海的工作经验。从1990年第一次来中国,胡润就感受着中国日新月异的剧变。每一次回到英国,被朋友问及中国是什么样子时,"GDP连续超过10%……"胡润的回答总是难以让朋友"解渴",也有着太多的不确定性。于是他试图去寻找一种万变经济中的不变标准。胡润想到了那些中国经济成长的最大受益者。从一开始,胡润就很明确,这些人的故事代表着中国的故事,诠释着中国的变迁。对于他们的故事,包括中国10多亿百姓在内,全世界都十分好奇却又毫不知情。1999年,胡润开始利用业余时间和假期,查阅了100多份报纸杂志及上市公司的公告报表,凭着兴趣和职业特长,经历了几个月的折腾后,胡润终于排出了中国历史上第一份和国际接轨的财富排行榜。

课堂思考:

1.胡润发现的是创业机会吗?

2.怎样才能发现创业机会?

3.如何评价创业机会的价值?

(二)特征评价

我们采用列表的方式可以让创业者明白创业项目在市场、财务、营销、组织及人力资源等方面的优势和劣势,保证创业项目的成功。通过分析,创业者便能为可能阻碍创业项目的弱势作准备。

表3-1到表3-4列出了影响创业机会较为全面的细节因素。

表 3-1　评估创业机会的框架：市场问题

标准	强势商机	弱势商机
需求	可识别	不清楚
顾客	可获得；能接纳	不能获得或建立忠诚关系
投资回收期	少于 1 年	3 年或更多
产品生命周期	长；收回投资	短；收回投资
行业结构	竞争或刚刚形成	竞争激烈
有潜力的市场规模	1 亿美元销售额	少于 1000 万美元销售额
市场增长率	30%～50%	少于 10%
毛利率	30%～50%	少于 20%；不稳定
可达到的市场份额（5 年）	20% 或更多	少于 5%

表 3-2　评估创业机会的框架：财务及交割问题

标准	强势商机	弱势商机
税后利润	10～15% 或更多；持久的	少于 5%；易变的
时间： 盈亏平衡 正现金流 潜在投资收益	 少于 2 年 少于 2 年 每年 25% 或更多	 多于 3 年 多于 3 年 每年少于 15%～20%
价值 资本需求	高战略价值 较低或中等；可融资	低战略价值 非常高；难融资
退出机制	目前的或想象的交割选择	未确定；非流动投资

表 3-3　评估创业机会的框架：竞争优势问题

标准	强势商机	弱势商机
固定和可变成本 生产，营销分布	最低	最高
控制程度 价格，资源/分销渠道	中到高	低
进入壁垒 资产保护 回应/提前期	 有 6 个月到 1 年	 没有 没有
法律合同优势	排他性所有权	没有
差异化来源	众多	很少或没有
竞争者的考虑和战略	生存或能生存；不是自我毁灭	防御且反应强烈

表 3-4　评估创业机会的框架：管理团队和风险问题

标准	强势商机	弱势商机
管理团队	现存、强势、已证实绩效	弱势，不熟练，缺少关键技能
人际关系网	发展得很好，高质量，可接受	未经筹备，有限，难以达到
风险	低	高
致命打击	没有	一个或更多

(三)技术可行性评价

在评价创业项目时必须首先确定其技术要求,即技术可行性,是指为满足预期潜在顾客而提供产品或服务的技术要求。其要点如下:

1. 产品功能设计与外形设计的吸引性。
2. 柔性生产,可随时根据顾客的要求或是随技术或竞争力的革新来修改产品的外部特征。
3. 产品所用材料的耐久性。
4. 可靠性,确保正常使用时的良好功能。

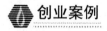

自由女神像大修废料的利用

美国闻名于世的自由女神铜像,曾在经历百年风化后进行了翻新大修,最后留下了旧自由女神的200吨废料。清理垃圾的工作量很大,费用又很昂贵。这一信息被商人斯塔克获知后,凭直觉意识到这是一大经营机遇。经过巧妙的开发与营销策划,斯塔克立即申请承包了这堆被众人视为垃圾的废料的清理工作,把它们全部拉到加工厂,把废铜改铸成纪念像、纪念币,水泥碎块加工成小型纪念碑,连配木也装在精美的纪念盒里,全部作为源于自由女神的神圣的一部分,充作特殊纪念品高价出售。结果,人们争相竞购这些极具文化价值的产品。

(资料来源:刘志阳:《创业学》,格致出版社、上海人民出版社,2010年。)

(四)综合可行性评价

上述那些标准问题和外部因素的综合评价,列举了创业项目的综合可行性因素——技术、市场、财务、组织及竞争性,指出了每个可行性领域包含的特殊活动。

一方面,创业机会需要从不同侧面予以综合评价;另一方面,这些不同侧面的机会特征存在主次之分,其重要程度存在较大差异。这就是说,在机会识别时需要把重点放在某些更为重要的指标上,对其正确识别评价后,再结合其他方面的特征做出整体判断。

创业机会可以从3个层次进行分析和评价:一是创业机会的核心特征:产品和市场。这一层次的特征属于创业机会的自然属性,不依赖于创业者或者创业机会的其他特征而存在,相反,创业机会的其他特征却往往需要与其核心特征相匹配,才能创造出最大价值。二是创业机会的支持要素:团队、资源和商业模式。这是创业机会评价指标的第二个层次,也是创业者或者创业团队能够有效开发创业机会的支持条件。三是创业机会的成长预期:财务指标和收获条件。这是创业机会评价指标的第三个层次,成长预期是创业者对于创业机会的潜在价值的最终判断。

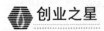

梁伯强的指甲钳

梁伯强,中山圣雅伦有限公司董事长。他打造的"非常小器·圣雅伦"已成为中国第一、世界第三的指甲钳。

他,从朱镕基总理的一句话中发现了指甲钳的商机;

他,花1年时间、花上千万元走访国内、国外所有知名指甲钳商;

他,用自己的"头脑"在数年间令小小的指甲钳"起死回生",销售额达到1.6亿元;

他,梦想着为世界剪指甲,成就中国的"百年品牌"。

总理话语引出财路

小小指甲钳能够创造出上亿元的产值?30年前,梁伯强做梦也不敢想象。1998年5月的一天改变了梁伯强以后的人生轨迹。在一张包东西的旧报纸上,他意外地发现了《话说指甲钳》这篇文章:1997年10月27日,时任国务院副总理的朱镕基,在会见全国轻工集体企业第五届职工代表大会代表时,为激励代表们通过调整产品结构改进产品质量来发展我国的轻工业,他特意向代表们出示了3把台湾商人送给他的指甲钳,并让他们当场传看。面对这3把造型美观、精致锋利的指甲钳,朱镕基感慨地说:"要盯住市场缺口找活路,比如指甲钳,我们生产的指甲钳,剪了两天就剪不动指甲了,使大劲也剪不断。"总理的话在梁伯强心中激起千层浪,"每天考虑国计民生的总理居然会关心小小的指甲钳,说明物小事不小,其中必有商机"。

耗资千万环球考察

此后的半年间,梁伯强不仅跑遍了5大巨头,还考察了国内20多家国营指甲钳企业。国内指甲钳厂家原来有5大巨头,它们是天津"天"牌、北京"京"字牌、还有广州"555"牌、上海"双箭"牌、苏州"双菱"牌。这次考察让梁伯强心情沉重。不仅5大巨头陷于倒闭,国内其他指甲钳企业也基本处于困顿状态。指甲钳的生产流到个体经营户手中,销售渠道也走到小商品批发市场。这样的市场还有没有机会?机会在哪里?梁伯强决定走出国门,探索国外指甲钳市场。德国、美国、墨西哥、日本、瑞士、印度……梁伯强走遍了世界50多个国家。在德国的来根州,他见过世界上最好的指甲钳,这是一把德国"双立人"指甲钳,但就是这样一家企业也只是把指甲钳当作一个附属产品来生产,其主业是做厨房用品。日本的"绿钟"、"玉立"等品牌,也是贴附在卡通产品上,进行代理生产。在指甲钳生产力最强的韩国,真正做指甲钳的企业也没有认识到指甲钳的品牌价值。韩国年销售额在1个亿以上的企业有5家,2个亿以上有2家。这些企业的老板都很衰老,而且他们太有钱,已经没有了创业的压力和冲动。"纵观全球,世界上没有一家企业想到要做指甲钳品牌",梁伯强想:"我为什么不能打造全球最大的指甲钳品牌?"

(资料来源:笔者根据百度百科整理总结。)

现在国际公认比较权威科学的是蒂蒙斯提出的全面的机会评价框架,与其他理论不同,蒂蒙斯更多的是从一个机构投资者或者从一个旁观者的角度来分析,结合机会本身的特点和企业(或创业家)的特质来综合考虑。他概括了一个筛选创业机会的框架(表3-5),其中涉及8大类53项指标,针对不同指标做权衡打分。这些指标提供了一些量化的方式,使创业者可以对行业和市场问题、竞争优势问题、经济结构和收获问题、管理团队问题、致命缺陷问题做出判断,以及这些要素加起来是否组成一个有足够吸引力的商机。尽管蒂蒙斯也承认,现实中有成千上万适合创业者的特定机会,未必都能与这个框架相契合,但这个框架仍是目前包含指标比较完整的一个体系。

表 3-5

行业与市场	1. 市场容易识别,可以带来持续收入。 2. 顾客可以接受产品或服务,愿意为此付费。 3. 产品的附加值高。 4. 产品对市场的影响力大。 5. 将要开发的产品生命长久。 6. 项目所在的行业是新兴行业,竞争不完善。 7. 市场规模大,销售潜力达到1000万到10亿。 8. 市场成长率在30%~50%,甚至更高。 9. 现有厂商的生产能力几乎完全饱和。 10. 在5年内能占据市场的领导地位,达到20%以上。 11. 拥有低成本的供货商,具有成本优势。
经济因素	1. 达到盈亏平衡点所需要的时间在1.5~2年及以下。 2. 盈亏平衡点不会逐渐提高。 3. 投资回报率在25%。 4. 项目对资金的要求不是很大,能够获得融资。 5. 销售额的年增长率高于15%。 6. 有良好的现金流量,能占到销售额的20%~30%。 7. 能获得持久的毛利,毛利率要达到40%以上。 8. 能获得持久的税后利润,税后利润率要超过10%。 9. 资产集中程度低。 10. 运营资金不多,需求量是逐渐增加的。 11. 研究开发工作对资金的要求不高。

续表

收获条件	1. 项目带来的附加价值具有较高的战略意义。 2. 存在现有的或可预料的退出方式。 3. 资本市场环境有利,可以实现资本的流动。
竞争优势	1. 固定成本和可变成本低。 2. 对成本、价格和销售的控制较好。 3. 已经获得或可以获得对专利所有权的保护。 4. 竞争对手尚未觉醒,竞争较弱。 5. 拥有专利或具有某种独占性。 6. 拥有发展良好的网络关系,容易获得合同。 7. 拥有杰出的关键人员和管理团队。
管理团队	1. 创业者团队是一个优秀管理者的组合。 2. 行业和技术经验达到了本行业内的最高水平。 3. 管理团队的正直廉洁程度能达到最高水准。 4. 管理团队知道自己缺乏哪方面的知识。
致命缺陷	不存在任何致命缺陷。
创业者 个人标准	1. 个人目标与创业活动相符合。 2. 创业家可以做到在有限的风险下实现成功。 3. 创业家能接受薪水减少等损失。 4. 创业家渴望进行创业这种生活方式,而不只是为赚大钱。 5. 创业家可以承受适当的风险。 6. 创业家在压力下状态依然良好。
理想与现 实的战略 性差异	1. 理想与现实情况相吻合。 2. 管理团队已经是最好的。 3. 在客户服务管理方面有很好的服务理念。 4. 所创办的事业顺应时代潮流。 5. 所采取的技术具有突破性、不存在许多替代品或竞争对手。 6. 具备灵活的适应能力,能快速地进行取舍。 7. 始终在寻找新的机会。 8. 定价与市场领先者几乎持平。 9. 能够获得销售渠道,或已经拥有现成的网络。 10. 能够允许失败。

(资料来源:杰弗里·蒂蒙斯:《战略与商业机会》,北京:华夏出版社,2002年。)

第三节 创业风险识别

创业格言

> 企业发展就是要发展一批狼。狼有三大特性:一是敏锐的嗅觉;二是不屈不挠、奋不顾身的进攻精神;三是群体奋斗的意识。
>
> ——任正非

创业案例

魏先生的烦恼

魏先生欲在医院设立大屏幕药品广告播放系统,合作医院已经找到了,药品生产厂家也十分愿意投放产品广告。魏先生正在紧锣密鼓地实施过程中却遭到了相关执法部门的制止。不熟悉新修订的《药品管理法》是该项目失败的直接原因。

思考:魏先生在创业的哪一步出现了问题?

(资料来源:百度文库 http://wenku.baidu.com/view/60ac0e14a300a6c30c229fc9.html)

在企业的风险识别中,我们可以把风险理解为与希望产出出现偏差的可能性。应用于创业企业,是指给公司财产与潜在获利机会带来损失的可能性。这里的财产不仅仅指有形财产,还包括雇员、企业声誉等无形资产。

创业风险是指在企业创业过程中存在的风险,是指由于创业环境的不确定性、创业机会与创业企业的复杂性,创业者、创业团队与创业投资者的能力与实力的有限性而导致创业活动偏离预期目标的可能性。

企业感悟

选择创业项目阶段,由于不熟悉相关政策、法律、法规,将有一定风险!

一、机会风险的构成

任何事物都有其两面性,创业也不例外,机会和风险是创业者遭遇的一对连体兄弟,绝对没有风险的投资是奢望,那些标榜"零风险创业"以及"我方出资,你方挣钱"的广告不看也罢。创业意味着开拓新的领域,前面的路有许多不可把握的未知数,这就是风险。面对风险,有些人选择了退缩,同时也选择了失败;有些人选择了挑战,也就走上了可能看到光明的道路。我们先来看看创业的机会在哪里?

机会风险又称"机会的识别与评估风险",指在机会的识别与评估过程中,由于各种主客观因素,如信息获取量不足、把握不准确,或推理偏误等,使创业一开始就面临方向错误的风险。另外,机会风险的存在,即由于创业而放弃了原有的职业所面临的机会成本风险,也是该阶段存在的风险之一。

二、系统风险防范的可能途径

创业的系统风险是指由于创业外部环境的不确定性引发的风险,是创业者和企业无法控制或无力排除的风险,因而又可称为"客观风险",比如政策立法、宏观经济以及社会、文化等带来的风险,对于这类风险,创业者只能在创业过程中设法规避。

(一)政治风险

由于国家政治的稳定性、社会政策的连贯性等产生的风险。对高技术企业而言,国家对其在国民经济发展中发挥作用的认识,进而所采取的政策,对其创业的风险度有一定的影响。对于这种类型的风险,高技术企业在创业过程应该积极关注和预测国家的政策走向,如果预测到某一政策将对企业的发展不利,企业可以早做准备,改变企业的运营方式,适应政策的变化。

(二)法律风险

法律、法规的制订和修改,都会对创业企业产生影响。政府会采取某些事后的行政措施或法律手段,来限制某些已经开发成功的高技术产品的生产、销售或使用,例如,近年来国内外一些新创企业开发转基因产品,曾被有关国家政府部门明令禁止销售,这样,企业的所有创业投入就转化为沉没成本,创业者根本得不到任何商业利益。目前,我国对于高技术企业的立法还存在很多的政策、法规空白,这势必造成法律上的风险。这类风险企业难以控制,只有尽可能地加以规避。

(三)宏观经济风险

因国家宏观经济状况、产业政策、利率变动以及汇率的稳定性等因素所带来的损失的风险。任何企业的发展都必须依托所在国家和地区的经济环境。利率、价格水平、通货膨胀等因素的变化,以及金融、资本市场的层次、规模、健全程度等,都会带来很大的不确定性,使创业企业容易暴露在风险之中。当这类风险将要或者已经出现时,企业应该能够快速响应,采取措施,使企业适应这一变化。

(四)社会风险

传统文化、社会意识以及新技术、新产品的冲击,或社会的中介服务机构和基础设施不完备等引起的创业风险。这些因素很多是固化于社会文化或社会发展之中的,短时期内不可能有太大的改变。企业应该加强自身企业文化的建设,形成一个有利于企业长期稳定发展的企业文化,同时可以在某种程度上降低社会传统文化中的不利因素对企业发展的影响。

关于系统性风险的防范需要创业者提高警惕,尽量采取避免的措施。

三、非系统风险防范的可能途径

创业的非系统风险是指非外部因素引发的风险,即指与创业者、创业投资和创业企业有关的不确定性因素引发的风险。非系统风险可以通过创业各方主观的努力而控制或消除,因而又叫"主观风险",如技术风险、管理风险、市场风险等,对于这类风险,创业者则需要千方百计地设法加强控制。对于非系统系风险的防范途径可以按照:识别→原因分析→防范三步走的模式进行。

(一)技术风险

1. 识别

技术风险的识别通常从以下4个方面进行:

一是技术成熟度。技术成熟度是首先应该考虑的问题,只有新颖、独创、先进的技术才可能为企业带来独特的优势,技术成熟度的判断标准一般根据国内外同类技术达到的水平参数指标来确定。

二是技术适用性。技术的适用性描述了技术适用的范围,推广和实施的难易程度。技术的适用性是与市场的大小有密切关系的,一项技术所面对的市场越大,那么这项技术的适用性就越强;反之,则越弱。对技术的适用性的判断可以通过市场调查来实现。

三是技术配套性。一项科研成果转化所需的配套技术不成熟就会带来技术风险,有些技术虽然非常先进,但由于工艺的特殊性限制,无法进行大批量生产,这样就会对风险投资的收回带来较大的风险。因此,在高技术企业创业初期,必须确认与该技术配套的工程技术和产品生产技术是否已经完善,是否已经达到标准。

四是技术生命周期。高技术产品往往生命周期较短,不但自身更新速度快,而且还有被其他类似技术替代的可能,如果不能有效地提高技术的更新速度并维持更新成本或防止技术老化的能力,并在技术生命周期内迅速实现产业化,收回初始投资并取得利润,企业就将蒙受损失。对技术生命周期的估计,可以根据技术自身的特性、市场状况以及和同类技术相比较来进行。

2. 原因分析

一是产品化阶段的风险来源。产品化阶段是指将研发阶段的科研成果经过试验,转化为一个符合市场要求的产品阶段。这一阶段要将不同的技术结合在一起,特别是要消除某些薄弱环节对技术整体水平的限制,以便将关键技术上的优势能够真正转移到待开发产品上。对于那些缺乏系统设计和生产经验的高技术企业而言,产品化阶段的技术风险主要来自于其技术结构的缺陷。如有的产品虽然在几个关键技术上领先,而其他技术如工业设计、产品装配的水平却不一定能够达到要求,这种失衡的技术机构将难以体现高技术产品的技术优势,从而导致其产品化的失败。

二是商品化阶段的风险来源。进入商品化阶段的技术成果,此时已基本完成产品创新,并占有一定的市场,尚需注入大量资金进行工艺创新、管理创新和开拓市场,建立起完善的营销网络,创立品牌,并形成主导型技术产品。此阶段的技术风险主要是技术替代风险,技术替代会改变产业的竞争态势,使该产业丧失原先所拥有的技术优势。

技术风险在高技术企业创业不同阶段的大小是有差异的,随着时间的推移、信息的聚集,技术上的不确定性会越来越少,技术难度会越来越低,高技术企业因技术风险而创业失败的可能性就会减少。

3. 防范

技术是一项动态发展的过程,因此技术风险的防范与控制也是一项动态变化的过程,技术风险控制体系由技术风险预测、技术风险监控、技术风险抑制3个前后相关的环节组成。技术风险预测是企业在现有技术风险数据和专家经验的基础上,通过评估和预测,选择适合于企业的技术或对企业自身进行适当的调整,避免所研发或利用的技术存在先天的缺陷。企业要结合内部和外部环境,在预测技术前景的同时准确地分析自身是否拥有发展该项技术的能力。技术风险监控是在企业应用技术的过程中进行有效的组织和管理,将人、财、物、信息等资源合理、高效地应用到所从事的技术创新中并随时对风险潜在因素进行监控,一旦发现风险潜在因素变量发生变动就应及时修正。技术风险抑制是在风险发生后,运用适当的分散、转移和退出手段,设法将损失降低到最小的程度。

(二)市场风险

1. 识别

市场风险的识别一般应从以下3个方面进行,一是推出的产品能否被消费者接受的问题,在现实市场中,人们对传统技术产品司空见惯,故对传统技术产品的市场需求是较为稳定的,而高技术产品对消费者来说是新鲜的,它的市场多是潜在的、待开发的、待成长的,在这种情况下,创业者就很难预先判定市场是否会接受自己推出的某一高技术产品,包括接收能力和接收速度;二是高技术创业企业生产的产品一般都是高新技术或技术创新产品,由于产品技术本身的前瞻性,企业无法得到相对准确的市场预期,对市场的接受度、产品导入市场的时间、市场的需求量等都难以估测,因而存在着较大的风险性;三是很难确定某一高技术产品未来的市场竞争力,由于新产品的竞争力是企业竞争力与产品优势、企业营销策略等有机结合的结果,高技术产品营销要求售前、售中、售后技术服务,而高技术企业这方面的能力一般较为缺乏,另外高技术产品上市之初,产品成本多数会被前期的研发成本所抬高,在较高售价下才不致亏损,因此就可能导致它很难有适当的价格竞争力。

2. 原因分析

企业市场风险在于成功地制造出产品后能否销售出去,这种不确定性的形成因素主要包括以下几个方面:

一是技术开发策略失误。企业的产品开发策略应紧紧围绕市场需求和市场的消费习惯,否则,开发出来的产品就有可能因为与市场需求、消费习惯相悖而不能被市场所接受。

二是产品开发不力。企业的市场风险主要是产品市场的风险,有的高技术企业产品单一、市场单一、经营范围狭窄;有的企业只抓技术档次高的产品,忽略了更广阔的普及型、中低档技术产品市场;有的只注重某一种产品的开发,忽略了相关产品系列的开发;有的企业融资策略不当,不能及时获得资金,延误了推出新产品的时机。高技术产品生命周期越来越短,技术更新、产品更新越来越快,要获取市场的成功和良好的经济效益,降低企业的市场风险,还要在一定基础上实现多元化策略,而这就依赖于企业的产品开发和市场开拓。如果企业经营者着眼于近期利益,只注重现有高技术产品的生产和销售,而不注重现有产品的完善和新产品的开发,就会使企业随着消费者对其产品反感的增加或市场上更新产品、替代产品的出现而陷入困境。

三是市场创新能力不足。许多高技术企业的失败,并非仅仅是因为其产品质量不高、市场容量小,相反其产品质量可能相当不错,但由于其市场创新能力不足,仍然会被淘汰出局。由于高技术产品的知识密集度高,使得高技术企业的营销与传统产品的营销有较大的区别,因此,企业要使自己的产品为市场接受,必须善于进行市场营销创新,这样才能有效降低高技术企业的市场风险。

四是不注重产品技术保护。不注重产品的技术保护是形成高技术创新收益不确定的主要原因之一。企业研制成功的高技术产品要保持一定的竞争优势,就必须注重技术保护,否则,就会在市场上失去竞争优势。

五是生产过程控制不力。高技术企业能否生产出高质量的、符合市场需求的产品,与其生产过程的科学控制有很大的关系。高技术企业的生产往往需要高质量的零配件和及时的原材料供应以保障高质量的产品及时供应市场,所以如何从外部及时获得所需的高质量的原材料,是高技术企业正常生产经营的一个重要方面。

3. 防范

高技术企业在创业过程中可能会遇到市场份额小,甚至无法实现规模经济、产品性价比不高、消费者不认同,以及产品生命周期过短等市场风险,企业应该采取合理的营销组合,提高产品的技术含量和服务质量,研发时就考虑将来产品的成本,并做适当降低成本的研究,在创业前期的市场论证时,根据市场和产品的特点,分析产品生命周期,对于生命周期过短的产品,企业应分析其是否具有开发价值。

(三)生产风险

1. 识别

生产风险的识别应从生产技术人员构成、生产设备与工艺水平、生产资源的配置状况、原材料供应状况4个方面展开。

2. 原因分析

生产风险是指企业在创业过程中,由于生产环节的有关因素及其变化的不确定性而导致创业失败或利润受损的可能性。对于创业企业来说,由于企业刚刚起步,生产人员的配备、生产要素的供给、各类资源的配置等容易出现问题,新产品又多是首次进入生产环节,工艺、设备等都难以得到保证,而且新产品必然要求与其质量控制相适应的新标准、新检测手段。这在创业阶段都需要尝试和摸索,故存在着较大的风险。

3. 防范

为了避免研发技术被替代技术替代或超越、现有生产设备或工艺无法达到产品商品化的要求以及远离原材料供应地,企业无法正常生产等问题,高技术企业在技术研发时,就应考察替代技术的发展状况,评估技术本身的替代性,采取风险规避或自留策略,在研发时还要综合考虑现有设备与工艺的水平,及自我研发相关设备与工艺的能力,创业时还要综合考虑原材料及能源供应,公司的地址要接近原材料产地,且能源供应充足。

(四)财务风险

1. 识别

财务风险的识别主要从两个方面进行:①资产负债表状况。从资产负债分析,主要分为3种类型:一是流动资产的购置大部分由流动负债筹集,小部分由长期负债筹集,固定资产由长期自由资金和大部F分长期负债筹集,自有资本全部用来筹措固定资产,这是正常的资本机构,财务风险较小;二是资产负债表中累积结余是红字,表明有一部分自有资本被亏损侵蚀,从而总资本中自有资本比重下降,说明出现财务危机,必须引起警惕;三是亏损侵蚀了全部自有资本,而且还占据了一部分负债,这种情况属于高度风险,企业必须采取强制措施来缓解这种状况。②企业收益状况。从企业收益分析,分为3个层次:一是经营收入扣除经营成本、管理费用、销售费用、销售税金及附加费用等经营费用后的经营收益;二是在第一层次上扣除财务费用后为经常收益;三是在经常收益基础上与营业收支净额的合计,也就是期间收益。对这3个层次的收益进行认真分析就可以发现其中隐藏的财务风险。对这3个层次的收益进行分析可以分成3种情况:一是如果经营收益为盈利而经常收益为亏损,说明企业的资本结构不合理,举债规模大,利息负担重,存在一定风险;二是如果经营收益、经常收益均为盈利,而期间收益为亏损,这种情况如果严重可能引发财务危机,必须加强监控;三是如果从经营收益开始就已经亏损,说明企业财务危机已经显现,反之,如果3个层次收益均为盈利,则是正常经营状况,财务风险不存在或很小。

2. 原因分析

财务风险主要是由高科技创业投资难以预期,前期资金周转太慢,而高技术新创企业普遍缺乏持续投资能力引起的。主要表现在以下4个方面:高科技创业的资金需求极难判定;高科技创业需要持续的研究开发资金投入;技术整合需要更多的资金投入;开发高科技产品的市场需求需要资金。财务风险在企业初创时更多体现为融资风险,其存在于技术支持和商业支持之间,是研究基金和投资基金之间存在的断层。创业者虽可以证明其构想的可行性,但往往没有持续的或足够的资金投入将其实现商品化,并达到初创企业的稳定运营。在企业创立后,财务风险体现为,企业运营过程中资本的追加投资风险,当企业需要扩大规模,财务风险体现为融资风险,追加投资时若无法筹集到足够的资金,其生产和经营将经受严重的考验,同时,若企业的财务管理不规范,还会出现资金周转慢、呆账和死账多的现象,形成财务风险。

3. 防范

财务风险是高技术企业创业必须特别注意的重要风险,企业在创立阶段可以采取合伙制,引入风险投资,或者向国家申请创新、创业基金;为保证企业持续发展有充足的资金,可以引入风险资本,股份化改制或公开上市;对企业经营过程中出现大量应收款、坏账,生产或销售资金匮乏的情况,企业应采取以销定产策略,财务上采取风险预警措施,促进资金及时回笼。财务风险主要通过下面几个方面进行控制:

一是增强投资者和企业管理人员的风险意识。创业投资本身就是一项风险很大的投资行为,应该大大增强投资者和企业管理人员的风险意识,使其具备很强的风险观念,这样在投资和经营过程中就会有意识地注意防范风险,特别是财务风险。因为企业的市场风险和经营风险最终都会在财务风险上有所体现,可以说财务是创业企业经营的精神末梢,财务风险是创业企业最外在的风险,也是最后的风险,因为财务风险可以直接导致企业创业失败。企业理财人员应能够发现和正视风险,为决策层提供企业的财务风险信息,并提出有效防范措施供决策层参考。建立健全企业财务风险的防范机制。创业企业应该建立预算模型,选择预测风险的方法,对各种情况下可能发生的财务风险及风险的影响程度进行测试,对测试出的风险应采取预防措施,如通过保险、合同、担保和租赁等方式,把风险转嫁给保险公司、购销对象、担保人员和租赁人等。创业企业可以考虑利用变动成本法编制财务预算。而且要应用弹性预算,以尽量留有余地应付业务变动的影响。在预算编制时还应综合利用零基预算和滚动预算的预算编制方法,使预算成为抵御财务风险的有力武器。

二是积极吸收风险投资基金。风险投资基金是一种向创业企业提供股权资本的投资行为,其基本特征是:投资周期长,一般为3~7年;除投入资金外,投资者还向投资对象提供企业管理等方面的咨询和帮助;投资者通过投资结束的股权转让活动获得投资回报。创业企业如果能够多方面吸收风险投资基金的投资,就会大大改善创业企业的资本结构,充实企业的资本金,提高企业的偿债能力,降低和防范企业的财务风险。

三是保持资产流动性。企业资金流转总是周而复始地进行的,企业应当缩短应收账款周转期以保持良好的资产流动性。创业企业应降低整体资产中固定资产的比重,这样就可以大大降低产品中固定成本所占的比重,降低企业的经营风险和财务风险。

四是加强组织结构和人员控制。按照决策系统、执行系统、监督反馈系统相互独立、相互制衡的原则进行财务内部控制组织结构的设置。创业企业投资者和管理人员应在其职责和权限范围内行使职权,做到高效、有序;企业内部监督系统应建立各项业务风险评价、内部控制状况的检查评价的处罚制度。创业企业的决策者及高层管理人员的能力、品行、资历和稳定性,关系到创业企业的安全和发展,因此有必要建立其控制制度,其中特别是财务安全与风险控制制度,让决策者及高层管理人员科学可靠地承担起财务安全与风险控制的责任。

五是加强财务会计制度的建设。创业企业要按照科学规范、职责分明、监督制约、财务核对、安全谨慎和经济有序的原则建立严密的财务会计控制制度。会计纪录、财务处理和财务成果核算等完全独立,并且严格按照企业财务会计制度规范进行,保障财务、会计信息的完整性、准确性、客观性与有效性。

(五)管理风险

1. 识别

管理风险的识别主要从3个方面进行:一是创业者综合素质和经验。创业者综合素质和经验可以从创业者的技术能力、管理能力和经验、企业家精神和创业者的身心素质方面来考查。二是决策的科学化。考查决策是否符合规范以及决策目标是否和企业的目标一致。三是管理机制的成熟度。初创企业管理制度方面往往不够成熟，企业应通过调查产业内相似企业的管理制度，将本企业与之对比，识别出哪些管理制度方面还不够完善。

2. 原因分析

创业企业因管理不善而导致的企业不能够获得预期利润或是威胁企业运营甚至生存的风险。高技术企业的创业者一般都是技术出身，创业者利用某一新技术、新发现进行创业，他可能是技术方面的专业人才，但却不一定具备专业的管理才能和意识，在战略规划上并不具备特殊的优势，或不擅长管理具体的事务，从而形成管理风险。这种风险主要体现在经营决策、战略规划、营销组合不合理以及组织制度的不科学，管理层的综合素质较低，以及对生产运作、企业内部沟通、激励等问题管理不力等方面。

3. 防范

管理风险的防范和控制可以从以下3个方面考虑：

一是建立健全的现代企业制度。建立科学的决策和监督机制是高技术企业控制管理风险的前提，而这些又离不开合理的产权制度与健全的公司内部治理结构。所以，为减少企业管理风险，企业必须要按照现代企业制度的要求，建立起真正的完善的法人治理结构。经营者激励机制也是法人治理结构中不容忽视的重要问题，解决好经营者特别是中高层管理人员的利益分配问题，不仅可以引导他们致力于企业利益最大化，尽可能把决策风险和操作风险降到最低程度，减少经营者的短期行为，而且可以对企业"内部人控制"现象起到遏制作用。

二是完善企业的内部控制制度。完善企业的内部控制制度的一个重要手段就是建立健全严密的内部控制系统。企业内部控制系统必须覆盖到企业的各项业务、各个部门和各级人员，并渗透到投资决策、执行、监督、反馈等各个环节。同时企业还必须建立科学的授权制度和岗位分离制度，对掌握企业内幕信息的人员实行严格的批准程序和监督处罚措施。

三是提高决策者、管理者的自身素质。对企业中高层管理人员的使用必须坚持德才兼备的用人标准，在人员甄选过程中两方面的素质都应该列入考核内容，同时还应加强员工的职业道德教育和业务培训工作。

（六）人员风险

1. 识别

人员风险的识别主要从3个方面进行：①流动性风险。流动性风险通过考查企业发展所需人力资本在市场上的稀缺程度、企业对该种人力资本的依赖程度和企业现有人力资本的流动性来确定。②契约风险。契约风险的评价通过考查员工的工作意愿来确定。③道德风险。道德风险通过考查代理人追求自身利益的程度来衡量。

2. 原因分析

高技术企业的人员风险和一般企业的人员风险有所不同,主要是指流动性风险、契约风险和道德风险。流动性风险是指拥有高存量人力资本的知识型劳动者的高流动倾向性给企业带来的损失的不确定性,知识型劳动者的这种倾向性又是由人力资本的稀缺性、依附性及其所有者的能动性所共同决定的。契约风险是由企业生产经营的长期性所决定的契约在履行过程中存在的种种风险和不确定性。在高技术企业中,人力资本效能水平的发挥,取决于其所有者工作的意愿和对工作的心理评价。当知识型劳动者处于低激励水平时,企业将相应处于低产出水平,使企业契约履行不完全,这就是所谓的"契约风险"。道德风险是由委托—代理关系产生的。企业创业过程中,出于经营管理和研发的需要,必然会聘用职业管理人员和新的技术人员加入企业,产生授权,形成委托—代理关系:创业者成为委托人,外聘人员成为代理人。两者之间往往存在着利益和目标的不一致,且委托人不可能完全知道代理人的信息,造成信息的不对称,从而出现代理人以牺牲委托人利益为代价追求自身利益最大化的行为,导致委托人利益受损的风险,即道德风险。

3. 防范

一是以人为本的管理理念是风险预防的前提。传统的管理理念仅仅关心劳动者创造财富的多寡,而忽视了劳动者自身发展的需要。随着知识经济时代的到来,新的稀缺资本出现,"资本雇佣劳动"让位于"劳动雇佣资本"。在新的游戏规则中,知识型劳动者既要求与企业家一同分享利润,又要求实现自我价值。人本管理可以使管理重心下移,组织结构趋向柔软化、扁平化,横向沟通加强,员工的需求被迅速识别,生产效率大幅提升。

二是知识管理是减轻风险损失的有效途径。知识管理是以知识主管(CKO)为组织者,以创建学习型组织为内容,为高技术企业实现显性知识和隐性知识共享而服务的新管理途径。其关键在于可使员工自觉地参与到知识共创与共享的过程中,最大化地发挥个人的创新能力,增加组织的知识储备。当隐性知识被及时记录、收集并整理为数据化知识后,因员工离职而造成的个体信息流失将大为减少,个人掌握核心技术环节对企业生产计划中断带来的威胁将不复存在。知识主管(CKO)作为知识外显过程的主要负责者,其任务在于科学合理地设计以鼓励创新为基础的业绩评价与激励系统,打破等级界限,发挥员工的最大潜能。

三是构筑复合式激励机制,发挥激励的综合效应。在复合式激励中,物质激励是基础,环境激励、目标激励是核心。将物质激励作为激励基础必须注意3个问题:第一,高薪酬必不可少,任何人都有满足生存的最底层需求,知识型劳动者也不例外;第二,满足员工安全需要的医疗、养老、失业保障等应予以配套;第三,报酬形式的选取要兼顾企业短期利益和长期利益,员工持股计划、股票期权及合伙人制度都是有效的留人"法宝"。环境激励强调知识型员工的自我管理,将组织约束降至最低,仅给予员工共同愿景的指导,同时营造宽松的环境,以合理的授权帮助员工用自己的方式完成任务。目标激励是基于对知识型员工"自我实现人"的假设,侧重于工作多样化、挑战性的设计,通过协助员工制订职业生涯规划,实行工作丰富化,激励员工的事业心、责任感,满足其成就感。

创业故事

对所选行业未来发展趋势不了解将有一定风险

金先生某次出差去深圳,看到深圳很多闹市区的路边准备建一些停车计费表,于是投入资金,研制新的停车计费表。尽管他很快研制出号称当代最先进的车载式计费表,但是公司却因为没有订单而长期亏损,两年后倒闭。

分析:路边停车收费,不符合中国国情。于是,计费表计费行业便成为陷阱行业。仅深圳就先后有70余家计费表研制企业先后倒闭,成为闯入陷阱行业的牺牲者。

规避方法:不管进入哪一行业进行创业都必须对该行业的未来发展趋势作出正确判断,如果把握不准,宁肯不进入。

(资料来源:百度文库,http://wenku.baidu.com/view/60ac0e14a300a6c30c229fc9.html)

四、创业者风险承担能力的估计

创业者风险承担能力估计需要从以下5个方面考虑:

(一)明势

明势的意思分两层,作为一个创业者,一要明势,二要明事。我们先来看明势。势,就是趋向。做过期货的人都知道,要想赚钱关键是要做对方向,这个方向就是势。比方说,大势向空,你偏做多;或者大势利多,你偏做空,结果可想而知。

创业的人,一定要跟对形势,要研究政策。这是大势。很多创业者是不太注意这方面工作的。对一个创业者来说,在政策方面,国家鼓励发展什么,限制发展什么,对创业之成败有莫大关系。做对了方向,顺着国家鼓励的层面努力,可能事半功倍;做反了方向,比如说,某个行业、某类型企业,国家正准备从政策层面进行限制、淘汰,你偏赶在这时懵懵懂懂一头撞了进去,一定会鸡飞蛋打。

中势指的就是市场机会。市场上现在时兴什么、流行什么,人们现在喜欢什么、不喜欢什么,可能就标明了你创业的方向。假如你准备创业,而你的资金不足,经验又不足,那么,你可以看看周围的人都在做什么,大家一起做的,你跟着做,一定没有错,虽然不可能赚到大钱,但赔本的可能也小,风险也小,较适合于那些风险承受能力较弱的创业者。能赚平均利润,对于小本经营的创业者就不错了,通过这样的锻炼,可以慢慢学习赚大钱的本领,慢慢积累赚大钱的资本。假如你的本钱雄厚,风险承受能力强,你当然可以从创业伊始就去剑走偏锋,寻冷门,赚大钱,只是这样的创业者不多。

小势就是个人的能力、性格、特长。创业者在选择创业项目时,一定要找那些适合自己能力,契合自己兴趣,可以发挥自己特长的项目,这样才有利于你持久性的全身心的投入。

明势的另一层含义,就是明事,一个创业者要懂得人情事理。世事洞明皆学问,人情练达即文章。创业的首要目的是为了合理合法地赚钱。创业不是为了要跟谁赌气,而是要心胸坦荡地去干事业。

企业感悟

如何面对创业风险

人生的催熟剂——挫折,作为一种情绪状态和一种个人体验,各人的耐受性是大不相同的。有的人经历了一次次挫折,还能够坚韧不拔,百折不挠;有的人稍遇挫折便意志消沉,一蹶不振,甚至痛不欲生。有的人在生活中受多大的挫折都能忍耐,但不能忍受事业上的失败;有的人可以忍受工作上的挫折,却不能经受生活中的不幸。

(二)敏感

敏感不是神经过敏。神经过敏的人不适合创业。

创业者的敏感,是对外界变化的敏感,尤其是对商业机会的快速反应。

一些人的商业敏感来自耳朵,一些人的商业敏感来自眼睛,还有一些人的商业敏感来自于自己的两条腿。

有些人的商业感觉是天生的,如胡雪岩,但更多人的商业感觉则依靠后天培养。如果你有心做一个商人,你就应该像训练猎犬一样训练自己的商业感觉,善于捕捉商机。良好的商业感觉,是创业者成功的最好保证。

(三)人脉

创业不是引无源之水,栽无本之木。每一个人创业,都必然有其凭依的条件,也就是其拥有的资源。一个创业者的素质如何,看一看其建立和拓展资源的能力就可以知道。

创业者资源,可分为外部资源和内部资源两种。内部资源主要是创业者个人的能力,其所占有的生产资料及知识技能,也就是人们通常所说有形资产及无形资产。创业者的家族资源也可以看作创业者内部资源的一部分。拥有一份良好的内部资源,对创业者个人来说无疑是重要的,但因为其中大部分不是通过创业者个人努力获取,而是自然存在的,具有天然属性。外部资源则是指创业者可以整合利用的除内部资源以外的资源,这对创业者的成功,同样重要。

(四)谋略

创业是一个斗体力的活动,更是一个斗心力的活动。创业者的智谋,将在很大程度上决定其创业成败。尤其是在目前产品日益同质化、市场有限、竞争激烈的情况下,创业者不但要能够守正,更要有能力出奇。

谋略或者说智慧,时时贯穿于创业者的每一个创业行动中。谋略就是一种思维的方式,一种处理问题和解决问题的方法。对于创业者来说,智慧是不分等级的,它没有好坏、高明不高明的区别,只有好用不好用、适用不适用的问题。当年谢圣明带着红桃K一帮人,在农村的猪圈、厕所上大刷广告时,遭到了多少人的嘲笑。但是,如今在猪圈上刷广告的谢圣明已经成为了亿万富翁。我们归结创业者智慧:不拘一格,出奇制胜。作为创业者,你的思维是否至今依然因循守旧?

(五)胆量

创业本身就是一项冒险活动,创业者必须具有一定的胆量。科学研究发现,成功人士的心理承受能力远远强过普通人,而创业正是最需要强大心理承受能力的一项活动。

创业专家在研究中发现,大凡成功人士都有某种程度的心理承受能力,有一定的胆量,企业界人士尤其如此。很多创业者在创业的道路上,都有过惊险一跳的经历。这一跳成功了,功成名就;要是跳不成,则可能跌得头破血流。

创业需要胆量,需要冒险。冒险精神是创业家精神的一个重要组成部分,但创业毕竟不是赌博。创业家的冒险,迥异于冒进。

■ 企业感悟

冒险与冒进

有一个故事:一个人问一个哲学家,什么叫冒险?什么叫冒进?哲学家说,比如有一个山洞,山洞里有一桶金子,你进去把金子拿了出来。假如那山洞是一个狼洞,你这就是冒险;假如那山洞是一个老虎洞,你这就是冒进。这个人表示懂了。哲学家又说,假如那山洞里的只是一捆劈柴,那么,即使那是一个狗洞,你也是冒进。这个故事什么意思? 它的意思是说,冒险是这样一种东西,你经过努力,有可能得到,而且那东西值得你得到。否则,你只是冒进。创业者一定要分清冒险与冒进的关系,要区分清楚什么是勇敢,什么是无知。无知的冒进只会使事情变得更糟,你的行为将变得毫无意义,并且遭人耻笑。

(六) 自我反省的能力

反省其实是一种学习能力。创业既然是一个不断摸索的过程,创业者就难免在此过程中不断地犯错误。反省,正是认识错误、改正错误的前提。对创业者来说,反省的过程,就是学习的过程。有没有自我反省的能力,具不具备自我反省的精神,决定了创业者能不能认识到自己所犯的错误,能不能改正所犯的错误,能不能够不断地学到新东西。

五、基于风险估计的创业收益预测

创业的收益一般指创业者投入资源后的实际产出核减会计成本后的剩余部分。一般来说,创业者投入越大,产出越高;创业的会计成本越低,创业的实际收益越高。尽管创业成功率低,但创业一旦越过盈亏点,收益会大大超过工薪阶层。

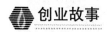
创业故事

小邱的变化

邱君 8 年前是一家国有企业的省城办事处主任,为解决夫妻分居问题,投资 5 万元,开了一家湘味酒家。由于定位准确,有特色,每天的营业额都在 1500 元左右,半年就收回了投资。第一年纯利润有 6 万元,第二年他索性辞了工作,和爱人一起打理酒店。通过加强管理、改善环境、突出特色,他已有一批固定的"食客"。他已在 3 年前买了小车,最近又买了复式住房,个人资产逾百万。如果他仍然留在厂家上班,现在可能已经下岗了。

(资料来源:百度文库,http://wenku.baidu.com/view/4b4037c0d5bbfd0a7956738f.html)

预期收入是创业者创业的主要动因。按照西方理性预期学派的观点,创业者作为"经济人",设法规避风险,追求利益最大化是其本性。因此,在做出创业决策之前,必然会搜寻一切相关的信息,并进行合理的分析、测算,来形成对创业收入的理性预期。尽管这种预期是心理的、主观的,但由于这种预测的客观概率分布的期望值等于主观概率的分布期望值,因此,这种主观的预期仍是创业者进行创业抉择的客观基础。预期收入与创业者选择的项目和进入的行业相关,与其能控制的资源相关。不同的项目和行业、不同的资源收入,带给创业者的预期收入是不同的;同时,创业者所在环境中其他创业者的示范效应也影响创业者的预期收入。其他创业者的成功概率、财富状况,客观上会左右着创业者对收入的预期。因此,好的创业环境是提高预期收入、促进创业活动的要素。不断改善创业环境,有利于招资引资或自主创业。

社会收益是创业者在"看不见的手"引导下贡献给社会的财富,也是创业家们回报给社会提供的创业环境的酬金。个人的创业成就取决于国家或地区的体制和环境的优劣。创业者个人收益和社会财富间呈现一种正相关的关系。一个国家或地区市场化程度越高,体制环境和商务环境越优,创业成功者越多,该国家和地区的财富就越多,社会收益越大。据统计,全世界有476人拥有10亿美元以上个人财富。在美国,有222人,占总数的47%,总价值达7030亿美元;欧洲134人,占总数28%,总价值3940亿美元;亚洲61人,其中日本19人,香港11人,财富总价值1450亿美元;中东和非洲财富价值690亿美元。不难看出,创业者个人财富越多的国家和地区,社会财富越多。同样,那些个人创造财富最多的国家和地区,也是创业体制和环境最好、创业社会收入最高的地方。

第四节　商业模式开发

创业格言

> 创新无极限!只要敢想,没有什么不可能,立即跳出思维的框框吧。如果你正处于一个上升的朝阳行业,那么尝试去寻找更有效的解决方案:更招消费者喜爱、更简洁的商业模式。如果你处于一个日渐萎缩的行业,那么赶紧在自己变得跟不上时代之前抽身而出,去换个工作或者转换行业。不要拖延,立刻开始创新!
>
> ——乔布斯

创业案例

亚马逊——最大的网上书店

20世纪90年代中期,计算机互联网在商业世界的普及应用,创造了全新的消费环境。看到这一点,1994年,贝索斯辞去原有工作与妻子来到美国西海岸的西雅图创建了亚马逊(Amazon)。经过一年的准备,亚马逊公司作为一个完全基于互联网的企业于1995年7月开始营业,销售图书。在其网站分类目录上,列出了超过250万种图书。网站是它的标志之一,它主要是面向家庭购物者设计,简单而实用,网页加载很快,使用起来也很方便。网站提供了多种了解和接触一本书的途径:读者评论、分类浏览清单、多维搜索能力、参照以前搜索、电子邮件通知、推荐引擎等。明显不同于在传统有实体店面的书店现场购书的方式,消费者通过"点击一次"下单,就可以在其网站上进行下单购买,亚马逊在其仓库完成配货后运送给购书者。

从一开始,亚马逊的商业模式就是建立在利用互联网用户环境与条件上。亚马逊的价值提供,直接和互联网媒介所产生的独特能力有关,如客户服务。亚马逊网站购物篮应用功能列出预计的运送时间。新书通知、实时运送及取消订单通知和客户互动都利用了网站和电子邮件的通信功能,与客户有更多接触。通过展示书时请求并发布读者评论,将读者偏好转化为差异化竞争的来源。不仅增强写评论读者的忠诚度,而且所充当的社区功能也吸引了新的读者。

"亚马逊"这个名字取得也好,它容易记,也容易让人联想起广袤的雨林。如同其亚马逊名称所寓意的,其选择范围十分广泛。150万的新书及约100万的老书种类,约是一般传统书店的100倍,给读者提供大量可选择范围。它管理如此大规模的存货,采用的是虚拟模式,即主要和批发商保持密切合作关系,自己只实际备有其中很小一部分。它的存货周转时间远低于传统零售书商。1998年底,其存货每年平均周转26次,远高于传统竞争者的2.7次。由于不需要高成本的实体书店店面,成本更低,即使给3本以上书的订单免去运费,其成本依然比传统零售商低8~10%。

到1998年9月30日,它在全球130个国家已有超过450万客户,远高于9个月前的150万,收益中64%来自老客户。贝索斯快速变大的企业目标,反映了对规模报酬递增的理解,它正是亚马逊赖以起家的软件业发展的驱动力。通过媒体的广泛报道宣传,及大量投资于广告与营销,加强品牌建设。亚马逊商业模式的另一关键方面,是其与其他商业实体的网络关系。如供给方面,亚马逊与图书批发商Ingram密切合作。在与小的供应商们合作时,亚马逊也能严格保护客户信息资料,哪怕采购量很少时。所有外地运送都在亚马逊自己仓库中进行,供货商没有机会接触其客户。

(资料来源:王彦长、王亮主编:《市场营销学》,合肥:中国科技大学出版社,2011年。)

互联网的出现改变了基本的商业竞争环境和经济规则,标志"数字经济"时代的来临。互联网使大量新的商业实践成为可能,一批基于它的新型企业应运而生。新涌现的一些企业,如 Yahoo、Amazon 及 eBay 等,在短短几年时间,就取得巨大发展,并成功上市,许多人也随即成为百万甚至亿万富翁,产生了强力的示范效应。其赚钱方式,明显有别于传统企业,于是,"商业模式"一词开始流行,它被用于刻画描述这些企业是如何获取收益的。本节将围绕商业模式的含义及商业模式创新的方法等相关内容展开介绍。

一、商业模式的定义与本质

"商业模式"已经成为挂在创业者和风险投资者嘴边的一个名词。几乎每一个人都确信,有了一个好的商业模式,成功就有了一半的保证。那么,到底什么是商业模式? 商业模式(Business Model)是从全新的角度来考察企业,是一个正在形成和发展中的新的理论和操作体系。理论界没有形成统一权威的解释,归纳起来大致可以分为 3 类:

(一)盈利模式论

此种理论认为商业模式就是企业的盈利模式,通俗地讲就是公司通过什么途径或方式来赚钱? 简言之,饮料公司通过卖饮料来赚钱;快递公司通过送快递来赚钱;网络公司通过点击率来赚钱;通信公司通过收话费赚钱;超市通过平台和仓储来赚钱等等。但是,不能把盈利模式简单地等同于商业模式。盈利模式仅仅是商业模式的一部分,商业模式往往包含了更长链条的赚钱的逻辑。Joan Magretta(2002)提出,商业模式是一个企业如何赚钱的故事。与所有的经典故事一样,商业模式的有效设计和运行也需要有人物、场景、动机、地点和情节。为了使商业模式的情节令人信服,人物必须被准确安排,人物的动机必须清晰,最重要的是情节必须充分展示新产品或服务如何为顾客带来实惠和便利,同时又如何为企业创造了利润。

(二)价值创造论

此类理论认为商业模式就是企业创造价值的模式,是一个企业创造价值的核心逻辑,价值的内涵不仅仅是创造利润,还包括为客户、员工、合作伙伴、股东提供的价值,在此基础上形成的企业竞争力与持续发展力。阿米特和左特(2000)认为,商业模式是企业创新的焦点和企业为自己、供应商、合作伙伴及客户创造价值的决定性来源。马格利·杜波森等人(2002)认为,商业模式是企业为了进行价值创造、价值营销和价值提供所形成的企业结构及其合作伙伴网络,以产生有利可图且得以维持收益流的客户关系资本。S. C. Voelpel 等(2004)认为,商业模式表现为一定的业务领域中的顾客核心价值主张和价值网络配置,包括企业的战略能力和价值网络其他成员(战略联盟及合作者)及其能力,以及对这些能力的领导和管理,以持续不断地改造自己来满足包括股东在内的各种利益相关者的多重目的。

(三)体系论

此类理论认为商业模式是一个由很多因素构成的系统,是一个体系或集合。泰莫斯定义商业模式是一个完整的产品、服务和信息流体系,包括每一个参与者和其在其中起到的作用,以及每一个参与者的潜在利益和相应的收益来源和方式。在分析商业模式过程中,主要关注一类企业在市场中与用户、供应商、其他合作者的关系,尤其是彼此间的物流、信息流和资金流。罗珉、曾涛和周思伟(2005)认为,商业模式是一个组织在明确外部假设条件、内部资源和能力的前提下,用于整合组织本身、顾客、供应链伙伴、员工、股东或利益相关者来获取超额利润的一种战略创新意图和可实现的结构体系以及制度安排的集合。

三类理论从不同的角度论述了商业模式的内涵。盈利模式浅显易懂;价值创造论论述了企业的内在逻辑;体系论强调了商业模式的综合性,研究的视角更宽泛、更全面,能够从各个维度更系统地诠释商业模式的本质,是我们研究和理解的重点。

商业模式是一个包括多主体参加的从事生产经营活动的复杂系统。因此,商业模式必然具有系统的结构、行为和性能特征,这也为我们认识商业模式本质提供了依据。

第一,从结构上看,商业模式反映了系统中企业及利益相关者的位置,相互之间的连接渠道以及交易内容。

第二,从行为上看,商业模式体现了企业通过各类交易对系统中的物质流、资金流和信息流的控制和协调,实现企业内部、企业与外部利益相关者以及企业与客户之间相对均衡。

第三,从性能上看,商业模式连接了企业核心能力(资源)与企业战略目标,是企业动态能力的具体实现,企业在系统循环演化过程中实现自身价值目标,控制协调能力不断提升,系统效率不断改进。

二、商业模式和企业战略的关系

(一)商业模式和企业战略的区别

按照 Hill(2007)等人的观点,所谓"企业战略"是经理所采取的旨在达成一项或多项组织目标的行动,其目标就是实现优于竞争对手的绩效和竞争优势,它具有过程本质,包括战略制订和战略实施两大阶段。可见,企业战略的本质特性是时序化、纵向的行动和过程。商业模式作为企业价值创造方式,具有一定的结构,其组成要素有机联系在一起,共同作用,形成一个良性循环,其本质特性是空间化、横向的方式和状态。企业战略是面向未来的、动态的、连续的从决策到实现的过程,商业模式是面向现实的、(相对)静态的、(相对)离散的价值创造方式;企业战略关注外部环境和竞争优势,商业模式关注内部结构和价值实现。它们两者都具有全局性,都面向整个企业;都具有系统性,前者包含目标体系和行动体系,后者包括结构体系和价值体系。

一般来说,在某个时段,企业只有一个商业模式,但可能同时存在多个战略。商业模式作为企业价值创造的基础地位总是存在的,不管它是否被企业有意设计,而企业战略并不永远存在。捕捉商业机会的(初创)企业未必有战略,却一定要有商业模式;企业遇到重大情况需要采取行动时,则必定需要战略。从这个意义上讲,商业模式的重要性位居首位,而企业战略则位居第二。在商业模式趋同的情况,(战略)核心能力决定企业成败;在环境相同、资源相近的情况下,竞争胜负取决于商业模式。

(二)商业模式与企业战略的关联

商业模式与企业战略的主要关联点在于:它们一定会共享某些要素,如波特(1996)的客户需求、产品或服务种类、接触途径3种战略定位。之所以如此,是因为从战略制订到战略实施必然要经历商业模式这个环节,商业模式是战略制订的结果,又是战略实施的依据(Hill,2007)。因此,两者之间存在一种客观的水平垂直式交融关系。商业模式与企业战略之间的交融关系决定了企业在制订战略的时候必须要考虑商业模式的配套,在战略实施的时候需要依据商业模式作为蓝图,在设计商业模式时候必须考虑企业战略的目标和意图。如果将商业模式视为在技术(资源)开发和经济价值创造之间起到媒介作用的关键装置(Chesbrough等,2002),那么企业战略则扮演着这个关键装置的调节器角色;如果将它视作一架由不同部件组合而成、具有特定运行逻辑的机器,那么企业战略相当于它的操作员(Masanell等,2009)。至此,我们不仅可以揭示商业模式与企业战略之间的关系,而且可以理解解释不同研究者对它们之间关系认知上差异的原因。

三、商业模式因果关系链条的分解

(一)商业模式涉及的基本问题

商业模式回答的基本问题实际上也是创业者需要厘清的基本问题,主要包括:

1. 建立什么样的产品价值链,可以成功实现产品的商业化?
2. 在这一价值链中,新企业将扮演什么角色?
3. 还有哪些合作伙伴需要加入?他们将分别扮演什么角色?其获利点在哪儿?

4.谁将向谁付费？为什么？或者说,在即将建立的价值链中,顾客是谁？是否有足够多的顾客愿意加入？

如果把通过可行性分析确定的创新产品或服务看成一种技术投入,那么商业模式是使其进行价值创造的转化器,把技术投入和社会产出连接起来。

（二）商业模式的基本构成要素

商业模式是一种简化的商业逻辑,需要用9种基本元素来描述这种逻辑。

价值主张（Value Proposition）：即公司通过其产品和服务能向消费者提供的价值。价值主张确认公司对消费者的实用意义。

消费者目标群体（Target Customer Segments）：即公司所瞄准的消费者群体。这些群体具有某些共性,从而使公司能够（针对这些共性）创造价值。定义消费者群体的过程也被称为"市场划分"（market segmentation）。

分销渠道（Distribution Channels）：即公司用来接触消费者的各种途径。这里阐述了公司如何开拓市场。它涉及公司的市场和分销策略。

客户关系（Customer Relationships）：即公司同其消费者群体之间所建立的联系。通常所说的客户关系管理（Customer Relationship Management）即与此相关。

价值配置（Value Configurations）：即资源和活动的配置。

核心能力（Core Capabilities）：即公司执行其商业模式所需的能力和资格。

合作伙伴网络（Partner Network）：即公司同其他公司之间为有效地提供价值并实现其商业化而形成合作关系网络。这也描述了公司的商业联盟（Business Alliances）范围。

成本结构（Cost Structure）：即对所使用的工具和方法的货币描述。

收入模型（Revenue Model）：即公司通过各种收入流（Revenue Flow）来创造财富的途径。

以上9种基本要素可以归纳为5个层面,图3-1展示了它们之间的因果关系。

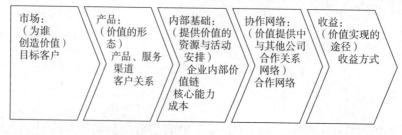

图 3-1　商业模式的基本构成要素图

(三)商业模式的系统描述

商业模式的特点与其价值链中定位密切相关。企业的价值创造活动,总是在一定的价值链或价值网络中进行。分析描述企业商业模式,需要了解分析其在价值链或价值网络中的定位。处于不同价值链的环节,将决定企业商业模式的要素特点,对企业商业模式有不同的要求。在一些条件下,企业所处的价值链或价值网络是相对简单的。但在另外许多条件下,特别在如今网络化生产组织方式成为一种趋势的情况下,则要复杂得多。

如何描述商业模式呢?商业模式是一个系统,由不同组成部分、各部分间连接关系及其系统的"动力机制"3方面所组成(Afuah等,2005)。商业模式9个要素以更为具体的形态表现出来并相互作用构成有机的整体,就形成企业商业模式的具体形态。而各要素发挥作用,要在一定的动力运行机制下进行,这种机制也是商业模式的一个重要方面,可以体现为竞争战略及相关制度,比如如何激励员工的制度等。

上面讨论的是某一时点上的商业模式,或者说是静态的描述考察。但商业模式各构成要素及其关系和动力机制实际上不是一成不变,而是动态演化。执行与实施,也是商业模式动力机制的重要部分。商业模式总是要实施才能实现其价值。一个好的商业模式,可能会因为执行不当而不成功。一个不太好的商业模式,也可能因为有力的管理与实施技能,而取得成功(Osterwalder等,2005)。因此,商业模式描述也要包括一定的实践与实施方面因素。总之,从构成要素及具体表现、相互连接关系、"动力机制"3方面去描述商业模式时,还要放在价值链或价值网络中、一定的时间跨度内,包含动态实施方面的内容。这样,会更有助于把商业模式描述清楚。

四、商业模式的设计思路和方法

(一)商业模式的设计思路

1. 商业模式塑造:把握全新市场机会

世界经济与技术的不断向前发展,不但会产生新的产品,也会诞生新的行业,尤其是伴随着互联网的出现,信息网络和传统需求相结合,将衍生出许多全新的行业或市场机会,这也是我们发现商业模式更多地被互联网企业所使用的重要原因之一。当我们面对这样的一种史无前例的市场机会潮时,由于没有成熟的商业模式可以模仿或借鉴,所以需要我们创造崭新的商业模式来满足这些市场新机会。此时,商业模式设计的出发点是为了把握全新的市场机会,使企业能够有效地捕捉这些市场新机会,这也是商业模式不断发展的最大动力。

在个人电脑之前,软件产品最初只是运用于商业领域,软件只是同相应的硬件平台紧密绑定的。比如IBM的软件只运行于IBM的机器,他们主要服务于商用客户,软件业尚未形成一个单独的产业。伴随着20多年前第一台IBM个人电脑的出现,这不仅仅是一个新产品的推出,而是一个新产业的开端,是信息革命开始的标志。微软敏锐地发现软件开发成本由于分摊于庞大的个人用户基础,因此降低了软件价格,使软件能够直接面向了广大个人消费者,软件可以不再成为硬件的附属品。为了把握信息革命开始后的第一个市场机会,决定将软件从硬件体系中剥离出来,并为软件业务发展单独设置商业模式,让软件运行于各个不同品牌的个人电脑,而再通过销售外包、专注技术等方式带来了巨大的市场,使微软成功开拓了软件行业。

从微软的软件商业模式的案例中我们不难发现,微软发现了软件行业及个人软件产品的新市场机会,在个人电脑领域成功地将软件与硬件分离,并针对性地设计了全新的商业模式,虽然遭到了一些硬件厂家的抵制,但是由于微软用高品质的软件产品和消费者能够接受的价格,满足了个人电脑使用者的需求,并为消费者提供了更高的价值,最终使微软公司获得了成功。

2. 商业模式再造:突出产业价值链整合

商业竞争已然进入到商业模式的竞争阶段,企业均非常重视商业模式的打造,行业内优秀企业所制订的商业模式理所当然地存在被竞争对手学习或复制的可能性,同时市场竞争和消费者需求变化也导致商业模式不可能永远保持高匹配度。如果行业内优秀企业想保持领先优势,避免与其他竞争对手提供相同的产品或服务,就需要阶段性地对现有商业模式进行再造,使自己的商业模式不断处于领先状态,为消费者提供更高价值的产品或服务,从而在战略高度上保持模式领先和构筑竞争壁垒。这种商业模式的再造将是基于产业链的重新整合式的再造,是从产业链的角度去整合各项要素或资源,仅对产品或企业内部职能的调整均不能满足企业重获行业整体竞争优势的需要。对企业而言,产业价值链的整合调整,将为企业带来更多的行业机会。

IBM是企业管理方面的泰斗,现阶段不仅仅出售产品或服务,还开始对其百年生存的技巧和方法进行输出,帮助各国企业建立国际化公司的内部管理体系。纵观IBM的发展史,我们发现:IBM有两次较大的商业模式变更。第一次是在IBM研发出个人电脑之后,为了继续获得个人电脑的先发优势,保持产品技术领先和高利润,IBM第一个实施纵向一体化为主的商业模式,开始整合上下游产业链,使IBM获得了成本优势和核心技术,继续保持了多年的领先优势。第二次是当IBM获得产业链整合和管理的能力之后,其主要竞争对手通过复制和学习,也同样具备了这些能力,而由于技术的通用化和零部件生产的规模化优势的到来,纵向一体化优势日益微弱,提供给消费者PC产品的差异化却越来越小,商业模式在竞争对手的复制下已经不再适应行业竞争的需要,到了必须要进行整改的时候。由于单独的对个人电脑产业价值链进行整合的办法之前已经被IBM使用过,戴尔和苹果等主要竞争对手也只能采用企业内部价值链整合的模式进行,即通过直销和体验模式不断赶超IBM,并取得了较好的成绩。此时,IBM由于不能找到更佳的商业模式,毅然出售PC业务给联想。而IBM的商业模式随即出炉,其宣称在软件、硬件和服务领域为客户提供整体解决方案,这就意味着IBM的商业模式将是整合软、硬件和服务3大业务,充分发挥IBM在3大业务的综合优势,并使3大业务的产业价值链互相整合、互相支持,形成一个相关业务相互融合的全新商业模式。至今已经取得卓越的成就。

3. 商业模式调整:突出企业价值链的整合

企业面对竞争时,商业模式再造虽然能够从战略高度使企业保持全面领先,但是并不是所有企业都具备整合创新产业价值链的能力,而一些非领导者企业有时在竞争时,他们的定位并不是为了满足大多数消费者的需求,而仅仅是为了迎合某类细分市场的消费者需求,并尽可能为其提供更大价值。针对此类企业的商业模式设计,更多的是对行业原有的商业模式进行优化调整,这种调整只是针对企业内部现有价值链进行调整,突出为某类消费者提供更有价值的产品或服务,这也将为企业创造更多的新产品和新机会,通过这些局部调整和有针对性的设计,即可为此类企业打造出新的商业模式,进而使此类企业与其他竞争对手形成差异化竞争优势。

戴尔在电脑行业商业模式进入无差异化的时候,创造了直销模式,戴尔模式的核心是变"先造后卖"为"先卖后造",其本质是基于企业内部价值链中营销渠道的调整。戴尔通过营销渠道的调整将层层代理制改为直销制,在内部则优化了供应链和物流管理模式,并精简生产、销售、物流过程使产品价格更有竞争力,通过客户自行选定电脑配置,以满足客户的个性化需求,为客户提供高价值的服务和更低价格的产品。中国秀客网通过网络这个交流平台,使全国的消费者可以把自己设计的作品(包括摄像、绘画或者涂鸦等)提交给网站,比如情侣照片,并同时提交定金,印染厂再把这些作品印染到消费者指定的商品上,比如印到情侣装上。其实该企业的商业模式只是将传统模式中企业内部价值链中的设计、制造、销售、回笼资金流程稍微调整了一下,将设计外包给消费者,形成了消费者设计,企业收定金、制造、100%定向售出并回笼的新商业模式。

(二)商业模式的设计方法

商业模式的设计方法有很多,在这里主要介绍以下5种:

1. 结合自己的产品和服务,将本行业和相关行业成功的商业模式予以整合。例如:共合网——传媒业的阿里巴巴。其创始人决定退出自己的广告资源平台,在经过细心挑选之后,选定分众传媒和阿里巴巴为自己的模仿对象,推出自己"江南春+马云"的商业模式,依靠这个模式,加之员工的悉心经营,共合网已经成为广告业的一颗新星。

2.将传统商业模式与新型商业模式相结合。例如：北京红孩子有限公司。其创始人巧妙地结合目录销售、电话销售、网络销售3种传统的销售方式，灵活创新，提出以目录销售为主、网络销售为辅，在网上建立最大的"妈妈论坛"的商业模式。

3.打破行业界限，将其他行业的商业模式经过改进运作到本行业之中。例如：上海PPG服饰有限公司。PPG将戴尔公司的直销模式引入服装销售领域，从营业开始几乎每个月销售量增长都超过30%，销售量直逼行业巨头雅戈尔。在2007年9月举行的"商业论坛最佳商业模式中国峰会"上，PPG服饰有限公司获得年度最佳商业模式第3名。

4.寻找新的利润源泉。例如：巨人网络公司。巨人网络退出《征途》游戏，在众多收费网游的竞争下，寻找到了新的利润源泉，依靠销售虚拟物品，把免费的游戏做成最赚钱的游戏。

5.选择提供能够满足顾客心理需求的产品和服务。从顾客的心理感受和心理需求入手，是商业模式设计的一条有效路径。

五、商业模式创新的逻辑与方法

互联网的新型企业的出现，对许多传统企业产生了深远冲击与影响。如亚马逊（Amazon）仅用短短几年就发展为世界上最大的图书零售商，给传统书店带来严峻挑战，新型商业模式显示出强大的生命力与竞争力。1998年后，美国政府也因此对一些商业模式创新授予专利，给予积极的鼓励与保护。无论对准备创业的，还是在已有企业的人，这些都激励他们在这个经济变革时期，从根本上重新思考企业赚钱的方式，思考自己企业的商业模式，商业模式创新开始受到重视。

商业模式创新的描述应包括3部分内容。一是要说明新的商业模式或者说是创新后的商业模式什么样。二是要说明新的商业模式相对于原有的模式，或者其他厂商的商业模式有什么区别，创新之处究竟在哪里。三是要说明，商业模式创新是如何发生的，过程是怎么样的。

（一）商业模式创新的本质

相对于传统的创新类型，商业模式创新有以下3个明显的本质特征：

1.提供全新的产品或服务、开创新的产业领域，或以前所未有的方式提供已有的产品或服务。商业模式创新更注重从客户的角度，从根本上思考设计企业的行为，视角更为外向和开放，更多注重和涉及企业经济方面的因素。商业模式创新的出发点，是如何从根本上为客户创造增加的价值。因此，它逻辑思考的起点是客户的需求，根据客户需求考虑如何有效满足它，这点明显不同于许多技术创新。一种技术可能有多种用途,技术创新的视角,常是从技术特性与功能出发,看它能用来干什么,去找它潜在的市场用途。商业模式创新即使涉及技术,也多是和技术的经济方面因素,与技术所蕴涵的经济价值及经济可行性有关,而不是纯粹的技术特性。

2. 商业模式创新表现得更为系统和根本,它不是单一因素的变化。商业模式创新至少有 4 个要素明显不同于其他企业,而非少量的差异。它常常涉及商业模式多个要素同时发生较大变化,需要企业组织进行较大战略调整,是一种集成创新。商业模式创新往往伴随产品、工艺或者组织的创新,反之,则未必足以构成商业模式创新。如开发出新产品或者新的生产工艺,就是通常认为的技术创新。技术创新,通常是对有形实物产品的生产来说的。但如今是服务为主导的时代,如美国 2006 年服务业比重高达 68.1%,对传统制造企业来说,服务也远比以前重要。因此,商业模式创新也常体现为服务创新,表现为服务内容及方式,及组织形态等多方面的创新变化。

3. 商业模式创新企业有良好的业绩表现,体现在成本、赢利能力、独特竞争优势等方面。从绩效表现看,商业模式创新如果提供全新的产品或服务,那么它可能开创一个全新的可赢利产业领域;即便提供已有的产品或服务,也能给企业带来更持久的赢利能力与更大的竞争优势。传统的创新形态,能带来企业局部内部效率的提高、成本降低,而且它容易被其他企业在较短期时期模仿。商业模式创新,虽然也表现为企业效率提高、成本降低,由于它更为系统和根本,涉及多个要素的同时变化,因此,它也更难以被竞争者模仿,常给企业带来战略性的竞争优势,而且优势常可以持续数年。

(二) 商业模式创新的方法

按照 IBM 商业研究所和哈佛商学院克利斯坦森教授(Christensen)的观点,商业模式就是一个企业的基本经营方法。它包含 4 部分:用户价值定义(customer value proposition)、利润公式(profit formula)、产业定位(value chain location)、核心资源和流程(key resources & processes)。用户价值定义是为目标用户群提供的价值,其具体表现是给用户提供的产品、服务及销售渠道等价值要素的某种组合。利润方程包括收入来源、成本结构、利润额度等。产业定位是企业在产业链中的位置和充当的角色。关键流程包括企业的生产和管理流程,而关键资源则是企业所需的各类有形和无形的资源。

基于对上述企业基本经营方法的变革,商业模式有 4 种创新方法:改变收入模式、改变企业模式、改变产业模式和改变技术模式。

1. 改变收入模式

改变收入模式就是改变一个企业的用户价值定义和相应的利润方程或收入模型。这就需要企业从确定用户的新需求入手。这并非是市场营销范畴中的寻找用户新需求,而是从更宏观的层面重新定义用户需求,即去深刻理解用户购买你的产品需要完成的任务或要实现的目标是什么。其实,用户要完成一项任务需要的不仅是产品,还需要解决方案。一旦确认了此解决方案,也就确定了新的用户价值定义,并可依次进行商业模式创新。

  国际知名电钻企业喜利得公司(Hilti)就从此角度找到用户新需求,并重新确认用户价值定义。喜利得一直以向建筑行业提供各类高端工业电钻著称,但近年来,全球激烈竞争使电钻成为低利标准产品。于是,喜利得通过专注于用户所需要完成的工作,意识到他们真正需要的是在正确的时间和地点获得最适用的电钻。然而,用户缺乏对大量复杂电钻的综合管理能力,经常造成工期延误。因此,喜利得随即改动它的用户价值定义,不仅出售而且出租电钻,并向用户提供电钻的库存、维修和保养等综合管理服务。为提供此用户价值定义,喜利得公司变革其商业模式,从硬件制造商变为服务提供商,并把制造向第三方转移,同时改变盈利模式。戴尔、沃尔玛、道康宁(Dow Corning)、Zara等都是按照这样的方式进行商业模式创新的。

2. 改变企业模式

  改变企业模式就是改变一个企业在产业链的位置和充当的角色,也就是说,改变其价值定义中"造"和"买"的搭配,一部分由自身创造,其他由合作者提供。一般而言,企业的这种变化是通过垂直整合策略或出售及外包来实现的。如谷歌在意识到大众对信息的获得已从桌面平台向移动平台转移,自身仅作为桌面平台搜索引擎会逐渐丧失竞争力时,就实施垂直整合,大手笔收购摩托罗拉手机和安卓移动平台操作系统,进入移动平台领域,从而改变了自己在产业链中的位置及商业模式,由软变硬。IBM也是如此。它在20世纪90年代初期意识到个人电脑产业无利可图,即出售此业务,并进入IT服务和咨询业,同时扩展它的软件部门,一举改变了它在产业链中的位置和它原有的商业模式,由硬变软。甲骨文(Oracle)、礼来(Eli Lilly)、香港利丰和即将推出智能手机的Facebook等,也是采取这种思路进行商业模式创新。

3. 改变产业模式

  改变产业模式是最激进的一种商业模式创新,它要求一个企业重新定义本产业,进入或创造一个新产业。如IBM通过推动智能星球计划(Smart Planet Initiative)和云计算。它重新整合资源,进入新领域并创造新产业,如商业运营外包服务(business process outsourcing)和综合商业变革服务(business transformation services)等,力求成为企业总体商务运作的大管家。亚马逊也是如此,它正在进行的商业模式创新向产业链后方延伸,为各类商业用户提供如物流和信息技术管理的商务运作支持服务(Business Infrastructure Services),并开放自身的20个全球货物配发中心,大力进入云计算领域,成为提供相关平台、软件和服务的领袖。其他如高盛(Goldman Sachs)、富士(Fuji)等也都在进行此类商业模式创新。

4. 改变技术模式

正如产品创新往往是商业模式创新的最主要驱动力，技术变革也是如此。企业可以通过引进激进型技术来主导自身的商业模式创新，如当年众多企业利用互联网进行商业模式创新。当今，最具潜力的技术是云计算，它能提供诸多崭新的用户价值，从而提供企业进行商业模式创新的契机。另一项重大的技术革新是 3-D 打印技术。如果一旦成熟并能商业化，它将帮助诸多企业进行深度商业模式创新。如汽车企业可用此技术替代传统生产线来打印零件，甚至可采用戴尔的直销模式，让用户在网上订货，并在靠近用户的场所将所需汽车打印出来！

当然，无论采取何种方式，商业模式创新都需要企业对自身的经营方式、用户需求、产业特征及宏观技术环境具有深刻的理解和洞察力，这是成功进行商业模式创新的充分条件。

本章小结

一个很好的创意未必就是一个很好的市场机会，尽管大多数情况下，市场机会源于创意，但并不是所有的创意都会成为市场机会。一个市场机会必然是一个实实在在的，能够用来作为企业发展基础的。这就是创意和市场机会之间最重要的差别。

一般来讲，适合于创业的商业机会至少有 3 个特点：一是特定的盈利空间可能有一定的成长性，也可能没有成长性，创业者今天去创业，过不了多长时间就得关门。二是利用这样的商业机会去创业，起步阶段一般只需要较少的资源。三是利用这样的机会去创业，起步阶段一般对组织模式没有绝对需求，即在组织模式设计上，创业者可以最大程度地发挥想象力和创造力。

创业机会的识别、评价和利用是创业者个人的个性、能力、资源等情况与创业机会本身相互作用的过程。

创业的系统风险是指由于创业外部环境的不确定性引发的风险，是创业者和企业无法控制或无力排除的风险，因而又可称为"客观风险"，比如：政治风险、法律风险、宏观经济风险、社会风险等，对于这类风险，创业者只能在创业过程中设法规避。

本章习题

1. 谈谈创业机会与商业机会的区别。
2. 创业机会一般来源于哪些方面？
3. 谈谈创业机会评价的特殊性。
4. 谈谈机会风险的构成与分类。
5. 创业初期如何选择适合自己的行业或项目？

6. 如何规避和防范创业非系统性风险?
7. 如何估计自己的创业风险承担能力?
8. 商业模式的定义?
9. 谈谈商业模式和商业战略的关系?
10. 设计商业模式的思路和方法是什么?

案例研讨

卖猪肉的北大高材生

陈生毕业于北京大学,10多年前放弃了自己在政府中让人羡慕的公务员职务毅然下海,倒腾过白酒和房地产,打造了"天地壹号"苹果醋,在悄悄进入养猪行业后,在不到2年的时间在广州开设了近100家猪肉连锁店,营业额达到2个亿,被人称为广州千万富翁级的"猪肉大王"。

据不完全统计数字显示,目前我国大学生创业成功率只有2%～3%,有97%～98%的大学生创业失败。专业人士分析,缺乏相关的创业教育和实战经验、缺乏"第一桶金"等都是其中的重要原因之一。然而,对于成功创业的大学生来说,极为重要的实战经验及"第一桶金"都是"天上掉下来的"吗?为什么陈生在不到2年的时间里进入养猪行业,就能在广州开设近100家猪肉连锁店,营业额达到2个亿?这个问题,的确值得好好思考。

实际上,之所以能在养猪行业里很短时间就能取得骄人成绩,成为拥有数千名员工的集团的董事长,还在于陈生此前就经历的几次创业的"实战经验":陈生卖过菜、卖过白酒、卖过房子、卖过饮料。这使得陈生有着这样的独到的见解:很多事情不是具备条件、做好了调查才去做就能做好,而是在条件不充分的时候就要开始做,这样才能抓住机会。

然而,"条件不充分"时到底怎么才能"抓住机会"呢?我们来看一下陈生的做法:他卖白酒时,根本没有能力投资数千万建立厂房,可是他直接从农户那里收购散装米酒,不需要在固定设施上投入一分钱便可以通过广大的农民帮他生产,产能却可以达到投资5000万的工厂的数倍。此后,他才利用积累起来的资金开始租用厂房和设施,打造自己的品牌。迅速地进入和占领市场,让他在白酒市场上打了个漂亮仗。而当许多人"跟风"学习一位到南方视察的国家领导人用陈醋兑雪碧当饮料的饮食方法时,善于"抓住机会"的陈生想到了如何将这种饮料生产出来。经过多次尝试,著名的"天地壹号"苹果醋就此诞生。

当然,资金积累到一定程度时,陈生成功的秘诀更让人难忘:在经济飞速发展的年代,无数企业"抓破脑袋"寻求发展良机,在这样的情况下,只有技高一筹者才能够取得成功。而一些企业运用精细化营销,就是一种技高一筹的做法。于是,从传统的中国猪肉行业里,陈生分析到了其中的巨大商机,因为中国每年的猪肉消费约500亿公斤,按每公斤20元算,年销售额就高达上万亿。而与其他行业相比,猪肉这个行业一直没有得到很好的整合,基本上没有形成像样的产业化,竞争不强,档次不高,机会很多。更重要的是,进入这一行业的陈生,机智地率先推出了绿色环保猪肉"壹号土猪",开始经营自己的品牌猪肉。

虽然走的还是"公司+农户合作"的路子,但针对学生、部队等不同人群,却能够选择不同的农户,提出不同的饲养要求,比如,为部队订制的猪可肥一点,学生吃的可瘦一点,为精英人士订制的肉猪,据传每天吃中草药甚至冬虫夏草,使公司的生猪产品质量与普通猪肉"和而不同"。在这样的"精细化营销"战略下,陈生终于在很短的时间内创立了"壹号土猪"品牌,成为广州知名的"猪肉大王"。

思考:陈生为什么选择开设猪肉连锁店且取得成功?

(资料来源:百度文库:http://wenku.baidu.com/view/02e3ca0d76c66137ee061917.html)

研讨:

1. 请谈谈陈生是如何捕捉到这样的创业机会的?
2. 谈谈陈生创业的商业模式?
3. 谈谈陈生创业风险防范的可能途径。

第四章

创业资源

◆ 学习目标

- ◆ 了解创业资源的内涵、种类以及与一般商业资源的异同
- ◆ 理解社会资本、资金、技术及专业人才在创业中的作用
- ◆ 知晓创业资源获取的途径与技能
- ◆ 熟悉创业融资的渠道以及选择策略
- ◆ 能够掌握创业资源开发的推进方法

◆ 案例导引

江南春的创业故事

　　大学时代，江南春是华东师范大学颇有名气的"夏雨诗社"社长，还出过一本诗集《抒情时代》。江南春对当时生活状态的经典描述是："我会用整个下午留心前桌的女生，并郑重地为她写下评语，在傍晚，我通常都会鼓足勇气到学校舞厅涉足一场爱情或者被轻易地拒绝，无论怎样，待到月黑风高之时，我一定独自回到寝室，轻轻松松写起小诗。"

　　江南春的人生转折点出现在华东师范大学学生会主席的竞选中。在该校历史上，竞选学生会主席的一般都是大三学生，江南春则提前了一年。据说，江南春最终取得胜利主要得益于他的口才和事先充分的工作准备。后来出任分众传媒副总裁的师兄嵇海荣是当时在任的学生会主席，主持了整个竞选过程，他透露，在最后竞选的6个候选人中，第一个上台的江南春也是唯一一个脱稿演讲的，给其他人造成了很大压力。据说，江南春当时还找了很多院系的学生会主席，一顿十块、十几块钱地请吃饭，沟通想法兼拉票。

一圈下来,因为沟通成本,江南春一下子欠下了160元钱的债。

江南春上任不久,上海电影制片厂下属一家广告公司到学生会招聘兼职,每个月300元,为了还债,近水楼台的他便前往应聘。第一个客户是汇联商厦,给了1500元让他策划影视广告。江南春连夜写了脚本,随后客户痛快地投入了十几万拍广告。第一单的成功,让原本准备只干一个月的江南春打消了回校过惬意生活的念头,把学生会的工作放下,全身心干广告,沿着淮海路"扫"商厦。1993年,江南春所在的广告公司一年收入400万元,其中150万元由他贡献。

江南春很快决定自己创业。1994年,还在念大三的他与几个合作伙伴成立了永怡广告公司,自任总经理。大学还没毕业,江南春就已经成为学生中少见的百万富翁了。到1998年,永怡占据了95%以上的上海IT领域广告代理市场,营业额达到6000万元以上。到2003年成立分众传媒,则是江南春真正开创一个全新领域的开始。

江南春年龄:36岁。创业时间:1994年创立永怡传播。第一桶金:广告销售。

最终你相信什么就能成为什么。因为世界上最可怕的两个词,一个叫"执着",一个叫"认真"。认真的人改变自己,执着的人改变命运。

第一节 创业资源

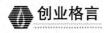

> 我认为世界上有4种壁垒,第一叫制度壁垒,比如中国移动,别人干不了,需要有牌照;第二是资金壁垒,动辄要几百亿美元,一般人干不了;第三是技术壁垒,有专利保护,别人也不能干;第四是稀缺性资源的占有,这就是我这个行业的壁垒,比如说整个写字楼我把它都占了,签了独家的协议,别人就很难干。
>
> ——江南春

《辞海》中关于"创业"一词的最基本理解是"开创基业"。随着社会进步和经济发展,我们迎接的将是一个崭新的创业时代,"创业"即将成为未来相当长时间内的一个熟悉词语。那么,到底什么是"创业"呢?越来越多的人认为"创业"是确认和追求商机,收集并整合各种可利用的资源。由此可见,创业资源的学习尤为重要,对于成功创业起到奠基作用。

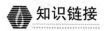

世界创业教育之父
——杰弗里·蒂蒙斯(Jeffry A. Timmons)

杰弗里·蒂蒙斯(Jeffry A. Timmons,1942—2008),世界创业教育之父,毕业于哈佛商学院,获得MBA(工商管理硕士)和DBA(工商管理博士)学位。20世纪60年代后期,蒂蒙斯教授开始在创业管理、企业创建、创业融资及风险投资等方面潜心研究,成为美国创业学教育和研究的领袖人物之一。1979年,百森学院开设创业专业,成立了创业教育中心;1983年,百森学院成立创业研究中心;20世纪90年代,蒂蒙斯教授获得"百森商学院创业学杰出教授"称号,自1999年之后,成为美国国家创业委员会特别顾问。

蒂蒙斯教授一生有代表性的研究成果包括《创业学》、《创业思维》、《新商机》、《十字路口的风险资本》、《MBA创业学手册》等著作以及大量的论文和案例研究报告。蒂蒙斯教授一生中大部分时间投入到创业活动中,曾经作为投资家、主管和顾问参与到多家著名公司中,其中包括波士顿通信集团、BCI顾问公司、互联网证券公司等。

蒂蒙斯教授的《创业学》自1977年首次出版以来,在近40年时间中一直是美国乃至全球创业教育的框架和标准,是创业管理领域首屈一指的权威品牌教材,已经成为哈佛商学院、斯坦福大学等千所高校和培训机构的创业学课程的核心教材。

(资料来源:百度百科)

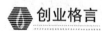

> 创业过程是商业机会、创业者和资源3个要素匹配和平衡的结果。
> ——杰弗里·蒂蒙斯

创业不仅是人们开创自己事业的基础力量,而且是现代经济发展和社会进步的前进动力。创业可以实现创业者的人生价值和社会价值,创业者必须掌握利用如何管理创业资源的基础知识。思路决定出路,创业要成功,必须充分挖掘和整合创业资源。我们认为,创业者在创业初期需要具备创业的3大要素——创业资源、创业能力和创业战略。那么什么是创业资源?创业资源有哪些类别?如何获取创业资源?怎样开发和利用创业资源?这些问题都是创业者必须要弄清楚的。

可以做个形象的比喻,创业是我们要做的一道菜,那么创业资源就是做这道菜需要的原料和手艺,拥有什么样的原料和手艺,才能做出什么样子和味道的菜。由此可见,创业离不开对创业资源的整合和利用。

一、创业资源的内涵与种类

(一)资源的内涵

"资源"(resources)的内涵有多种理解。有代表性的表述有以下3种:

《辞海》中关于"资源"的内涵表述是:"资财的来源,一般是指天然的财源。"

联合国环境规划署对"资源"的内涵表述是:"所谓资源,特别是自然资源,是在一定时期和地点条件下能够产生经济价值、以提高人类当前和将来福利的自然因素的总称。"

《经济学解说》(经济科学出版社,2000)中提出,"资源是生产过程中所使用的投入",反映出资源的经济学内涵,认为资源的本质是生产要素的代名词。

本书认为"资源"是指特定区域内拥有的各种物质要素的总和,具有稀缺性和效用性。换句话说,从创业学的角度分析,资源是企业作为经济实体,在向社会提供产品和服务的过程中,所拥有和能够支配的各种要素的总和。一般来说,可以从广义层面和狭义层面两个方面进行理解。

1. **广义层面的资源**(broad resources)

广义层面的资源主要包括自然资源和社会资源两方面。

(1)自然资源(natural resources)是指自然界中能够为人类所利用并且可以产生使用价值、提升人类生活水平的一切自然要素的总和,主要涉及气候资源、水资源、土地资源、森林资源、矿藏资源、海洋资源、石油资源、环境资源等方面。

(2)社会资源(social resources)主要涉及有形资源和无形资源两个方面。其中,有形资源包括人力资源、物力资源和财力资源3大要素;无形资源包括技术资源、组织资源和社会关系3大要素。

2. **狭义层面的资源**(special resources)

狭义层面的资源仅仅指自然资源,是自然界中能够为人类所利用并且可以产生使用价值、提升人类生活水平的一切自然要素的总和。

(二)创业资源的内涵

创业是经济持续繁荣的基础,是社会高速发展的支撑。在学习"创业基础"这门课程的时候,有必要弄清楚什么是创业资源?创业资源是新创立的企业创办和运营中必不可少的重要条件,是企业不可或缺的重要资源,没有创业资源就无法谈及创业基础和创业管理。创业者必须时刻掂量创业资源的重要性,把创业资源始终放在最重要的位置。

创业资源(Entrepreneurial resources)是新创立的企业组织在创造价值的过程中所需要的特定资产,包括新创立的企业中的所有有形资产和无形资产,例如创业资金、场地资源、创业人才、工作时间、信息资源、创业机会、创业技术和创业管理等等。简单地说,"创业资源"就是创业者需要具备的一些创业条件。

在创业过程中,新创企业离不开各种生产要素和支持条件,必须将这些要素和条件进行组合,才能生产出企业的产品或服务,最终才能创造出产品或服务的价值,这些生产要素和支持条件就是我们需要学习的创业资源。

(三)创业资源的种类

我们都听说过一句话:"巧妇难为无米之炊。"在创业过程中,如果缺乏足够的创业资源,即使面临着很好的创业机会,创业者也很难成功。创业界流行一句话:"没有资源,创业者只能望商机兴叹。"卓越的成功创业者需要了解创业资源的种类和知道创业资源的重要性,还需要不断积累创业资源,利用各种力量对创业资源进行组织、整合和运用。

对于新创企业来说,当前时代是个充满机遇也充满挑战的竞争时代。现在我们要想创建一个新企业比以前要容易得多;同时正因为这么多初创企业相互并存,新创企业要想生存下来比以前要困难得多。在这个竞争时代,创业公司对于创业资源的争夺也更加激烈,谁占有创业资源,谁就能在竞争中获胜。新创企业要想生存与发展,就必须体会"创业资源为我所用"的哲理。在我们的周围,新创企业正如雨后春笋般成长起来,随之出现的就是新创企业之间的竞争愈演愈烈,创业者开始发现:寻找、开拓、挖掘和整合创业资源愈发艰难。

1. 人力资源(human resources)

(1)人力资源的内涵。现代社会普遍达成一种共识:"人力资源已经成为企业的第一资源。"人力资源是创业中的一种资源,而且是所有创业资源中最为重要和最为关键的一种资源。创业者及其创业团队的知识、技能、经验、洞察力、社会关系等都将影响整个创业过程。人力资源属于资源的范畴,是资源在组织中的一种具体表现形式。一般认为,智力正常的人员都是人力资源。管理学大师德鲁克在1954年出版的

《管理实践》著作中指出,人力资源是一种特殊的资源,它必须通过有效的激励机制才能开发利用,并为企业带来可观的经济价值。

我们认为,人力资源(Human Resource)是能够推动社会进步和经济发展的、能够为社会创造物质财富和精神财富的体力劳动者和脑力劳动者的总称,它不仅要求劳动者具有劳动能力,还需要具有在劳动中推动社会进步和经济发展的双重作用,势必成为经济发展的主导力量和财富形成的关键要素。

创业奇才

马云的成长经历与创业历程

马云,浙江杭州人,阿里巴巴集团主要创始人之一。他是《福布斯》杂志创办 50 多年来成为封面人物的首位内地企业家,曾获选为未来全球领袖。另外,马云还担任中国雅虎董事局主席、杭州师范大学阿里巴巴商学院院长、华谊兄弟传媒集团董事等职务。2012 年 11 月,阿里巴巴在网上的交易额突破 1 万亿大关,马云由此被冠以"万亿侯"的称号。2013 年 5 月 10 日,马云正式卸任阿里巴巴 CEO。2013 年 5 月 28 日,马云联合阿里巴巴集团、银泰集团、复星集团、富春集团、顺丰集团、中通、圆通、申通、韵达等多家民营快递企业,组建物流网络平台"菜鸟网络科技有限公司"。

马云小时候爱打架,打架没有一次为自己,全是为了朋友。伤得最重的一次缝过 13 针,挨过处分,被迫转学杭州八中。由于家庭出身不好,家庭压力大,父亲脾气火爆。马云在父亲拳脚下长大,在家待不住却特别爱交朋友。小时候马云的一些功课就不好,只有英语特别好,原因是受到老师的启蒙,之后马云逢外国人就和人家说话。从小到大,马云不仅没有上过一流的大学,而且连小学、中学都是三四流的,初中考高中考了两次。高考失败,弱小的马云做起踩三轮车的工作。

马云是当代创业者心中的偶像,是我国一位创业奇才。创业初很多人都会抱怨没有钱,没有经验。马云有过 3 次创业经历,创业开始时没什么钱,但最终他的成功我们有目共睹。

第一次创业:办杭州首家翻译社。马云之所以要办翻译社,主要是基于 3 个方面的考虑:1.当时杭州很多的外贸公司,需要大量专职或兼职的外语翻译人才;2.他自己这方面的订单太多,实在忙不过来;3.当时杭州还没有一家专业的翻译机构。很多人总是有想法却很少会有行动,但是马云一有想法马上就会行动。当时是 1992 年,28 岁的马云是杭州电子工业学院的教师,每个月的工资还不到 100 元。但没钱不是问题,他找了几个合作伙伴一起创业,风风火火地把杭州第一家专业的翻译机构成立起来了。

第二次创业：靠卖杂货维持生存。创业开始，也是举步维艰。第一个月，翻译社的全部收入才700元，而房租就要2400元。好心的朋友劝马云别瞎折腾了，合作伙伴的信心也动摇了，但马云却没有想过放弃。为了维持生存，马云开始贩卖内衣、礼品等小商品，自己四处跑推销，吃了很多苦头。整整3年，翻译社就靠着马云推销这些杂货来维持生存。1995年，翻译社开始实现赢利。现在，海博翻译社已经成为杭州最大的专业翻译机构。

第三次创业：办中国第一家网站。1995年初，马云参观了美国西雅图一个朋友的网络公司，亲眼见识了互联网的神奇，于是决定回国做互联网。这次创业，马云掏空了口袋也只有6000元。于是，他变卖海博翻译社的办公用品，跟亲戚朋友四处借钱，好歹凑够了8万元。再加上两个朋友的投资，一共才10万元。"中国黄页"创办初期，由于开支大，业务又少，最凄惨的时候，公司银行账户上只有200元现金。但是马云以他不屈不挠的精神，克服了种种困难，把营业额从0做到了几百万元。1999年，阿里巴巴创业初只有50万元，还是18个人东拼西凑起来的。然而，拿着这50万元，马云却喊出了这样的豪言："我们要建成世界上最大的电子商务公司，要进入全球网站排名前10位！"当年，国外一些公司疯狂给中国网络公司砸钱，网络公司也疯狂地烧钱。50万元，只不过是大型门户网站一笔小小的广告费而已。阿里巴巴创业开始时相当艰难，每个人工资只有500元。公司的开支也精打细算，一分钱恨不得掰成两半来用。员工外出办事，发扬"出门基本靠走"的精神，很少打车。据说有一次，大伙出去买东西，东西很多，实在没办法了，只好打的。大家在马路上向的士招手，来了一辆桑塔纳，他们就摆手不上，一直等到来了一辆夏利才坐上去。原因嘛，因为夏利每公里的费用比桑塔纳便宜2元钱。8年后的2007年11月6日，阿里巴巴在香港联交所上市，市值200亿美元，成为中国市值最大的互联网公司。马云和他的创业团队，由此缔造了中国互联网史上最大的奇迹。

（资料来源：参考百度百科并加工整理）

（2）人力资源的获取。创业者马云说过："创业是要找最合适的人，不一定要找最成功的人。"创建企业初期，少数几个人员可以满足人才需求；当新创企业进入成长期，原有的人力资源已经不能满足企业壮大的需求，这个时候就需要添加多种人才资源。人力资源要求新创企业检查是否有专业性的人才来组建创业团队并且投入其中开展创业工作。

人力资源的获取是指新创企业为了发展的需要，根据企业人力资源规划和工作分析的要求,寻找、吸引那些既有能力又有兴趣到本企业任职,并从中挑选适合人员予以录用的过程。

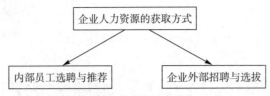

图4-1　企业人力资源的获取方式

知识经济时代,招聘人才是新创企业最主要的资源,能否招聘到合适的人才变得极其困难。松下幸之助说过:"企业即人。企业的兴衰,关键在人,企业能否发展,在很大程度上取决于是否具备一支高素质的员工队伍。"新创企业首先要获取合格的人力资源,才能在竞争中居于优势地位。新创企业的成功离不开优秀的创业团队、创业资金、市场机遇、创新管理。创建企业没有任何神奇的公式,它类似于把拼图玩具的每一块拼凑起来,团队是其中最重要的那块。

(3)创业团队的组建。似乎每个企业、每个员工心中都明白人力资源是最宝贵的创业资源,是员工养活了企业,而不是企业养活了员工,要善待员工,企业应该多多感谢员工。人才取之不尽、用之不竭。仔细想一想这个老生常谈的问题:谁和你一起创业?谁和你一起工作?创业团队的组成将成为开拓者最困惑的一件事情。创业者需要拥有一个核心的创业团队,善于把企业的人力资源优势互补,把团队中每个成员的作用都发挥得淋漓尽致。创业团队中的每一成员可能是执行董事、或者是你的合伙人、或者是重要的员工,他们都将发挥着个人的重要作用,有了核心团队的存在,能够发挥群体决策和集体智慧,创业者可以轻松面对经营管理中遇到的各种问题。

创业团队通常需要3类管理经验:顾客经验、产品经验和创业经验。假如你是一位创业者,你准备向一家酒店餐厅开展网络服务,那么你不仅需要拥有开展网络服务的相关经验,还要拥有经营酒店餐厅的相关经验。这些经验非常重要,你要了解你的顾客(目标消费者)、了解你的产品(满意的服务),这样才能在创业中获胜,也能不断积累你的创业经验。

2. 知识资源(knowledge resources)

(1)知识资源的内涵。依据牛津—韦氏大辞典的定义,知识是一种被知道的状态或事实,是被人类理解、发现和学习的总和,是从经验而来的加总。

管理学大师德鲁克指出:"知识的本质在于促使知识变得过时。"

知识资源是新创企业中宝贵的战略资源和竞争资源,是新创企业中无比重要的无形资产,能够为企业拥有并且反复利用的,建立在知识和信息技术基础上的,能给企业带来财富增长的一种资源。

(2)知识资源的范畴。创业者不能只陶醉于自己的创业理想中,还要丰富行业知识和相关的其他知识;不仅需要具备高智商,还要善于把握商机并且能够迅速决策。

①无形资产。新创企业的企业文化、品牌、商誉、专利、版权、商业秘密等都属于无形资产的范畴。

②智力资源。新创企业中可以在人力资源团队中利用的各种知识都将成为智力资源。

(3)知识资源的整合。知识资源的整合是新创企业新陈代谢的过程,通过知识的整合不断接受新知识,逐渐淘汰更新陈旧知识。

①创建知识资源库。新创企业内部知识达到一定数量后存储会变得越来越困难,最好的解决办法就是创建知识资源库,用于存储企业需要的各类知识。创建知识资源库的模式包括建立网站、文件管理系统、文件服务器、数据库服务器以及群件服务器等。

②构建知识地图。知识地图可以帮助新创企业员工找到知识的存储地点,是对知识资源管理的一种新型浏览方式,已经成为企业知识资源的导航系统。知识地图描绘出企业各类知识资源及其间的联络,帮助员工搜集、整理、组织、存储、转移、分散与共享知识。

3. 资金资源(capital resources)

(1)资金资源的作用。对于初创企业而言,资金永远是心中最大的"痛"。企业缺钱,渴求资金,可银行只会锦上添花,不会雪中送炭,资金资源要求新创企业考量是否具备足够的启动资金以及一定量的流动资金? 必须明白,企业需要资本。初创企业,特别是风险和潜在收益都很高的创新型企业,所需资本通常远远高于创始人自身拥有的资金,这意味着创业者必须寻求其他投资者帮助。企业在制订商业计划时对投资者的需求加以考虑,对于创业的成功起到重要作用。

(2)资金来源的方式。资金来源的方式包括自筹资金(包括自己的储蓄或者向亲属朋友借贷所得的资金)和社会筹资(通过提供高价值的固定抵押物、向银行等金融机构贷款,或者通过熟人或网络向非正式金融机构借贷)。

学者巴曙松讲述了一个金融学的"笑话"。说初创业者获得融资的渠道有几个F。一是家人(family),比如 Yahoo 或微软在车库创业时,没人相信他们会成功,只有家人一直坚信他们是天才;二是朋友(friend);三是傻瓜(fool),只有傻瓜才给一个除了想法其他一无所有的人投资。

现代社会创业正在成为一种潮流和时尚,大学生展示自己才华的最好证明就是成功创业,而创业不能缺资金,那么大学生创业资金从哪里获得?

①以家人朋友为中心的自筹资金。大学生没有经济来源,主要依靠家人朋友帮助支持,这种自筹资金的方式成为大学生创业筹资的主要渠道。

②申请小额创业贷款。大学生需要经常关注就业网的创业扶持信息,由于我国

现阶段大学生就业形势异常严峻,目前国家对于大学生创业出台很多小额贷款扶持政策,从而鼓励高校大学生自主创业。

③参加创业比赛。在以"公开公平公正"为基础的创业比赛中,大学生不仅能够收获创业知识,还能够获得创业大赛奖金。

(3)资金的风险控制。创业都有风险,创业说到底就是资金的运作与控制,因而对于创业资金的风险管理尤为必要。

①健全资金管理机制。新创企业内部设置资金管理的权利机构,例如项目投资管理委员会、资金预算管理委员会,这些权力机构必须严格资金的审批制度,做到资金的合理使用。

②强化资金计划约束。新创企业必须立足会计稳健原则,合理编制资金计划约束、建立资金的动态约束体系,强化资金的计划管理,使得资金的使用得到最优化。

③完善资金核算工作。新创企业资金核算工作中需要如实地反映企业财务状况和经营成果,在企业经营、理财、投资、信贷中选出最佳方案。

4. 信息资源(information resources)

(1)信息资源的内涵。信息资源是新创企业生产及管理过程中所涉及的所有文件、资料、图表和数据等信息的总称,主要包括新创企业生产和经营活动过程中所产生、获取、处理、存储、传输和使用的一切信息资源,贯穿于新创企业管理的全过程。

(2)信息资源的管理。信息资源是无限的、可获取的和可共享的,是新创企业组织中一种重要的战略资源。新创企业要在竞争市场中占据一席之地,离不开准确、真实和便捷的信息资源。

创业者在创业初探究创业商机时需要管理好企业的技术信息,避免陷入技术风险之中,从而阻碍新创企业的发展。新创企业的核心要求企业必须创新,包括观念创新、制度创新、技术创新、市场创新、产品创新以及管理创新,创新信息资源的管理已经成为创业的基础管理。尤其对于高科技新创企业来说,由于竞争十分剧烈,获取丰富、准确、及时的信息资源则显得非常重要。

5. 市场资源(market resources)

创业界成功人士杨致虎说过:"是谁成就谁没有什么意义。我们两个人都是创业者,所以我们做好自己能够做的事情是最重要的。我能够把雅虎做得好,那就是我的成功;他能够把软银做得好,那就是他的成功。"

与快速发展的初创企业的其他组成要素不同,市场不是发明出来的,市场是靠发现的。一件创新产品、一个业务团队——这些创新、团队和融资策略是我们设计的发明。市场则一直存在着,不管我们是否为其效力。

市场存在于买家与卖家的交汇处。传统上,市场是进行商品与服务买卖的交易所,但用今天的话来说,"市场"已从场所转到了人身上:即某一特定产品或服务的潜在购买者群体。

成功的新兴企业之所以脱颖而出,一个不变的因素就是它们都极为重视早期阶段的重要决策。如能正确设计市场路线,业务增长就会带动企业自身加速发展。如果根本不去设计市场路线,企业就会遭遇发展障碍。一个真正的创业者,必须充分挖掘市场资源,在客户市场中摸爬滚打才能在竞争风雨中锤炼长大。

6. **人脉资源**(interpersonal relationship resources)

"一个好汉三个帮,一个篱笆三个桩",讲的道理就是创业需要广阔的人脉资源,人脉资源是一种潜在的无形资产,是一家永不破产的增值银行。人脉资源的竞争日益激烈,一位创业者的成功,不在于你知道什么,而在于你认识谁。猪八戒威客网易客联盟专家强调:"人脉是一个营销人通往财富、成功的入门票!"美国钢铁大王及成功学大师卡耐基经过长期研究得出结论说:"专业知识在一个人成功中的作用只占15%,而其余的85%则取决于人际关系。"

创业团队离不开人脉资源和网络。有时,思维独立的创业家很难理解这些,认为我有资金、知识、技术,还怕做不了大事吗?然而这是事实:能够让人们正式或非正式地帮助你是能够帮助你的企业成功的因素之一。如果你在本行业拥有广泛的人脉可以启用(尤其是一些成功人士,你可以依赖他们获取诚实、坦率的建议、正确方向检测或者商业引导),那么你成功的概率就会更高。今天的创业者应该尽早规划自己的人脉网络,累积自己的人脉存折,这样才能管理好自己的人脉资源。

斯坦福研究中心曾在一份调查报告中指出:一个人赚的钱,12.5%来自于自身的知识,87.5%则是来自于人脉关系。创业企业拼的不单单是智力、体力、专业、勇气,更是人脉资源的拼搏。俞敏洪说过:"你要想知道你今天究竟值多少钱,你就找出你身边最要好的3个朋友,他们收入的平均值,就是你应该获得的收入。"

或许你会发现,伴随着城市化进程和全球化步伐的加速,我们今天生存的社会正在由熟悉人向陌生人转变,越来越多的经验告诫创业者必须高度重视人脉资源。正因为人脉资源的重要性,也因此催生了一些新的行业,例如各类 SNS(social networking service)网站,成功创业的典范——"若邻"、"联络家"等等。

二、创业资源与一般商业资源的异同

创业离不开创业资源,也离不开一般商业资源,两者之间紧密相连、密不可分,既有关系又有区别。

(一)创业资源与一般商业资源的关系

从现代管理学的角度来看,企业的经营与管理既离不开创业资源,也离不开一般商业资源,它们共同促进企业的发展,两者都包括人力资源、知识资源、资金资源、信息资源、市场资源以及人脉资源等方面。

(二)创业资源与一般商业资源的不同

1. 创业企业更加注重创业资源中的人力资源,孤家寡人是很难成就一番事业的。创业者必须具备爱惜人才的理念、重视人才的观念、宽容人才的肚量、举荐人才的美德、识别人才的慧眼、驾驭人才的能力和保护人才的魄力。

2. 创业资源是新创企业成立和运营的必要条件,主要表现为创业人才、创业资金、创业机会、创业技术和创业管理等方面,更加强调资源的创新性。而一般商业资源强调的是成长期企业经营和发展的必要条件,更加强调的是资源的稳定性和持续性。

3. 对于新创企业而言,创业资源比一般商业资源更为重要。创业资源是引导和配置一般商业资源的前提基础,是建立在一般商业资源诸要素基础上的新生产函数。

三、社会资本、资金、技术及专业人才在创业中的作用

创业者获取社会资本、资金、技术及专业人才等资源的最终目的是为了协调这些创业资源并且实现创业机会、提升创业绩效和赢得创业成功。

1. 从一个项目发起人,到拥有一个创业团队,再到掌管一家创业公司,均离不开社会资本、资金、技术及专业人才,他们是新创企业生存的基本条件,可以加速新创企业的成长与发展。

2. 社会资本、资金、技术及专业人才能够丰富创业资源,增加企业的抗风险能力,从而最后提高创业成功率和企业成活率。

3. 这些创业资源可以帮助创业者制订周密的创业计划,衡量企业创办的可能性及盈利能力,引导创业者合理使用创业资金,增强新创企业的融资能力,力求保证创业者和参与者能够创办一个具有生存能力的企业和经营一个可盈利的企业。

归纳这些创业资源,可以汇总创业资源与创业成功的相互关系,如下图4-2所示。

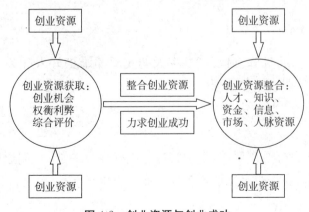

图 4-2 创业资源与创业成功

四、影响创业资源获取的因素

对于投身商海的人来说,创业是一个美好的梦想,梦想的实现离不开影响创业资源获取的因素,综上所述,影响创业资源获取的因素大多涉及人员、关系和风险 3 大方面。具体而言,影响创业资源获取的因素可以概括为:

(一)资源的多寡

包括人力资源和资金资源,创业者需要具备充分的经验、学历、流动资金、时间、精神和毅力。这些都影响到创业者对各种资源的获取能力。

(二)创意的新旧

创业就是做生意,生意概念不怕旧,最重要的是可行,有长久性、可以继续开发和不断扩展。有的创意绝妙,可能不需要多少资源,创业就能成功。

(三)基本技能是否具备

并非行业中的一般技能,而是常用的企业管理技能,创业者对基本技能的掌握程度,直接影响资源的获取。

(四)专业知识掌握的程度

创业者不能只陶醉于自己的理想,理想只是一种美丽的泡沫,成功的创业者,离不开专业知识的帮助。

(五)智商的高低

创业者不一定要有高智商,但要能够善于把握时机,做出英明的决定。

(六)人际关系网络的大小

创业者必须有人帮助和支持,不断扩大朋友圈和维护好人际关系会给创业之路减少很多障碍,也会获取更多的创业资源。

(七)目标是否确定

创业者的创业目标必须明确,创业管理才能确保有的放矢,创业成功的概率才可能大大提高。目标不明确,对创业资源的获取动力也不足。

资源的差异

美国哥伦比亚大学教授 Danny Miller 和纽约大学教授 Jamal Shamsie 曾对 7 家好莱坞制片公司 1936～1965 年 30 年间的经营情况进行研究，目的是考察在可预测的和不确定的时期，财产性资源和知识性资源（如技术能力、创新能力和合作能力等）的作用差异，尝试为资源是否、什么时候、如何影响财务绩效，这些资源在哪些情境中会对组织有价值等问题寻找答案。结果发现，总体来说，难以购买或模仿的财产性资源和知识性资源都有助于企业经营绩效（包括销售收益率、营业利润和市场份额等）的改善，但环境对于这些关系的呈现是非常重要的：稳定的和可预期的时期有利于那些拥有财产性资源的企业，但不利于那些拥有知识性资源的企业。而在不确定的时期，情况正好相反。

（资料来源：张玉利：《创业管理》，北京：机械工业出版社，2013 年。）

五、创业资源获取的途径和技能

大部分人在创业初期，都面临着创业资源匮乏的挑战，资源不足，往往导致创业成功的概率大大降低。为此，创业者需要具备一定的创业资源，那么这些创业资源如何获取，同样成为创业者的创业困惑。

（一）创业者获取创业资源的途径

1. 依靠自有资源

刚刚开始创业的时候，创业者总是感觉未来一片迷茫，这个时候一定要有耐心、信心和决心。自有资源主要依靠内部机会积累，是创业者自身拥有的创业资源，包括创业者自己拥有的可用创业资金、创业技术、创业知识、创业机会、营销网络以及管理才能等等。

2. 相互拼凑资源

资源约束是许多创业者头痛的事，但大部分创业者都会善于整合资源，即相互拼凑资源，通过注入一些新元素，形成在资源利用方面的创新能力，进而获取创业的新突破。也许我们只知道某个领域的"一二"，只掌握一点专业知识，但可以凭借兴趣爱好去相互拼凑资源，从而享受创业带来的新惊喜。

3. 把握政策资源渠道

创业者要密切关注政策资源，关注当地政府扶持创业企业发展的各项措施，这里

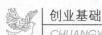

有许多可利用的资源。为了节省成本,如管理费用,创业者可以到当地的企业孵化器或创业服务中心去,享受那里提供的廉价办公场所。如某市的创业园办公场所的租金是每平方每月6元。

有的创业中心还免费提供传真和复印设备。创业者同时还可以交结更多创业朋友。创业者在起步阶段可以雇用实习学生,这能降低不少成本。

(二)创业资源获取的技能

我国南开大学创业管理研究中心张玉利教授认为,在创业资源获取的过程中,创业者要善于进行资源整合,资源整合的原则如下:

1. 尽可能多地搜寻出利益相关者。
2. 识别利益相关者的利益所在,寻找共同利益。
3. 共同利益的实现需要共赢的利益机制做保证,共赢多数情况下难以同时赢,更多是先后赢,创业者要设计出让利益相关者感觉到赢而且是优先赢的机制。
4. 沟通是创业者和利益相关者之间相互了解的重要手段,信任关系的建立有助于资源整合,降低风险,扩大收益。

第二节 创业融资

创业格言

> 思路决定出路,布局决定结局。
>
> ——牛根生

创业案例

郑海涛3次创业融资的故事

郑海涛:1992年清华大学计算机控制专业硕士毕业后,在中兴通讯公司工作了7年。从搞研发到做市场,从普通员工到中层管理人员。但是具有强烈事业心的他并不满足于平稳安逸的工作。在经过一番市场调查后,2000年他带着自筹的100万元资金,在中关村创办以生产数字电视设备为主的北京数码视讯科技有限公司。

100万元的资金很快用光。郑海涛只得捧着周密的商业计划书,四处寻找投资商,一连找了20家,都吃了闭门羹——投资商的理由是:互联网泡沫刚刚破灭,选择投资要谨慎;况且数码视讯产品还没有研发出来,投资种子期风险太大,因此风险投资商们宁愿做中后期投资或短期投资,甚至希望跟在别人的后面投资。2001年4月,公司研制的新产品终于问世,第一笔风险投资也因此有了着落。清华创业园、上海运时投资和一些个人投资者共投260万人民币。2001年7月,国家广电总局为4家公司颁发了入网证,允许它们生产数字电视设备的编码、解码器,其中包括北京数码视讯科技有限公司。在当时参加测试的所有公司中,数码视讯的测试结果是最好的。也正是因为这个原因,随后的投资者蜂拥而至。7月,清华科技园、中国信托投资公司、宁夏金蚨创业投资公司又对数码视讯投了450万元人民币。

在公司取得快速发展之后,郑海涛已经开始筹划第三次融资,按计划这次融资的金额将达2000万人民币。郑海涛认为,一个企业要想得到快速发展,产品和资金同样重要,产品市场和资本市场都不能放弃,必须两条腿走路,而产品与资本是相互促进、相互影响的。郑海涛下一步的计划是通过第三次大的融资,对公司进行股份制改造,使公司走向更加规范的管理与运作。此后,公司还计划在国内或者国外上市,通过上市进一步优化股权结构,为公司进军国际市场做好必要的准备。

(资料来源:李时椿:《创业管理》,北京:清华大学出版社,2010年。)

请思考:
1. 该公司获得资金的渠道有哪些?
2. 试分析郑海涛为什么3次融资都能成功?
3. 你从上述故事中学到什么?

一、创业融资分析

创业融资是创业者根据创业计划,通过不同的融资渠道,并运用一定的融资方式,经济有效地筹集所需资金的财务活动,也称为新创企业融资。它既包括创业者为了创建企业进行的融资,也包括创业持续经营和成长过程中的融资,这两个方面的融资都非常重要。一方面,创业者要创建企业并能够走向正常经营,必须要获取足够的资金,否则企业不能成立;另一方面,要使新创企业获得成长,也需要持续的资金注入,如为了购买设备、引进技术、开发新技术和新产品等所需的投入。

(一)创业融资面临诸多困难

对于创业者来说,融资问题始终是不可回避的首要问题。广州青年企业家协会的一项专题调查显示:45%的被调查者认为创业遇到的最大问题是"缺乏资金",32%

的人认为"缺乏项目"。可见创业融资问题是创业者面临的最大的问题,而大体上,创业融资困难的主要影响因素包括:

1. 创业企业缺少甚至没有资产,无法进行抵押。

2. 创业企业没有可参考的经营情况。可口可乐公司即使在一夜之间倒闭,也能让公司在一夜之间再建立起来。

3. 创业企业的融资规模相对较小。从贷款规模比较,对中小企业贷款的管理成本平均为大型企业的 5 倍左右。

4. 不确定性。从创业活动本身来看,面临非常大的不确定性。创业企业的不确定性比既有企业的不确定性要高得多,创业企业缺少既有企业所具备的应付环境不确定性的经验,尚未发展出以组织形式显现出来的组织竞争能力。

5 信息不对称。与创业者相比,投资者则处于相对信息劣势的地位,投资前的信息不对称可能导致逆向选择;投资后的不对称则与道德风险有关。

一个真正的创业者首先要具备克服困难的信心,创业者也应该感谢融资的困难,因为它使很多有创业想法的人在一开始就退出了创业的赛场,那些不畏惧困难的创业者已经获得了首回合较量的胜利。

世上无难事,只怕有心人。美国火车旅行家保罗·泰鲁在《游历中国》一书中写道:"有昆仑山脉在,铁路就永远到不了拉萨。"20 世纪 90 年代,瑞士的一位权威铁路工程师来西藏考察地形时,更是断言在西藏修铁路"根本不可能"。因为它有着 4000 米以上的平均海拔高度,稀薄的空气,冬天晚上可达零下 40 摄氏度的气温,550 公里夏天融沉、冬天冻胀的冻土区,折磨得人头痛欲裂甚至失去生命的高原反应,但是被预言"不可能"修成的铁路,在 2006 年 7 月 1 日变成了现实。它就是青藏铁路。

(二)创业融资的原则

1. 自备一定的创业资金

鉴于创业的风险,完全依靠外部筹资来准备启动资金不太现实,尤其是初次创业者。因此,你应当尽量自备创业所需的全部或部分资金。自有资金如果占创业所需资金 50% 以上,比较有利于向外筹集不足的资金,也有助于创业成功。

2. 向外借款量力而行

尽量将外部筹借的资金额控制在资金将来可偿还的范围内,估算好自己通过打工或其他方式可具备的还款能力,以便万一创业失败后,还能保持有尊严的生活。

3. 给自己和家庭留足必要的生活费用

不要把所有的资金都投入创业。在规划创业成功后的美好前景时,也应为万一创业失败预留生活退路。毕竟创业有风险,而且创业并不是人生的全部。

二、创业所需资金的测算

创业一开始,各种资金支出将会连续不断,新创企业到底需要多少资金方能保证开业并正常运营,这是每一个新创企业必须要解决的首要问题,也就是说对启动资金的预测不可避免。

启动资金,即开办企业必须购买的物资和其他必要支出的资金量。按照资金的用途,启动资金可以分为两大类:一类是固定资产和开办费,通常称为资本性支出;第二类是营运资金支出,即流动资金的支出。

(一)固定资产投资

固定资产投资主要包括建筑和设备投资。对新创企业来说,买房需要一次性投入较高的金额;租房的投资金额相对较少,而且可以灵活选择地点。设备主要包括企业生产经营所需的机器、工具、实施、办公家具等,创业企业进行设备投资的重要原则之一就是仅对那些创业必需的、关键的设备进行投资,而且要恰当选择设备的类型。

(二)营运资金(流动资金)

营运资金是企业开始营业后,为进行正常生产运营,及其他经营费用等所必不可少的周转资金。创业初一般需预测并准备创业开始3个月所需的流动资金,主要包括购买原材料费用、库存占用的资金、支付给员工的工资、保险费、租金、广告宣传、税金、维修、水电费等。所以要准确估算流动资金持续投入期,即没有获得销售收入的时期。在合理估算流动资金占用量后,还需额外保留储备性流动资金,以备不时之需。

创业者要充分估计创业所需资金,但新创办企业的运营资金常被创业者低估,从而出现企业生产兴隆但却没钱支付员工工资、补充库存,甚至由于资金链的断裂使一个前景良好的创业项目夭折。因此,创业者在计算所需投资资金的时候,可按适当的比例放宽所需资金估计。而具体估算创业所需资金,下面以做早点项目为例说明:

1. 项目的直接费用:技术面授费用2000元,学习期间的差旅费500元(估计)共计2500元。

2. 辅助工具购置费用:用来存放肉、面粉的冰箱500～1500元(如果购买二手只需要几百元);液化气设备200元(灶一个,液化气一罐),锅50元,其他小工具50元,共计800～1800元。

3. 房租及流动资金:根据地段和面积大小而定,如果是在繁华商业街房租会相对贵一些,大城市需要月租上千元,小城市几百元。按月租400～1000元一次交3个月计算为1200～3000元,如果采用流动摊位经营(但要事先考虑城管管制问题)和与别人拼摊经营,费用就会大大减少;前期进货流动资金200元,共计:1400～3200元。

4. 营业执照(个体)及其他相关费用200元。

5. 周转资金:一人月工资500～800元,水电气费150元,共计650～950元。以前期至少3个月不赢利的市场培育,备用资金为1950～2850元(实际不需要这么多,因为这类生意,一个月再怎么都能卖出一些,采取滚雪球的方式,就可以化解掉一部分)。

以上5项合计为:6850～10550元。如果挤掉一些估算的水分,至少也需要6000～10000元资金。因此,在准备做此项目之前,需要衡量一下自己的资金情况。创业需要的资金只能根据一些基本部分进行大致的估算,准确的资金是比较难以计算出的。因为在经营的过程中,还会有一些不可预料的情况出现。因此,创业者在运行项目前,在考虑自身经营能力的情况下,也需要考虑创业所需要的资金。只有这样,项目经营成功的机会才会增多。

三、创业融资渠道

目前创业融资的渠道总的来说分为两大类,一是向私人融资,即私人资本融资,其主要包括创业者自筹资金、向亲朋好友融资、天使资金等,二是向机构融资,即机构资本融资,其主要包括银行贷款、企业间的信用贷款、中小企业间的互助机构的贷款、创业投资资金、政府的扶持资金等。

(一)私人资本融资

因为创业企业具有的融资劣势,使他们难以通过传统的融资方式如银行借款、发行债券等获得资金,所以,私人资本成为创业融资的主要组成部分。根据世界银行所属的国际金融公司(IFC)对北京、成都、顺德、温州4个地区的私营企业的调查表明:我国的私营中小企业在初始创业阶段几乎完全依靠自筹资金,90%以上的初始资金都是由主要的业主、创业团队成员及家庭提供的,而银行、其他金融机构贷款所占的比重很小。

1. 个人资金

创业者的自有资金是成功创业的基础。创业者应将自有资金的大部分投入到新创的企业中。一方面,创业新企业捕捉商业机会实现价值的过程,将尽可能多的自有资金投入其中,可以在新创企业中持有较多的股份。创业成功后,将获得较大的创业回报。另一方面,自我融资是一种有效的承诺。如果在投身创业过程中投入自己的资金,这本身就是一种信号,它告诉其他投资者,创业者对自己认定的商业机会十分有信心,对自己的新创企业充满信心。这种信号会给其他资金所有者投资新创企业一种积极的影响,增加其对新创企业投资的可能性。当然,对很多创业者来说,自有资金虽然是新创企业的一个重要资金来源,但它不是根本性的解决方案。一般来说,创业者个人的资金对于新创企业而言,总是十分有限的。

2. 向亲朋好友融资

家庭成员和亲朋好友是创业融资的重要来源。家庭是市场经济的主体之一,在创业中起到重要的支持作用。特别是在我国,以家庭为中心形成的社会网络关系,对包括创业融资在内的许多创业活动产生重要的影响。家庭成员和亲朋好友由于创业者的个人关系而愿意给予投资,这有助于克服非个人投资者面临的一种不确定性——缺乏对创业者的了解。在创业初期,创业者往往缺乏正规融资的抵押资产,缺乏社会筹资的信誉和业绩。因此,非正规金融的借贷——从创业者的家人、亲戚、朋友处获得创业所需资金是非常有效且常见的融资方法。

当然其最大的缺点在于投资人和创业者在管理权及利益分配上容易产生冲突,为此,创业者在借助传统的社会网络关系时候,必须要用现代市场经济的游戏规则、契约原则和法律形式来规范融资行为,以保障各方利益,减少不必要的纠纷。如在借入资金时,事先必须明确所获得资金的性质是债权性资金还是股权性资金,同时针对不同性质的资金和亲朋好友制订一份明确权、责、利关系的正式协议,这样可以帮助避免未来可能出现的纠纷。

3. 天使投资(Angel investment)

"天使"最早是对19世纪早期美国纽约百老汇里面进行风险性投资以支持歌剧创作的投资人的一种美称。天使投资主要是指自由投资者或非正式机构对有创意的创业项目或小型初创企业进行的一次性的前期投资,是一种非组织化的创业投资形式。其主要特征有:直接向企业进行权益投资;不仅提供现金,还提供专业知识和社会资源方面的支持;程序简单,短时期内资金就可到位。

国内目前的天使投资人,可以分为4类:

第一类天使投资,原来是做风险投资的,看中了某个项目,知道自己公司的基金或是其他基金会投这个项目,自己先投资一定的资金进入到团队中去,占有一定的原始股份,这是一类原本是风险投资的天使投资人。其实面对于国内风险投资的现状,缺乏能直接拿到风险投资的好项目,很多风险投资都是从天使开始的,他们一般事先宣称一个总的投资额,但第一笔给团队的钱并不多,也许就50万美金,要创业团队达到一定的目标后,再投入大笔资金。

第二类天使投资,是互联网业界的创业者、企业家以及跨国公司高管们,他们手上有钱,又有行业背景,对互联网的很多东西都看得清楚明白,同时在业内又有大量的人脉,这就决定了他们做天使有得天独厚的条件,一般拿个上百万出来,对于他们来说,也不是难事,像周鸿祎就是这其中的代表,虽说他在 idgvc 作为风投,但其实他一直就是企业家的角色。自己投资、自己再参与团队管理中去,当然张向宁也是其中的代表,这也是具有中国特色的天使投资之特色。

第三类天使投资，是国内专注于从事做天使投资的真正天使投资机构，其实他们才是未来中国天使投资的代表与希望。他们主要由民资或是民营企业家的有钱人构成，比如最近在浙江的天德创投以及红鼎，还有青岛的赵常贵，他们都有志于成为中国天使投资的第一梯队新军。但他们目前的发展也有一定的局限，主要是体现在对创投模式的摸索上，如何选项目、选了项目如何投、占多少股份、投了如何管理等等诸如此类的问题正困扰着他们。

第四类天使投资，是目前国内最成熟的天使投资人，他们是归国的海外天使投资人，比如李镇樟、林富元、陈敏等，他们之前在硅谷就是做天使投资的，有着成熟的天使投资经验与天使投资心态（心态很重要），他们投资看好人与爆炸性的模式，只要看准了，就绝对的信任，并且利用自身的海外资源对项目提供合作与业务指导支持。有了他们的注资，成功的可能性就会大大增加。

中国的天使投资，特别是互联网行业的天使投资，目前很显然处于低谷时期，它需要更多人来关注，也需要更多致力于国内高新技术的投资人进入。但我们相信随着退出机制的逐渐完善，国内天使投资这个产业将更快形成，成为国内包括互联网在内的高新技术发展的动力之源。

（二）机构资本融资

1. 商业银行贷款

一般而言，银行并不从事向创业企业提供贷款的服务，除非是以下3种情形：创业者拥有个人资产抵押；创业者拥有银行信用额度（备用资金）；政府担保（低息、还款周期长）。当然近几年银行创新了一些对创业者比较适合的新的业务类型，主要包括个人生产经营贷款、个人创业贷款、个人助业贷款、个人小型设备贷款、个人周转性流动资金贷款、下岗失业人员小额担保贷款和个人临时贷款等类型。

2. 创业投资

创业投资特指向科技型高成长新创企业提供股权投资，并为其提供经营管理和咨询服务，以期在被投资企业实现较大发展后，通过股权转让获取资本增值收益的投资行为。创业投资作为一类投资机制，指由创业投资者、创业投资管理机构、创业者或新创企业、撤出渠道、中介服务机构、监管系统等6者构成的投资机制。我们经常说的"要争取创业投资支持"，与其说是争取这类资金的支持，倒不如说是争取这类投资机制的支持。

3. 风险资本

风险资本是指由专业投资人提供的投资快速成长并且具有很大升值潜力的新兴公司的一种资本。风险资本通过购买股权、提供贷款或既购买股权又提供贷款的方式进入这些企业。

投资目的:风险投资虽然是一种股权投资,但投资的目的并不是为了获得企业的所有权,不是为了控股,更不是为了经营企业,而是通过投资和提供增值服务把投资企业做大,然后通过公开上市(IPO)、兼并收购或其他方式退出,在产权流动中实现投资回报。

风险投资的投资方式主要包括:直接投资;提供贷款或贷款担保;提供一部分贷款或担保资金同时投入一部分风险资本购买被投资企业的股权。但不管是哪种投资方式,风险投资人一般都附带提供增值服务。风险资本家一般不会向风险企业一次投入全部所需资金,而是根据项目的具体情况,分阶段投入资金。每阶段都定有一个阶段性目标,上一阶段目标的完成,是下一阶段融资的前提。但是,每一阶段的投入资金应当保证足够支撑企业家完成该阶段的目标,这样做既有利于投资者降低投资风险,又可对企业家构成一定的压力与动力。

要想得到风险投资资本,必须首先得了解风险资本家对投资项目的考察方式。风险投资对投资项目有一套完整且严格的考察方式,主要包括:

(1)阅读投资建议书。看项目是否符合风险投资家的企业特殊标准,并初步考察项目的管理、产品、市场与商业模型等内容。

(2)与企业家交流。重点考察项目的管理因素。

(3)咨询有关人士与参观风险企业。从侧面了解企业的客观情况,侧重检验企业家提供的信息的准确性。

(4)技术、市场与竞争分析。主要凭借风险投资企业自己的知识与经验,对项目进行非正规的市场技术与竞争分析。

(5)商业模型与融资分析。根据企业家提供的和自己掌握的有关信息,对企业的成长模型、资金需求量以及融资结构等进行分析。

(6)检查风险企业。主要考察企业以往的财务与法律事务。

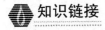

软银中国创业投资有限公司

现在国内比较著名的一些风险投资公司,其中最有影响的当属软银中国创业投资有限公司(日本孙正义资本,投资过阿里巴巴、盛大、雅虎等公司)http://www.sbcvc.com,其中投资领域IT服务软件产业、半导体芯片、电信通讯、硬件产业、网络产业,相比软银的8000万美元初始投资,则软银在阿里巴巴集团上的投资回报率逾24倍。1995年11月,软银公司向雅虎投入了200万美元。第二年3月,在雅虎刚刚搬出蜗居,条件稍稍改善时,软银公司又注资1亿美元,从而拥有了雅虎33%的股份。两个月后,雅虎上市,仅卖掉所持雅虎5%的股份,软银公司便赚了4.5亿美元,现在,它在雅虎所持的28%股权价值84亿美元。孙正义是韩裔日本人,毕业于加利福尼亚大学伯克利分校,1981年创办软件银行。2000年成为日本首富孙正义总资产约人民币437.7亿元。

软银中国的合作步骤

我们一直都在寻找那些最好的新兴公司、团队、有创意的思想和赢利商务模式。我们会首选那些基于IT和通讯产品、技术和服务的公司,并重点投资那些刚处于种子、成长和扩张期的企业。

我们投资的大小取决于公司成长的阶段以及公司的评估价值,但我们通常希望成为最大的投资方,并且希望持有较多的股份(通常为20%~30%)。我们的投资,少至50万美元,多至1千万美元或更多。

如果您的公司符合我们的标准,我们鼓励您提交商务计划概要供我们讨论,以下是我们的合作之步骤:

第一步:拟写一份简略的商务计划概要,一份简略的商务计划概要通常只有1至2页,主要回答以下11问题:

1. 您的业务是什么?
2. 您的商业模型是什么?(主要的收入来源)
3. 您的业务是满足什么需要或解决什么问题?
4. 您的竞争对手有哪些?详细情况如何?
5. 您的客户是哪些?
6. 您的业务目前的发展状况:主意构想的阶段、业务开发阶段、已有产品或服务、已有收入、已经有了可观的收入,并且寻求业务的扩张?
7. 您希望融资的金额?
8. 您的目标评估价值多少?
9. 谁是您目前的投资者?
10. 您的总部设在何处?
11. 主要管理人员简介。

第二步:商务计划的提交

请您将您的商务计划发E-mail至contact@sbcvc.com.我们会有专人接收邮件。

第三步:审核过程

收到您的商务计划后,我们会进行讨论并浏览您的公司网站(如已建立),如果您的计划或网站非常具有潜力,我们会请您来和我们进行面谈。投资决定是由投资委员会投票决定。

第四步：完成协议书及投资

当我们决定投资您的公司之后，我们将给您一份协议书，双方对协议书达成一致之后，我们需要3～4周来完成法律文件及法律调查，并完成融资。

(三)政府资助

从2002年起，国家教育部、人力资源与社会保障部、财政部等部委以及许多地方政府就相继出台了有关政策，政府有关部门和社会各界有识之士纷纷出资，设立基金。

第一，天使基金：北京青年科技创业投资基金由北京科技风险投资股份有限公司出资设立，与共青团北京市委、北京市青年联合会和北京市工商局共同管理，它是针对个人创业者的一种投资形式。北京青年科技创业投资基金的一个特点是以个人为投资主体，孵化科技项目的快速成长，凡在电子信息创业、新材料、生物医药过程及生命科学等领域拥有新科技成果，45岁以下的自然人均可申请创投基金，资金投资区域为北京地区。

第二，创新基金：复旦实业和复旦大学签约共同设立复旦复华科技创业基金，同时投资5000万组建上海复旦复华科技创业投资有限公司，专业从事该基金的运作。该基金初期规模计划为2亿元人民币，这是迄今为止规模最大的高校科技创业投资基金，基金充分发挥高新技术企业孵化功能，为复旦大学等高校、科研机构的科技成果产业化提供资金及资本运作支持，目前已有两个比较成熟的项目推出，分别属于生物医药和IT创业。

另外还有创业扶持资金。2008年，人力资源和社会保障部等11部门起草了《关于促进创业带动就业的若干意见》，通过为新创企业提供良好的政策环境来鼓励公民创业，并以此带动社会就业。在此背景下，各地政府积极配合，出台配套创业扶持措施，设立创业扶持资金：江苏省镇江市2009年设立了1000万元的创业扶持资金，用于扶持创业孵化基地开办、创建新企业等方面，2010年4月又出台了《镇江市市区创业扶持专项资金使用管理办法》，以规范扶持资金的使用；湖北省武汉市从2010年起，每年安排2000万元创业扶持资金，引导、支持科技创业和高校毕业生创业；安徽省合肥市2010年出台了13项创业扶持活动，计划3年内建立1亿元创业扶持专项基金等等。各地创业扶持资金的设立，为新创企业提供大量资金来源。

(四)其他资金来源

1. **典当**

典当是指当户将其动产、财产权利作为当物质押或者将其房地产作为当物抵押给典当行，交付一定比例费用，取得当金，并在约定期限内支付当金利息、偿还当金、赎回当物的行为。对于新创企业来说，典当融资方式也具有一定的现实性。

2.融资租赁

融资租赁是指出租人根据承租人对租赁物件的特定要求和对供货人的选择，出资向供货人购买租赁物件，并租给承租人使用，承租人则分期向出租人支付租金，在租赁期内租赁物件的所有权属于出租人所有，承租人拥有租赁物件的使用权。租期届满，租金支付完毕并且承租人根据融资租赁合同的规定履行完全部义务后，对租赁物的归属没有约定的或者约定不明的，可以协议补充；不能达成补充协议的，按照合同有关条款或者交易习惯确定，仍然不能确定的，租赁物件所有权归出租人所有。

伴随金融业创新与发展，融资方式日趋多样化，新创企业的融资渠道也越来越宽，但创业者应根据自身的实际情况，在保证融资额度的前提下，应尽量控制融资成本。

四、创业融资策略分析

（一）创业融资的选择策略

新创企业应结合自身的实际情况，选择合适的融资方式。一般来说，首先应积极争取政府创业基金或扶持基金的支持。长期资本方面，可优先考虑股权性融资，如天使投资、风险投资。因为新创企业一般面临较大风险，为了保持竞争地位需要不断地进行后续的投资，市场竞争带来的价格波动可能导致资金流的减少或波动，如果企业有大量的债务性融资，可能诱发不能偿债的财务危机。虽然相比债务性融资，股权性融资的成本相对较高，但对新创企业来说，特别是在初创期，融资决策应首要考虑与企业的经营现金流相匹配，保持良好的财务灵活性，避免财务危机。此外新创企业也应重视内源性融资，降低分红比例甚至不分红，以使企业保持良好的财务弹性，实现持续发展。

（二）创业投资资金的获取策略

1.新创业获得创业投资所应具备的条件

新创企业要想融资成功，尤其是获取政府扶持投资基金、风险投资基金等创业投资基金的资金，必须要具备相关的条件：首先，创业者要具备较高素质，新创企业的创业者要有献身精神、有决策能力、有信心、有勇气、有很强的领导力和人格魅力，使得创业团队为组织的目标奋斗，同时要拥有各方面人才较为齐全、配备合理且高效运转的创业团队。其次，要有富有创意且较为符合实际的创业项目，并能做一个准确和完整的创业计划书。创业计划书要阐明新创企业的价值，明确企业目标和发展趋势、企业产品服务的市场和顾客、企业的优劣势，同时要指明新创企业的资金需求量和融资方式。再次，创业者必须要有一定数量的自有资金。

2. 新创企业获得创业投资的基本策略

新创企业应在创业过程中积极创造条件吸引创业投资的进入，若有多个创业投资机构可供选择时，可以在众多的创业资本中获取最符合企业经营理念、发展目标的创业投资。新创企业获得创业投资的基本策略包括：

第一，明确创业投资机构的范围。寻找创业投资的新创企业，必须明确自身的初步意向目标，即通过了解创业投资市场的行情，了解不同创业投资机构的偏好及能力，然后根据创业企业的特点和资金需要来筛选若干个可能对创业企业的创业项目感兴趣及有此能力的投资机构。筛选时必须要考虑的因素有：企业所需投资的规模、企业的地理位置、所处的发展阶段和发展状况、经营范围等。第二，充分准备谈判文件。在访问创业投资者之前，新创企业应准备好所有的必要文件。如业务简介、创业计划书、审慎的调查分析报告、营销资料等。其中最为重要的文件当属创业计划书，该计划除了简明扼要、表达准确、突出财务状况并附有数据外，还应表现出创业者的能力和远见。第三，融资谈判准备要充分。创业投资者在接到新创企业的提供文件，一般会进行严格审查，如有必要，融资谈判环节必不可少。一般来说，谈判主要围绕创业计划书进行，但无论创业计划书写得有多好，在与资金提供者谈判时表现糟糕的创业者很难完成交易，因此要做好充分准备，事先想想对方可能提到的问题，要表现出信心，同时陈述时抓住重点，条理清楚，记住资金提供者关心的是让他们投资有什么好处，这些原则对融资至关重要。

第三节　创业资源管理

创业格言

> 　　创业者在企业成长的各个阶段都会努力争取用尽量少的资源来推进企业的发展，他们需要的不是拥有资源，而是要控制这些资源。
>
> ——霍华德·史蒂文森

创业案例

麦当劳的资源创造性利用——麦乐送外卖新模式

麦乐送是麦当劳推出的集中式送餐服务，即消费者拨打400热线电话；

呼叫中心接线员记录顾客需求,通过网络系统把订单送至最近的门店;门店外卖经理在计算机上确认订单,厨房准备食物;外卖员拿到载有顾客需求、电话、地址的外卖单和产品上路,在指定地点交货收款。服务流程如图所示。

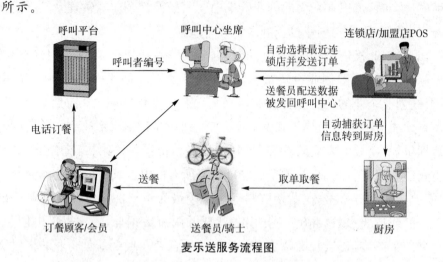

麦乐送服务流程图

麦乐送是一个体现有限资源的创造性利用的鲜活例子,它并没有改变传统的送餐的基本元素:电话号码、送餐菜单、接线员、送餐员等,而是用一种新的方法,把原本分散在各个餐厅的需求集合在一起,整合内外部已有资源,借鉴其他行业成功应用的呼叫中心平台,创造出一种不同寻常的新商业模式。在上海,麦乐送租用电讯盈科的呼叫中心,利用现成的设备、线路、人员,按照实际电话数量付给相应租金。外卖员外包给人力资源公司,麦当劳负责培训和制订监督服务标准,这种外包模式节约了大量的初始成本和后续的运营维护费用。

麦乐送对有限资源的创造性利用表现在:

(1)重新定位现有资源。麦当劳重新定义了被低估的,企业内部已经存在的冗余资源,并把单一用途的资源开拓新的用途,如表所示:

有限资源	细分	有限资源的创造性利用
物质资源	店面空间	24小时营业,提供早餐
	加工设备	利用原有的加工设备生产服务外卖市场
	店面收银系统	在已经建成的收银系统网络的基础上增加外卖模块
	供应链系统	利用现有供应链管理系统服务新的目标细分市场
人力资源	厨师	同一批厨师生产堂食和外卖产品
市场资源	品牌	在现有品牌的基础上建立子品牌——麦乐送
	促销	同样的促销强度下增加统一订餐电话
	顾客	在现有顾客基础上拓展新的需求

麦乐送对有限资源的创造性利用

(2) 立即行动,通过不断试验来完善。麦当劳积极应对不断出现的新问题,不拖延,不等待。

(3) 资源整合。将店面现有的生产能力、呼叫中心、促销等既有资源用新的、创造性的模式结合在一起,创造出麦乐送的新模式,实现新的价值。

(资料来源:张玉利、田新、王晓文:《有限资源的创造性利用——基于冗余资源的商业模式创新:以麦乐送为例》,载《经济管理》,2009年第3期。)

资源对于创业者就如同颜料和画笔对于艺术家,创业在本质上就是创业者围绕创业目标而进行的资源开发与管理。在创业初期,创业者的资源往往十分匮乏,但通过对创业资源的有效开发和管理,以及对各种资源的整合,能放大资源的综合效率,为自己创办的企业服务。创业者能够从白手起家迈向成功与辉煌。因而创业者需要掌握各种创业资源,分析与明确现有资源的状况和缺口,对不同类型的资源进行有效开发、利用和管理。

一、不同类型资源的开发

如前所述,可以将创业资源划分为政策资源、信息资源、资金资源、人才资源、技术资源和管理资源,相应地,创业者就需要对这些资源进行开发和管理。

(一)政策资源开发

创业活动离不开相应国家政策的扶持,只有在政策许可和鼓励的条件下,企业才能得到业务运营所需的贷款和投资、各种服务与优惠等。企业才能迈上发展的快车道。政策资源对于创业者来说,是不可多得的成功创业的助推器。

政策资源的开发,从国家和政府层面上来说,就是健全和完善各项激励和扶持创业企业的法律法规及政策,包括财政政策、融资政策、税收政策、科技政策、产业政策、中介服务政策等。相关检索结果显示①,到目前为止,我国直接针对创业的行政法规3条;部门规章619条;相关的团体规定、行业规定、军事法规、军事规章及其他共256条;地方性法规7条,如《深圳经济特区创业投资条例(2012修正)》、《厦门经济特区鼓励留学人员来厦创业工作规定(2011修正)》;地方政府鼓励创业的规章更多,如《河南省促进创业投资发展暂行办法》(2004)、《深圳市人民政府印发关于鼓励出国留学人员来深创业若干规定的通知》(2000);地方规范性文件有2061条,如《四川省人民政府关于进一步加强就业创业工作的意见》(2013)、《河南省人力资源和社会保障厅

---

① http://vip.chinalawinfo.com/index.asp,2013—6—18.

关于实施留学人员来豫创业启动支持计划的意见》(2013)、《安徽省人民政府办公厅关于发挥财政引导作用支持中小企业和"三农"发展的意见(皖政办[2011]56号)》、《中共铜陵市委铜陵市人民政府关于促进当前经济又好又快发展的若干意见(铜发[2011]15号)》。关注政策、把握政策、灵活运用政策,这方面仍有相当大的开发空间。

政策摘要

着力帮助中小企业解困

1. 加强对中小企业的帮扶。开展市四大班子领导中小企业集中调研活动,全面了解掌握企业生产经营情况,帮助解决中小企业面临的困难和问题。

2. 建立"百名干部助百企"活动长效机制。继续深入开展"百名干部助百企"结对帮扶工作,推动政府部门结对服务企业的经常化、制度化、规范化,促进企业健康发展。

3. 鼓励担保机构向中小企业倾斜。增加市担保机构的国有资本金。一县三区、铜陵经济技术开发区所属国有担保机构资本金也要相应增加,重点用于中小企业的贷款担保。对具有重要影响力的战略性新兴产业项目,经市发改、经信、商务、财政等部门审核同意的,市工投公司、市建投公司可根据企业实力进行担保。

4. 扶持中小企业发展。对符合条件的小型微利企业,减按20%的税率征收企业所得税;对2011年度应纳税所得额低于3万元(含3万元)的小型微利企业,其所得减按50%计入应纳税所得额,按20%的税率缴纳企业所得税。对暂时出现资金周转困难,但成长性较好、讲信用的企业,经批准后,可办理延期缴纳税款手续。

(资料来源:摘自《中共铜陵市委铜陵市人民政府关于促进当前经济又好又快发展的若干意见》)

对于创业者来说,政策资源的开发主要就是及时了解和掌握政府的各项扶持政策,结合自身的创业目标进行有效整合,其途径主要有登录政府公网查询,及时掌握出台的新政策和项目申报通知;向政策服务公司咨询;与政府部门保持密切沟通;多方面收集政府的政策信息,及时跟踪政策的变化;关注政府领导人的讲话内容,吃透政府领导人的讲话精神,以便及时理解政府的政策扶持方向,及时了解国家和地方的产业政策。

(二)信息资源开发

在知识经济时代,信息已经成为一种重要的生产要素,对于新创企业来说,更需要丰富、及时、准确的信息,以获取更多的资源,应对激烈的竞争环境。

新创企业在信息资源的开发上,初期主要是从外部获取,一般而言,获取信息的途径主要有:专业信息机构、政府机构、同行创业者或同行企业、图书馆、新闻媒体、大学研究机构、各类会议及互联网等等,这些不同的途径各有自身的优缺点,因而新创企业应尽可能选择多种渠道来获取信息,保证信息的全面性、真实性和新颖性,并对信息进行有效的整理和分析,从中发现机会,或利用信息开展业务的运营及管理。

除了从外部获取信息,创业企业还应充分注意积累自身在业务运行中所形成的各类信息,也同时需做好分析和利用工作,这既是创业企业自身管理所需,也为企业节省从外部获取信息的成本付出。

知识链接

思科公司的选择

思科公司刚刚成立就面临着是做网站还是做技术、是淘金还是卖水的问题。基于对所收集信息资源的分析和对互联网的软件及其应用的认识,思科公司高瞻远瞩,明确了以企业、机构应用为方向,坚持产品路线和技术跟踪,以客户为中心。思科人以对市场和环境等信息的分析和对国内外技术的跟踪,厚积薄发,坚定自己的理念和目标,终于迎来了企业欣欣向荣的春天。

(资料来源:《创业资源整合三:信息资源》,载《科技创业》,2005年第2期。)

(三)资金资源开发

资金是企业的血脉。资金资源是任何一个企业都不可或缺的,否则无法正常运转。对于新创企业来说,在设备、信息或技术的购买,产品研发,生产销售等多方面都需要大量的资金,如何有效地获取资金资源是每个创业者都极为关注的问题。

灵通卡

在银行办理融资金业务的中小企业需要满足什么条件?

一般来说,在银行融资金业务的中小企业,需要满足以下条件:(1)在银行开立基本结算账户或一般结算户,有一定存款或国际结算业务;(2)经工商行政管理部门核准登记,并办理年检手续;(3)持有人民银行核发的贷款卡;(4)有必要的组织机构、经营管理制度和财务管理制度;(5)信誉良好、具备履行合同、偿还债务的能力,无不良信用记录;(6)有固定住所和经营场所,合法经营,产品有市场、有效益;(7)能遵守国家金融法规政策及银行有关规定。

(资料来源：http://www.tljrcs.com)

资金资源的开发主要是寻找可获得的资金来源途径，一般包括以下几种途径：一是直接利用政策优惠条件从银行获得贷款。在我国，对于一些高新技术企业、大学生创业等都有相应的资金扶持计划。二是依靠亲朋好友筹集资金。三是以抵押的方式获得银行贷款或企业贷款。四是进行所有权融资，如吸引新的拥有资金的创业同盟者加入，吸引现有企业以股东身份向新企业投资、参与创业活动，吸引企业孵化器或创业投资者进行股权资金投入等。五是关注新的融资渠道。如商标专用权质押获得贷款。商标专用权质押贷款是一种具有创新意义的信贷品种，是指具有品牌优势的企业用已经国家工商行政管理总局商标局依法核准的商标专用权作质押物，从银行取得借款，并按约定的利率和期限偿还借款本息的一种贷款方式。商标权质押贷款是企业融资的一种手段，目前国内多省市地区都鼓励企业利用多年来积攒的无形资产来进行融资合作，各大商业性银行也对一些信誉度较高的企业发放质押贷款，主要以曾获得省著名商标、中国驰名商标的企业居多。

知识链接

商标权质押评估所需资料清单

1. 企业法人营业执照、税务登记证
2. 企业简介（3～5页）
3. 法定代表人简介、组织机构图、股权结构图
4. 企业质量体系认证证书
5. 企业内部报纸（近两年）
6. 主要新闻媒体对企业及产品的宣传报道材料
7. 企业主要获奖证书、商标产品获奖证书
8. 企业所在行业报刊、杂志
9. 企业前两年工作总结
10. 前5年各年产销量、销售额、利润总额、净利润统计表
11. 前5年市场占有率情况（市场调查统计情况）
12. 企业主要产品特点、工艺流程
13. 企业主要管理制度、技术产品研发制度、营销制度
14. 企业销售网络结构及分布图
15. 前5年在电视台、广播、报刊、户外等投入的广告宣传支出（复印大

额原始发票)

16. 商标注册证及相关法律变更文书
17. 商标图案释义
18. 企业近4年财务报表(资产负债表、损益表)
19. 企业未来发展规划
20. 企业品牌发展规划
21. 企业未来5年商标产品收益预测及详细说明
22. 企业主要税收执行税率
23. 商标续展承诺书、委托方承诺书

(资料来源:http://baike.soso.com)

(四)人才资源开发

人才资源是企业的第一资源,高素质人才的获取和开发是创业企业能否成功和可持续发展的关键。创业型企业多为一些高科技企业,知识和技术本身就是业务内容,因而掌握最新知识、拥有现代技术专长的人才资源更为重要。创业企业为了获取、开发、保持和有效利用在生产和经营活动中所必不可少的人力资源,通过运用科学、系统的技术和方法进行的各种相关的计划、组织、领导和控制活动,以实现组织既定的目标。

在人才资源开发的路径上,存在内外部两种主要路径,外部获取除了利用常规的招聘渠道外,还可以寻找高素质的董事、银行家、律师、会计师和其他专业人士作为创业顾问,并让他们深入地参与创业公司的活动。内部路径则主要是人力资源培训与开发,有目的有计划地对现有的人员进行针对性的知识和技能培训,以最大限度挖掘企业现有人员的潜能,并最终应用到企业的经营和管理当中。创业企业不但要想方设法获取人才资源,还要充分利用人才资源,加强人力资源管理,努力实现人力资源的最佳组合,发挥企业人才的最大能量。

猴子的生存

加利福尼亚大学的学者曾做过这样一个实验:把6只猴子分别关在3间空房子里,每间两只,房子里分别放置一定数量的食物,但放的位置高度不一样。第一间房子的食物放在地上,第二间房子的食物分别多次从易到难悬挂在不同高度上,第三间房子的食物悬挂在屋顶。数日后,他们发现第一间房子的猴子一死一伤,第三间房子的两只猴子死了,只有第二间房子的两只猴子活得好好的。

原来,第一间房子里的猴子一进房子就看到了地上的食物,为了争夺唾手可得的食物大动干戈,结果一死一伤。第三间房子的猴子虽做了努力,但因食物太高,够不着,活活饿死了。只有第二间房子的两只猴子先按各自的本事取食,最后随着悬挂食物高度的增加,一只猴子托起另一只猴子跳起取食。这样,每天依旧取得足够的食物。

如何实现人力资源的最佳组合,如何做才能发挥人的能动性和智慧,在这个故事里体现得淋漓尽致。

(资料来源:王慧娟、彭傲天:《管理学》,北京:北京大学出版社,2012年。)

岗位难度低,人人能干,体现不出能力与水平,反倒促进内耗甚至残杀,如同第一间房子里的两只猴子;而岗位的难度太大,无论怎样努力奋斗都不能企及,最后人才也被埋没抹杀,就像第三间房子里的两只猴子。只有岗位难易适当,并循序渐进,犹如第二间房子里的食物,才能真正体验出人的能力与水平,发挥人的能动性和智慧。

(五)技术资源开发

创业企业还要不断把握技术资源的开发,是否拥有具备商业价值的科技成果往往决定了新创企业的经营目标和核心竞争力,决定了创业企业在市场竞争中占据的位置。创业企业成功的关键是首先寻找到成功的创业技术。例如,今天家喻户晓的美国微软公司和苹果公司,其最初创业资本却仅有几千美元,创业人员也只有寥寥数人,其之所以能够走向成功,就是因为它们握有独特的创业技术。

在激烈竞争的市场上,把握先进的技术资源,就能在市场上占据主动。为此,除了需要创业者发挥内力,还要善于借用外力,要不断加强和高校科研院所的产学研合作,吸引技术持有者加入创业团队,通过购买他人的成熟技术直接进入市场,或购买他人的前景型技术,然后通过自身的开发来进行完善等等。这些措施都将有助于加快产品的研发速度,使企业获得关键性技术成果,从而在市场上提升自身的竞争力,并占据优势地位。

(六)管理资源开发

创业型企业的管理者大多都是科技人员出身,在技术及科研方面占据优势,而有关企业管理方面的知识往往有所欠缺,很多创业型企业在初期都缺失各种管理制度、缺少管理过程,失败于管理不善,这表明企业必须建立起一套完整而高效的管理制度,对各种管理资源也进行有针对性的开发和利用。

在具体的途径上,一是企业在创立之初就应搭建起制度体系,确立各项规章、实施流程及规范,并在后续的实践中进一步完善和优化,满足企业管理的制度化、体系化和标准化要求。二是充分吸收和借鉴优秀企业的管理经验和方法,为我所用,如行业领导者的管理理念和方法、ISO 等国际组织开发和应用的各种管理标准和最佳实践等。三是在处理好企业所有权和经营权关系的基础上,直接从外部聘请职业经理人,使企业的管理更具专业化、科学化。四是挖掘企业内外部优秀的管理人才,以人力资源管理中的发展中心技术来开发领导力,培育相应人员的领导和管理才能。

创业企业要加强绩效考核管理工作。绩效考核是企业人力资源管理的枢纽和闸门,贯穿企业招聘、薪酬、培训、升迁、员工发展等整个人力资源管理过程,是企业人事决策的重要依据。作为一种现代化的管理工具与手段,有效的绩效考核体系能够帮助企业达成使命,体现企业战略执行的能力,创造高业绩,并成为企业成长发展的持续动力源泉。只有以有效而卓越的绩效考核体系作为手段,以提高员工的积极性、创造性为目的,形成独具特色的人力资源管理体系,才是其他公司无法模仿的优势,企业才能在市场竞争中立于不败之地。加强管理资源的开发,企业才有可能做大做强。

海尔模式——OEC 管理

海尔定律,即斜坡球体论。企业在市场经济中的位置就如同是斜坡上的一个球体,受到来自市场竞争和内部员工惰性的影响会向下滑,要想巩固自己所处的位置,必须要有充分的止动力。所谓的止动力来源于管理,管理即是稳定企业的必须力量。

基于海尔定律,张瑞敏借鉴国外先进企业的管理方法,提出了具有海尔特色的 OEC 管理模式,即海尔模式。

OEC 管理,是英文 overall、every、control and clear 的缩写,即每天的工作每天完成,每天工作要清理并要每天有所提高,即"日事日毕、日清日高"。

O——overall(全方位),E——everyone(每人)、everyday(每天)、everything(每件事),C——control(控制)、clear(清理)。

OEC 管理法由 3 个体系构成:目标体系、日清体系、激励机制。

首先确立目标。日清是完成目标的基础工作,日清的结果必须与正负激励挂钩才有效。

目标体系将企业的目标层层分解,量化到每人、每天做的每件事,做到人人都管事、事事有人管。每个人都清楚每天要完成的每件工作,再小的事都有明确划分,甚至每一块玻璃、每一个地段,都标有责任者的名字。

"日事日毕、日清日高"体系包括两个方面,即"日事日毕"和"日清日高"。

"日事日毕",即当天所发生的种种问题在当天解决,防止问题积累。

"日清日高",即对工作中的薄弱环节不断改善、不断提高,每天寻找差距,以求第二天干得更好。当日的工作必须当天完成,同时还要找出差距、问题、提出改进措施。管理人员每人都要建立"日清"单。

激励机制是日清控制系统正常运转的保证条件。海尔的激励机制坚持两个原则:一是公开、公平、公正,通过3E卡可明确地计算出日收入状况,使员工心里有数;二是计算依据合理,如海尔实行的"点数工资",就是从多方面对每个岗位进行半年多的测评,并且根据具体条件的变化而不断进行调整。

(资料来源:王慧娟、彭傲天:《管理学》,北京:北京大学出版社,2012年。)

二、有限资源的创造性利用

有限资源的创造性利用是指用手头现有资源直接行事,其包含3个层面的含义:一是强调手边资源的重要性,而不仅仅是努力去寻求新的资源;二是这是一种立即行动的行为,也就是积极快速应对当前的问题或机会,而不是拖延或过于深思熟虑;三是强调对各种资源的重新整合,目的在于将现有资源用于新的用途,从而解决新问题或利用新机会。

资源本身所具有的多维效用为其创造性利用提供了条件。资源的多维效用,是指同样一种资源在不同时间以及对于不同的人而具有不同的价值。随着科技与社会的发展,同一资源的新效用会被不断发现和开发出来,其应用范围和价值也不断得到延伸和扩展。如以二氧化硅为原料制成的光导纤维,在通讯传输发展起来之后,由先前极有限的工业价值迅速被广泛应用于远程电话通信、计算机中的光源或图像传输以及医学领域,在诸多方面获得了创造性的利用,成为一种全新的资源要素。

同时,资源在一定时期和范围内总是有限的和稀缺的,对于处在创业阶段的企业更是如此,因而创业者需要不断找寻和开发各类资源,但这也不意味着单纯地追求创业资源在量上的积累,在创业过程中,不仅仅要广泛地获取创业资源,更要懂得如何使用这些资源,尤其是对有限资源的创造性利用,创业者可以将被别人忽视、遗忘、认为没有价值或用于单一途径的资源用于新的用途,开发资源的新价值,这对于实现资源价值的最大化,减少企业的成本,弥补创业资源获取的不足,尤其是解决企业的实际需求、紧急需求和致命缺陷上具有积极的意义。如农民将自家田地里废弃多年的煤矿中积存的沼气引出,用于供电供热,成立天燃气公司。

有限资源的创造性利用的方法主要有：

(一)对资源进行排队和最小化处理

创业者对创业的过程进行分解，分成多个阶段，相应地投入不同的资源并且在每个阶段或决策点投入最少的资源，使每一种资源得到最合理的利用，寻求以最少的资源投入抓住商机，并尽可能获得更多的利益。

(二)资源整合

资源整合是对有限的资源通过调整、合并、重组、聚集等方法，进行创造性利用的过程。资源整合突破了单一资源利用时空范围的局限性，是最大化资源效用、最小化企业成本的必然举措。

在整合的方式上，可以进行内部整合和内外整合，把新创企业内部分散的、重复的、稀少的、劣势的资源，通过整合形成内在的、强大的创业资源，或与外部资源进行嫁接、连接，实现资源的创造性利用。也可进行资源的数量整合和结构整合，数量整合是使静态、固态的资源流动起来，实现量上的递增，通过数量的变化促使其质变，结构整合是将资源重新进行排列组合而产生新的变化结构，进而形成新的功能价值，实现资源的创造性利用。此外还有以自身已有的关键资源去控制更多创业资源的杠杆整合方法，通过杠杆作用对各种有限的资源进行调整以获得新的资源利用。

市场聚焦

桂林广陆的创业资源利用

桂林广陆数字测控股份有限公司成立于2001年，员工中科技人员比例约25％。是目前国内生产测量范围在500ram以上的专用(非标产品)电子数显量具量仪的主要厂家。公司生产规模达30万套，90％以上的产品出口到欧美等30多个国家和地区，国内市场占有率达50％以上，产量、出口量、销售量每年以30％以上的速度增长，居国内同行业前列。

桂林广陆在建设一支专业技术人员队伍的同时，主要采取了请进来走出去的方针，整合科研院所大专院校的各种技术资源。已与中国计量学院、航天部303所、上海交大、哈工大等10多家院校、研究所进行合作，研发新型电涡流传感器、防水型电子数显长尺，以及新型电感式传感器和高精度电子测量显示仪等。

技术核心的研发决定了所需创业资本的大小，对于在技术上非根本创新的创业企业来说，创业资本只要保持较小的规模便可维持企业的正常运营。因此，在创业资金的获得途径上，广陆采取自主筹资、自我积累的融资方法。企业通过自我积累资金的方式带来了较高的效益,并且风险较小,保持了最佳的资金结构。

可以看出,在技术创业过程中,桂林广陆采取了技术资源外部获取、创业资金内部积累的创业模式。

(资料来源:彭学兵、牛贵如:《科技型中小企业技术创业模式研究——基于创业资源来源视角的分析》,《现代商业》,2011年第33期。)

(三)增值利用

资源的创造性利用应是企业始终的追求,否则资源一旦闲置,不仅带来资源价值的无形损失,还会占用企业的管理成本。对于已发挥作用的资源,在已有价值实现的基础上,还应挖掘其新的用途,亦即资源的增值开发和利用。

这里以信息资源为例,来探讨其增值开发和利用。信息资源的增值利用有利于完善资源开发利用功能、减少信息资源的闲置浪费。中共中央办公厅、国务院办公厅2006年印发的《2006~2020年国家信息化发展战略》中将"加强信息资源的开发利用"作为我国信息化发展的9大战略重点之一。企业在初创和发展时期都拥有众多的信息资源,这些信息资源是企业的无形资产,企业在享用其效用的同时,还可以对其进行资产化管理,进行产业化和市场化的运作,把信息资源作为产品形成创业产业,或进入流通和交易渠道将其变成商品,通过销售来实现它的价值。在知识社会,信息已经成为重要的生产要素之一,这为其创造性利用打开了广阔的市场,信息资源的数字化、知识化已经凸显了其巨大的增值利用空间。

(四)项目设计

项目是一系列具有某种明确目标的任务或活动,其应用及实践性特征对于资源的创造性利用同样具有非凡的功能。因为资源的利用过程是依赖于企业的业务实践活动来完成的,借此,人们可以主动地设计新项目来促成对资源的再利用。

在现实中,人们往往是识别和发现了新的机会,然后确立创业项目,再去寻找所需要的资源来完成项目的运营,实现创业。当已有的资源未能发挥出应有的价值时,或有限的资源未被充分利用时,人们就可以从当前有限的资源出发,来为其量身定做相应的项目,通过具体的项目任务设计来促成对现有资源的创造性利用。

(五)改变资源的利用方式或情境

不同类型的资源有其自身的独特性,其利用的方式或情境也有一定的适应性,这就要求创业者们应根据资源自身的特点来寻求最合适的利用方式或情境,从而使资源的利用达到最优化状态。

在利用方式上,可采取诸如可持续利用、循环利用、集约式利用、虚拟化利用等不同的方式,在情境上,改变或重设与资源特点相适应的情境,以最大化或创造性利用资源的价值,例如人力资源管理中的人尽其才、才尽其用原理就是充分发挥人力资源价值的重要指导理念,借此可采取的工作轮换、轮岗、职业设计等都是对人力资源使用的方式或情境的改变。

总之,创业机会经常是转瞬即逝的,这就需要创业者必须迅速采取行动,开发自身现有的资源,对有限的资源创造性地利用,以弥补资源缺乏,抓住创业机会。事实上,创业者并不是真的一无所有,而往往是对自己所拥有的东西视而不见,不仅造成资源的无形浪费,也因此失去创业机会。

三、创业资源开发的推进方法

创业资源开发的推进方法,企业可从切实可行的创业计划开始,并利用引入、调查、建立学习型组织、相互间开展协同合作、建立创业服务中心以及打造自身的社会关系网络来实现。

(一)制订一个切实可行的创业计划

一个切实可行的创业计划,能够凝聚创业团队,吸引优秀的专业人才加盟,这些都是保证创业成功的重要资源。例如,以创业计划作为知识产权资本,将专业人才作为创业团队的股东等都能够充分开发创业所需的人力资源,而缺少可行的创业计划,对专业人才就不可能形成足够的吸引力。

(二)引入

为带动自身资源的开发,创业企业需要引入外部优质资源,来激活自身资源的利用效率,推动自身资源的效用最大化。我国自改革开放以来,就制订了相关的引进外资、人才、引入国外先进的管理经验、技术和方法的政策,其实质是引入外部的优质资源带动我国现有资源的开发和利用,其在促进我国经济和社会的发展方面发挥了显著的功能。

这里需要强调和明确的是引入的外部资源应是本企业所缺乏或超越本企业自身资源质量的优质资源,只有这样,所引入的资源才能够诱发和推动本企业的资源开发与利用。所引入的外部资源与本企业资源进行融合,以其"强势"地位对企业的本身资源形成冲击、吸收或重构,从而改变企业已有资源的结构及其运行状态,借此带来资源的创新开发和利用。为此,创业企业在引入时需甄别和评估外部资源的效用,以寻求最优质、最高效的外部资源。

（三）调查

调查也是推进资源开发的重要方法之一，创业企业对自身资源的数量和质量需要做调查，对可获取的外部资源需要做调查，了解诸如业内竞争对手的资源状况、经销商与供货商的资源运行能力、行业管理部门的政策资源规定等各种行业资源都需要做详细的调查工作，方能为后续的资源开发利用做好准备，这是对资源开发实施前端控制的必然之举。

此外，调查方法还应直接覆盖资源开发利用的全过程。资源开发利用过程中存在的问题、不同资源开发利用的特点、方式、效率以及资源的更新和替代等都需要依赖于调查工作，调查伴随资源开发利用的全过程。

由此可见，调查方法应是创业企业资源开发工作的常态方法，创业企业应将其予以制度化、规范化，并将其贯穿于企业资源的日常利用中每一个环节。同时确保调查方法的科学性，资源调查的范围应全面、调查渠道应多元化，像科研机构、行业协会、行业杂志、行业展会、业内研讨会、专业书籍等等都应成为企业关注的调查来源渠道，并重点做好对调查结果的分类、整理和分析工作，充分利用统计学和管理运筹学的相关技术与方法做深入的定量分析，以实现资源的最大化开发利用。

（四）建立起学习型组织

资源的开发利用归根结底是由行为主体来实施和完成的，行为主体自身的知识水平影响对资源开发利用的认识和理解，从而制约资源开发利用的速度和效率。在今天的知识型社会中，知识资源、技术资源及其拥有主体——人才资源是企业最为核心的资源，对于创业企业来说，此类资源的获取与开发更为关键，往往直接决定着创业的成败。另一方面，创业者获取创业的有形资源相对较为容易，但真正缺乏的却是影响企业竞争能力的无形资源，即知识和技术资源，这部分资源正是企业长期积累和学习的结果，是难于通过外部购买和模仿的途径获取的。

为此，创业企业必须建立起学习型组织，强化个人学习、团队学习和组织学习，培育学习型的企业文化，实施全员学习、终身学习，将学习活动贯穿于组织的业务运行的全过程之中。正如彼得·圣吉所认为的，学习型组织是一个不断提高自身能力来创造未来的组织，这种不断提高自身能力的学习过程不仅本身就是知识和技术资源的开发过程，同时也是推动其他资源有效利用的根本性力量。知识和技术资源在学习、共享、交流和利用的过程中不断得到碰撞、摩擦和整合而得以提升，知识创新得以形成，资源开发得以实现，人才资源的质量获得提高，进而带动其他资源的开发和创造性利用。

（五）开展协同合作

创业企业在资源上都不可避免地存在诸多不足，而企业相互间的协同合作可以有效弥补各自的劣势，从而推动创业资源的开发利用。

来源于古希腊的词汇"协同"展示的是开放系统中大量亚系统之间相互作用的、整体的、集体的或合作的效应。正式提出协同学的赫尔曼·哈肯（Hermann Haken）认为，无论是原子细胞，或是动物、人类，都是由其集体行为，一方面通过竞争，另一方面通过协作而间接地决定着自身的命运。通过协同合作，创业企业将竞争对手转变为合作伙伴，实现资源的充分融合，发挥各资源要素的相互作用，在这个过程中实现资源的最大化价值，满足各企业对资源开发和利用的需要，达成共赢的局面。

当前，企业之间的这种协同合作已上升到战略联盟层次，同行业之间和产业上、下游之间的创业企业通过策略联盟或股权置换等方式来整合利用相互的资源，使人力资源、知识资源、科技资源、市场资源、客户资源等方面实现优势互补，相互支持，协同竞争，形成利益共同体。

需要注意的是，创业企业间这种资源协同合作的成功及其效率受多种因素的制约，从协同主体上看，需要培育创业者的合作意识，以诱导资源协同行为的发生，创业者应充分意识到并需提升创业者的响应速度，以体现对资源协同开发和利用的执行力度。从资源因素上来看，需要满足资源的可识别和可获取性，这就需要各创业者增强资源的显性化程度，强化对自身优势资源的开发，具备对优质资源的发现和把握，以使合作双方都能够很清晰地感觉到协同所带来的利益，增强对方参与资源协同的吸引力，提升自己在资源面前的质量、分量，以减少各方对资源掌握和理解的障碍，资源协同的过程也因此不被滞阻或打断。很多创业企业长不大或失败的原因，追根究底，是在资源困境中一次又一次地放弃了合作的机会，满足于个人或少数人的单打独斗，结果在市场竞争中失败。

（六）建立创业服务中心

这是从政府及组织层面来保证创业企业资源的充分获取和开发利用的重要举措，创业服务中心是依照国际标准的孵化理论，专门为扶植新创企业尤其是科技型小企业发展所设立的科技服务机构，凝聚着丰富的各种创业资源，并能够借助组织的力量对这些资源进行调配，为创业企业提供服务，推进创业资源的开发和利用。

> **创业案例**

创业服务中心的作用

我国的天津市科技创业服务中心在分析不断变化的创业环境和创业型企业自身特点的基础上,探索出了一套利用创业导师、创业者沙龙及创业资源整合深度对接的孵化转化服务模式,取得了积极的效果。

该模式具体做法是选聘有成功经验的专业领域企业家或专家作为创业导师,如已成功毕业的企业家、专业服务机构的负责人、研究院所的带头人等。

组织创业者沙龙,把其作为孵化转化服务的重要平台。每次创业沙龙组织前,沙龙组织者与参加企业进行详细沟通,采集企业的需求,进行筛选、整理,提前一周向外发布,并与创业导师提前沟通、细化,保证了沙龙对解决企业实际问题的作用,具有明显的针对性和有效性。在时间的安排上,一般是每2~4周举办一次。地点选择在创业中心内或者其他孵化器、科技园区内,以及其他有利于企业沟通交流的共享空间中。

在创业资源的整合上,采取创业中心内孵化企业与区外企业的资源整合,园区与园区的资源整合,企业资源共享平台与项目考察对接相结合的形成,有效地规避了合作风险,提高了合作成功率,受到企业双方的普遍欢迎。

通过上述举措,达到了一系列的效果,主要有:

一是逐步在创业中心内形成了全部以企业经理参与沙龙活动的氛围,企业参与积极性高,尤其是企业法人、总经理、分管副总等都对活动表现出浓厚兴趣。

二是通过引进各领域创业导师,深度咨询和服务,为企业管理者解决了包括市场拓展、资源整合、相关管理提升、法律纠纷等实际问题,助力企业加速孵化转化。

三是通过该形式,邀请外部企业参加活动,使其了解和体验创业中心的深度服务模式,从而增加对创业中心的信赖度,也达到了宣传创业中心,吸纳科技创业企业进入创业中心创业等目的。

(资料来源:陈则龙:《创业导师+创业者沙龙+创业资源整合深度对接——科技企业孵化器孵化转化服务模式的探索与实践》,《科学观察》,2012年第6期。)

(七)打造社会网络

获得资源的多寡是衡量创业企业核心竞争力的一个重要标准,然而很多创业资源潜存于社会关系网络之中,作为资源的载体,社会关系网络是创业企业不可或缺的社会支持系统,其展现的是网络成员的相互关系及作用方式的体系结构,如众多的神经细胞通过轴突连接而形成具有大脑机能的神经网络,由个人和组织为节点所形成的社会网络,物种及其食物链所形成的生态网络,由路由器或主机作为节点,以物理的通信介质作为连接而形成的互联网,此外还如运输网、电力网等。在这种结构中,网络成员相互取长补短,共享优势,共享资源开发成果,并形成资源利用的乘数效应。

因此,创业者可以把社会关系网络进行工具性利用,即把社会网络本身当作一种能够带来更多社会资源的特殊的方式,通过打造社会网络体系,构建开放的、多层次的信息交流平台,开拓视野与思维空间,扩展空间跨度,自身成为网络中的一个节点,在与外界的连通中获得资源,创业企业也由此从外部吸取资源养料丰富自己,并在与外界的联系中修正自身的资源开发利用方式,增强自身的资源开发利用能力,带来业务绩效的提升。像世界众多知名企业借助互联网所搭建的知识网络进行知识资源共享,利用群体知识的力量,在推动产品创新、解决技术难题以及提升服务质量方面都获得了巨大的收益,有效地推动了知识资源的开发利用。如加拿大黄金公司"Goldcorp Inc"利用互联网发起"黄金公司挑战赛",吸引了大批人群形成群体协作的"黄金搜索"知识网络,公司也由此获得了最新的知识资源,并取得了巨大成功。

本章小结

创业资源(Entrepreneurial resources)是新创立的企业组织在创造价值的过程中所需要的特定资产,包括新创立的企业中所有有形资产和无形资产,例如创业资金、场地资源、创业人才、工作时间、信息资源、创业机会、创业技术和创业管理等等。简单地说,"创业资源"就是创业者需要具备的一些创业条件。

创业融资是创业者根据创业计划,通过不同的融资渠道,并运用一定的融资方式,经济有效地筹集所需资金的财务活动,也称为新创企业融资。它既包括创业者为了创建企业进行的融资,也包括创业持续经营和成长过程中的融资,这两个方面的融资都非常重要。创业融资的原则一是要自备一定的创业资金,二是向外借款量力而行,三是要给自己和家庭留足必要的生活费用。

创业者对创业的过程进行分解,分成多个阶段,相应地投入不同的资源并且在每个阶段或决策点投入最少的资源,使每一种资源得到最合理的利用,寻求以最少的资源投入抓住商机,并尽可能获得更多的利益。

创业资源开发的推进方法是企业可从切实可行的创业计划开始,并利用引入、调查、建立学习型组织、相互间开展协同合作、建立创业服务中心以及打造自身的社会关系网络来实现。

本章习题

1. 谈谈创业资源的内涵和种类。
2. 谈谈创业资源与一般创业资源的异同点。
3. 谈谈社会资本、资金、技术及专业人才在创业中的作用。
4. 创业融资渠道有哪些?
5. 创业融资的选择策略有哪些?
6. 影响创业资源获取的因素有哪些?
7. 有限资源如何实现创造性利用?
8. 创业资源开发的推进方法有哪些?

案例研讨

创业资源与中小企业成长

Timmons(1999)在《新企业创立:21世纪的创业学》一书中提出了一个影响深远的创业过程理论模型(参见图4-2)。

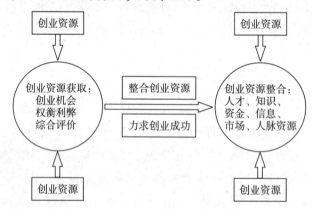

图 4-2 Timmons 的创业过程模型

Timmons 认为,创业过程是创业机会、创业团队和资源之间适当配置的高度动态平衡过程,创业机会、资源与创业团队是创业过程的关键构成要素,其中创业机会是创业过程的核心要素,创业过程实质上是发现与开发创业机会的过程;资源是创业过程的必要支持,是开发机会谋求收益的基础;创业团队是在创业过程中发现和开发机会、整合资源的主体,是新创企业的关键构成要素。

根据 Tinmmons 模型,可以将中小企业的成长过程分为两个组成部分,即中小企业创立之前准备阶段和中小企业创立之后的企业成长过程,分别考察创业资源在这两个部分中所发挥的作用。

一、准备阶段

在中小企业创立之前的准备阶段,企业的机会是巨大且不断发展的,但同时存在着很大的不确定性。在这一时期,中小企业所拥有的各种资源都是非常匮乏的,这就使得机会和资源之间存在着一个极不平衡的状态。在这种情况之下,团队就应该发挥重要的作用,以充分协调两者之间的关系,也就意味着人力资源在这一时起着关键性的作用,不管是创业者还是创业团队,都将在机会识别和创业资源的获取方面发挥起着决定性的作用。同时中小企业所拥有的社会资源也发挥着举足轻重的作用。在该阶段,企业还没有完成注册登记,产品与营销模式还没有确定,创业资金更没有落实。在这种情况下,广泛有效的社会关系将成为企业创立的保障。创业者需要在社会环境中调动一切的有利的因素,活用所有的社会资源,企业才能顺利完成注册登记工作,才能在公司的资金筹措上游刃有余,才能争取到更多的创业资源,为中小企业未来的发展提供有力的保障。

二、成长过程

新建的中小企业在经过准备阶段的磨合之后,就逐步进入了接下来的成长过程,在此过程中,机会更大而且发展更快,企业也通过之前的努力获取了相应的创业资源。在此阶段,资源和团队与机会之间的差距逐渐变小,两者之间的匹配程度也由开始的极不平衡向逐渐平衡而转变。在该阶段能否有效地利用和获取企业自身的技术资源是创业企业成败的关键,企业必须加大技术开发的力度,在行业内形成自身所独有的技术优势,这样才能够在激烈的市场竞争中站稳脚跟。同时,企业出于扩大再生产的需要,对资金资源有着更加迫切的需求,单纯依靠创业者自身筹集资金或者向亲朋好友筹集,已经不能满足企业发展的需要,需要寻求其他渠道来解决资金资源,才能有效地带动其他相关资源的获取。随着中小企业的不断成长壮大,它的经营理念、企业文化、组织结构和运营机制以及规章制度等管理资源也趋于完善,管理资源作用有效发挥,才能使得企业能够更好地利用和聚合各种资源,实现企业的继续成长。

由此可以看出企业成长过程中,创业资源仍然发挥着重要作用。企业创立之后,一方面,创业者仍需要积极地从外界获取创业资源;另一方面,此时的重点转移到资源的有效利用上。资源的有效利用对于企业意义重大,如果不能有效利用资源,已经获取的资源仍会逐步散失。

(资料来源:胡文静:《我国中小企业成长动态分析——基于创业资源获取与整合视角》,《现代商贸工业》,2011年第7期。)

研讨：
1. 创业资源与中小企业成长具有什么样的关系？
2. 我国中小企业在创业过程中怎样解决资源的开发和利用问题？

第五章

创业计划

学习目标

- ◆ 认识创业计划的作用
- ◆ 了解创业计划的基本结构
- ◆ 掌握创业计划的编写过程
- ◆ 了解创业计划的信息搜集
- ◆ 掌握创业计划书的撰写方法

案例导引

李明的鸡场

李明一直想办一个企业,做批发鸡的生意,因为他所在的小镇周围有很多农户养鸡。他和母亲住在一起,母亲非常支持他创办企业,她让李明用家里的房子作担保向银行申请贷款。

李明得到贷款后立即着手准备。他为企业购买了设备和原材料,在小镇附近租用了鸡舍,买了计算机、现代化的制冷设备、新的厢式货车,还在货车门上喷涂了鸡场的标志。李明告诉母亲,精良的设备能帮助企业树立良好的形象,也有助于吸引更多的客户。

李明马上投入到了繁忙的工作中。鸡的需求量委胸有成竹,他日以继夜地工作,客户还把他推荐给他们的朋友。不幸的是,李明用于付款的现金非常紧张,到年底时,他拥有的现金严重不足,怎么也无法支付银行的欠款。于是,银行中止了贷款,并要求偿还所有债务,李明不得不宣布鸡场破产。银行开始拍卖李明的资产来偿还其债务,首先拍卖的资产是车和计算机,但仍有大量的债务不能偿还。看样子,李明的母亲有可能失去家里的房产。

资金使用没有预算,创业没有计划,是李明创业失败的根本原因。

(资料来源:国际劳工组织北京局编:《创办你的企业》,北京:中国劳动社会保障出版社,2003年。)

第一节 创业计划

创业格言

> 没有一个计划模型而贸然创业是十分危险的。
>
> ——田溯宁

创业者在找到创业机会之后,形成或详或略的创业计划书是必不可少的。创业计划使得创业者在创办企业之前,能够确定他们的经营思想,评估自己的优劣势,考虑创业的目的和手段,会起到磨刀不误砍柴工的功效。著名风险投资家尤金·克莱纳(Eugene Kleiner)说:"如果你想踏踏实实地做一份工作,写一份创业计划,它能迫使你进行系统的思考。有些创意可能听起来很棒,但是当你把所有的细节和数据写下来的时候,它自己就崩溃了。"帝蒙斯发现美国快速成长的 500 家企业大多数在一开始就有创业计划;金赛拉(Kinsella)等发现在他们所研究的快速成长的企业中有 93% 的企业有创业计划。而成长较慢的企业中,只有 70% 的企业有创业计划。

一、创业计划的作用

(一)创业的纲领性文件

创业者将自己的创意以创业计划的形式表现出来,可以冷静地分析自己的创业理想是否真正切实可行,清醒地认识自己的创业机会,明确自己的奋斗方向和奋斗目标,进而规划创业蓝图。创业计划是行动的号令。如果创业者打算利用他们的想法建立一个新世界,那么创业计划就是包含了创业者必须采取的行动、必须执行的任务和必须获得的成果的一份详细的一览表。可以说,创业计划书是指导创业全过程的行动指南,是创业实践的战略设想,在创业过程中起重要的指导作用。

(二)吸引人才的宣传单

创业计划是简明、充分而有效的沟通工具,可以用来传达创业的可能性、面临的机会及试图采用的方式,这一点在与企业内部股东和企业外部股东沟通时可能很有价值。创业计划书写得很诱人的话,会吸引很多有志之士倾力加盟,优秀的创业计划书,会吸引各方面的人才汇聚旗下,共展宏图。主要表现在:吸引有志的管理人才进入团队;吸引新股东加盟;吸引有一技之长的有志人士参与;吸引对这个项目感兴趣的单位赞助和支持。

（三）整合资源的调节器

制订创业计划书可使创业者发现所必需的资源、设备、人员等各方面的情况。在现实生活中,分散的资源发挥不了多大的作用,在创业过程中,各种要素是分散的,各种信息是凌乱的,各种工作是互不衔接的。通过编写创业计划书的过程,梳理思路,进行调研,完善信息,找到各种程序之间的衔接点,最终把各种资源有序地整合起来,调动起来,进行最佳要素的组合和调节。所以说,创业计划就是整合资源的调节器,能把各种分散的资源聚拢起来,形成一种增量资源,才能放大资源能量,获得可观的经济效益。

（四）吸引资本的聚宝盆

在创业过程中,资金就是血脉,是创业中至关重要的因素,是关系到新生的企业能不能长久存活的关键,是企业能不能快速发展的前提。创业企业要想获得国内外风险投资的支持,一个重要的途径就是要把创业计划书写好,创业计划的阅读者包括可能的投资人、合作伙伴、供应商、顾客、政府机构等,完善的创业计划可以让他人了解创业项目及创业构想,创业者可以借着创业计划去说服他人合资、入股,甚至可以募集到一大笔创业基金,关键是让创业计划书打动投资者,让他主动掏钱投资这个项目。

（五）称量自己的一杆秤

选定项目后,自己能不能做成功这个项目,要冷静思考自身的资源优势,自己面临哪些困难,市场上还有哪些可以利用的机会等,认真撰写创业计划书就是帮自己坐下来冷静思考这些问题,可以说,撰写创业计划书的过程就是称量自己有多重的过程。创业计划的内容涉及创业的类型、资金规划、阶段目标、财务预估、行销策略、可能风险评估、内部管理规划等所有的创业活动。制订创业计划,可以使创业者对产品开发、市场开拓、投资回收等一些重大的战略决策进行全面的思考,并在此基础上制订出翔实清楚的营运计划,周密安排创业活动,为有效的日常管理提供科学依据。

制订创业计划书的整个过程促使创业者去分析企业的各个方面,并准备有效的策略来应对必然会出现的不确定性。因此,创业计划书可以帮助创业者避免一个注定会失败的项目。正如一个研究者所说:"如果您所计划的企业最多也只能勉强维持运营，创业计划书可以告诉您这是为什么，并且可能帮助您避免支付企业失败的高昂学费。不去创立一个注定要失败的企业要比从经验中学习便宜得多，而从经验中学到的东西只要花几周时间去专心研究创业计划书就可以学到。"

计划不是一个容易界定的独立行为，它既要融入制订更广泛的组织战略的过程中，又要与创业者的可控战略相结合。财务业绩很重要，但它不是衡量企业业绩的唯一标准，也不是激励创业者的唯一动力。创业者为了得到一些不太明确的无形利益，可能会放弃财务利益。他们甚至可能会想办法来制造这种妥协。实践表明，一个好的计划书会提高企业业绩，一个坏计划则会把企业引入歧途。

在运用计划推动创业项目成功的过程中，创业计划可以说又是分析的工具、综合的工具、沟通的工具、行动的号令，它们互为基础、互为支撑，同时也是获取业绩的基础和支撑，如图 5-1 所示。

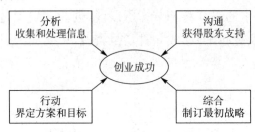

图 5-1

明茨伯格认为：计划相当于分析，它将信息分解为当前机会和前景两个部分；而战略却相当于综合，它以原创的方式挖掘商业潜能，将机会变为现实。为达到综合一份原创战略的目的，创业者必须决定：①企业将如何着手满足顾客需求；②为什么本企业所提供的产品或服务比竞争对手能更好满足顾客需求；③怎样刺激需求；④为什么创业者的企业能以竞争对手没有的方式提供这种产品或服务；⑤是什么使企业能够做到这一点；⑥为什么竞争对手无法模仿他们。

沟通并不仅仅是传递信息，它还试图引起某些人的特殊反应。在商业活动中，沟通不仅仅是我们想让别人知道什么，而且要传达我们想让他们做什么。创业计划既用于沟通，又是行动的号令，这两种作用有着密切的联系。

作为沟通工具，创业计划通过简明扼要的方式，把明确的创业陈述和风险创业想达到的目的联系起来，它在界定创业者已做出的决策时涉及这样一些内容：已经看准的机会；开发机会的途径；创业者开发机会想要创造的价值；为推进创业所需要的资源，以及这些资源将面临的风险；创业者根据所拥有的资源将采取的方案。

二、创业计划的内容

不同创业计划书大纲、内容、重点不尽相同，这取决于创业项目的性质、创业者特征、创业计划的阅读对象,特别要注意研究不同创业计划阅读对象所关心的问题和期望,动态调整创业计划内容,突出重点和优势,以引发他们的投资兴趣和对项目的关注。

不过,创业计划书还是有规范化格式的,通常需要涵盖以下 13 项必备的内容。

不同的创业计划基于不同的目的和作用,各自的侧重点也不尽相同。但是,一般来说一份完整的创业计划书通常包括目录、摘要、正文、附件等几部分。

(一)封面

1. 公司名称、联系方式、电话传真、电子邮件等必要信息;
2. 联络人姓名及职务,一般是创业者本人或主要创业成员;
3. 计划书编号;
4. 公司的识别图案(logo)。

(二)目录

创业计划书内容应该按顺序编排,一级目录一般是:企业介绍、市场分析、产品介绍、营销策略、财务计划、风险管理与退出机制等,二级及以下目录是对一级目录的详细阐述,一般用阿拉伯数字方式来编排,如 1,1.1,1.1.1……并与实际内容页码相对应,以便读者翻阅。

(三)摘要

创业计划书的摘要将是投资者阅读创业计划书时首先要看到的内容。然而,摘要并非仅仅是创业计划书的前言部分,摘要是创业计划书的精华和核心内容所在。如果投资者在阅读摘要时没有看到闪光点,换而言之,如果创业者没有在摘要部分立刻吸引住投资者的眼球,那么即使后续部分写得再动人,这份创业计划书通过的可能性也非常小。因此,通过摘要,创业者应该能够使得投资者,特别是风险投资家马上理解企业的商业模式,快速掌握创业计划书的重点,然后做出是否愿意花时间继续读下去的决定。

(四)企业介绍

这一部分是向合伙人或投资人介绍企业的基本情况,如果企业已建立,那么在这一部分中,应当向投资者尽可能简明扼要而又全面地介绍企业的发展历史和经营现状,给予投资者尽可能多的关于新创企业及所在行业的基本特征。在很多情况下,创业者还没有建立起实际的企业,创业者也应当尽可能地对自己的创业设想和企业未来的发展规划作一番介绍。

一般包括:企业概述、企业业务介绍、企业发展与经营状况、公司组织结构、公司及业务未来发展方向等部分。

（五）市场分析

1. 行业分析：重点介绍公司选择和进入的行业或市场的现状和未来发展趋势。最好能将定性分析和定量分析相结合，对宏观政治法律环境等方面可进行一些定性的描述，对行业的市场发展趋势以及公司的销售目标、盈利目标、市场占有率等方面应该应用定量分析，这样比较有说服力。

2. 竞争分析：针对主要竞争对手要进行实际市场调查，运用 SWOT 分析方法，明确各自的优势和劣势。对待优势方面要充分考虑在经营中如何得以充分体现，对待劣势方面要充分考虑在经营中进行必要的自我保护措施。

3. 目标顾客：就是你的目标市场是谁？或者说你的产品和服务要"卖给谁"？要阐述清楚现在的顾客和潜在顾客，最好能做必要的市场规模估算。

4. 市场定位：根据产品或服务的特性和企业资源状况在细分市场中选择一个或几个目标市场，结合企业的目标、产品、市场、竞争等因素进行有效定位。

（六）产品或服务介绍

关于产品特征的描述，应该从两个方面重点考虑。一是产品的独特性，二是产品的创新性。产品不仅要给顾客提供价值，也是给公司创造价值，这也是投资者很看重的方面。可以从产品的整体概念角度去阐述。

1. 核心产品：即产品最基本的功能属性方面，顾客购买某种产品到底能获得哪些利益；

2. 形式产品：即核心产品通过什么形式来体现，如质量、款式、包装、品牌等；

3. 期望产品：顾客在购买产品前对所购产品的质量、使用方便程度、特点等方面的期望值；

4. 延伸产品：给顾客带来的除了产品本身之外的一些价值产品，如送货上门、安装、调试、售后服务等；

5. 潜在产品：是在延伸产品层次之外，由企业提供能满足顾客潜在需求的产品层次，它主要是产品的一种增值服务。

（七）管理团队

团队是投资者十分看重的一个要素，这部分应让投资者看到创业团队的凝聚力、战斗力等优秀的一面，还有就是团队成员在多方面能优势互补的一面。

1. 组织结构：即组织的结构关系，可以附上公司的组织结构图；

2. 组织领导：创业团队中，领导的作用非常重要，创业初期尤为关键。很多创业团

队在短时间内就消亡了,很重要的原因在于团队的带头人根本不是一个合格的领导者;

3. 组织制度:健全的管理制度往往是企业在创业初期能顺利生存的基础,如薪酬制度、奖惩制度、生产制度、财务制度等;

4. 组织文化:是一个组织由其价值观、信念、仪式、符号、处事方式等组成的其特有的文化形象。优秀的组织文化能增添成员的归属感、激发成员的使命感、加强成员的责任感等;

对管理团队成员的介绍要实事求是,可以采用图表的方式来呈现。在介绍团队成员时一定要强调成员之间的优势互补性,教育背景、专业技术、能力结构、资源优势、气质性格方面等体现出的互补性。

(八)营销策略

营销策略是企业中一项重要的策略,营销的成败将直接决定着企业的生存命运。可以从4P角度进行撰写,即产品(Product)、价格(Price)、渠道(Place)、促销(Promotion)。

1. 产品策略:是企业提供给顾客最基本的有形物品和无形服务的总和。创业初期的企业往往由于资源有限,提供给顾客的产品类别、规格型号等可能较少,但应该规划好在未来几年时间内产品线可能在长度、宽度和深度上的发展方向。另外,由于竞争的因素,应该还要考虑好企业在新产品开发上的投入计划,以及企业在品牌问题上的发展思路。

2. 价格策略:要综合企业的成本、市场供求关系、竞争者的价格和企业的利润预期等因素来给产品定价。价格往往会左右着产品的销售、竞争地位和经济效益,因此,要选择好产品的定价方法和具体的定价策略。

3. 渠道策略:渠道是产品从生产者转移到消费者的过程中由各中间商连接起来形成的通道。企业应该考虑自身的资源、产品的销售对象来设计合理的渠道方式,重点考虑渠道设计的长度和宽度,尤其是互联网的广泛应用可适当使用网络渠道来开展产品销售。

4. 促销策略:又称促进销售,是指企业通过人员和非人员的方式把产品信息传递给顾客,强化顾客购买欲望,甚至是创造需求,影响和促成顾客购买行为的一系列活动过程。主要有4种方式:人员推销、广告、营业推广和公共关系,又称促销组合。企业应该结合产品因素、市场因素、产品生命周期阶段、促销成本等相关因素来设计好合适的促销组合方式。

(九)生产计划

市场制造计划旨在使投资者了解产品的生产管理过程。这部分尽可能把产品的生产制造及管理过程展示给投资者。主要内容包括以下几个方面:

1. 企业现有的生产技术能力,企业生产制造所需的厂房、设备情况;
2. 质量控制和改进能力;
3. 产品生产工艺流程、生产周期及具体的生产作业计划的编制;
4. 物资需求计划及其保障措施;
5. 劳动力和雇员的有关情况。

(十)财务计划

财务计划是对那些决定新企业经济能力的主要财务指标以及投资回报进行预测,旨在使投资者据此来判断企业未来经营的财务状况,进而判断其投资能否获得理想的回报,因而它是决定投资决策的关键因素之一。

1. 创业初期3到5年的财务分析与预测,主要包括:创业初期3到5年的销售预测和相应支出,创业初期3到5年的预计资产负债表,创业初期3到5年的预计损益表和创业初期3到5年的预计现金流量表;
2. 融资计划,主要包括未来资金的需求量、融资方式、资本结构及其安排、投资资金的运作、投资的预期回报、资金的安全与监督管理等相关问题。

(十一)风险管理

这部分内容主要是向投资者分析企业可能面临的各种风险隐患,风险的大小以及创业者将采取何种措施来降低或防范风险、增加收益等,主要包括以下内容。

1. 企业自身方面的限制,如资源限制、管理经验的限制和生产条件的限制等;
2. 创业者自身的不足,包括技术上的、经验上的以及管理能力上的欠缺等;
3. 市场的不确定性;
4. 技术开发的不确定性;
5. 财务收益的不确定性;
6. 针对企业存在的各种风险,企业进行风险控制与防范的对策或措施。

对于企业可能遇到的各种风险,创业者最好采取客观、实事求是的态度,不能因为其产生的可能性小而忽略不计,也不能为了增大获得投资的机会而故意隐瞒风险因素,而应该对企业所面临的各种风险都认真地加以分析,并针对各种风险作出相应的防范措施,这样才能取得投资者的信任,也有利于引入投资后双方的合作。

(十二)退出机制

投资者不仅仅考虑投资回报的问题,也会考虑如何保障资金的安全退出问题。因此,为了使得投资者能够放心地把资金注入到新创企业,这部分必须对投资者的资金退出方式作出详细说明。

1. 投资者可能获得的投资回报；

2. 公开上市的可能，上市后公众会购买企业股份，投资者所持有的股份就可以出售；

3. 兼并收购可能，通过把企业出售给其他公司，投资者也能够收回投资；

4. 偿付协议，如果企业未来难以上市，也不准备被收购，那么创业者将按照怎样的条款回购投资者手中的股份。

(十三)附件

这部分是前面内容的支持性材料。附上一些有助于说明前面内容的证据材料，如专利技术、市场调查报告、政府相关政策文件等。

三、创业计划的基本结构

创业计划书是创业者对未来新创企业的详细描述和预测，一份完整的创业计划具体包括：封面及目录、摘要、公司介绍、产品或服务、市场分析、竞争分析、管理团队、投资说明、研发计划、生产经营计划、市场营销计划、人力资源计划、财务分析、风险分析、退出策略、附录等。创业计划书的各构成部分及其逻辑关系如图5-2所示。

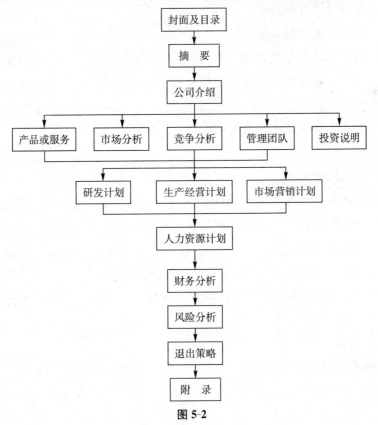

图 5-2

知识链接

创业计划书模板

×××公司(或×××项目)

创业(或商业)计划书

年　　月

(公司资料)

地址:

邮政编码:

联系人及职务:

电话:

传真:

网址/电子邮箱:

报告目录

第一部分　摘要(整个计划的概括)

一、公司简单描述

二、公司的宗旨和目标

三、公司目前股权结构

四、已投入的资金及用途

五、公司目前的主要产品或服务介绍

六、市场概况和策略

七、主要业务部门及业绩简介

八、核心经营团队

九、公司优势说明

十、目前公司为实现目标的增资

十一、融资方案(资金筹措、投资方式及退出方案)

十二、财务分析

1. 财务历史数据(前3~5年销售汇总、利润、成长)

2. 财务预计(后3~5年)

3. 资产负债情况

第二部分　综述

第一章　公司介绍

一、公司的宗旨

二、公司的简介资料

三、公司的管理制度及劳动合同

四、公司的战略

五、公司的组织结构

六、各部门职能和经营目标

七、公司管理

1. 董事会

2. 经营团队

3. 外部支持(外聘人士/会计事务所/律师事务所/顾问公司/行业协会等)

第二章 产品或服务

一、技术描述及技术持有

二、产品的基本状况

1. 主要产品目录

2. 产品特征及性能用途

3. 产品处于生命周期的哪一阶段

4. 产品为顾客提供的价值

5. 正在开发/待开发产品简介

三、产品的研发过程

四、产品的市场前景

五、产品的品牌和专利

1. 知识产权策略

2. 无形资产(品牌/商标/专利等)

第三章 市场分析

一、市场规模、市场结构与划分

二、目标市场的设定

三、产品消费群体、消费方式、消费习惯及影响市场的主要因素分析

四、目前公司产品市场状况、产品所处市场发展阶段、产品排名及品牌状况

五、市场趋势预测和市场机会

六、行业政策

第四章 竞争分析

一、有无行业垄断

二、从市场细分看竞争者市场份额

三、主要竞争对手情况:公司实力、产品情况(种类、价位、特点、包装、营销、市场占有率等)

四、潜在竞争对手情况和市场变化分析

五、公司产品竞争优势

第五章 管理团队

一、展示核心管理团队

1. 主要股东介绍

2. 董事会所有成员及高层管理人员介绍

3. 关键员工与背景介绍

二、管理团队的知识结构和能力结构分析

三、激励与约束机制

1. 各职能部门的人员配备情况和薪资情况

2. 高层管理人员的职权分配情况

3. 主要股东的股权结构和红利分配原则

第六章 投资说明

一、资金需求说明（用量/期限）

二、资金使用计划及进度

三、投资形式（贷款/利率/利率支付条件/普通股、优先股/对应价格等）

四、资本结构

五、回报/偿还计划

六、资本原负债结构说明（每笔债务的时间/条件/抵押/利息等）

七、投资抵押（是否有抵押/抵押品价值及定价依据/定价凭证）

八、投资担保（是否有抵押/担保者财务报告）

九、吸纳投资后股权结构

十、股权成本

十一、投资者介入公司管理的程度说明

十二、报告（定期向投资者提供的报告和资金支出预算）

十三、杂费支付（是否支付中介手续费）

第七章 研发计划

一、公司研发计划的目标和方向

二、公司现有的研发力量

三、行业未来的技术发展趋势

四、公司研发新产品的成本预算及时间进度表

五、公司研发新产品的市场竞争力

第八章 生产经营计划

一、生产经营计划概述

二、公司现有的生产技术能力

1. 现有生产条件和生产能力

2. 扩建设施、要求及成本,扩建后的生产能力

3. 产品生产的过程

4. 产品生产的工艺复杂程度和成熟程度

三、设备、厂房和生产设施

四、基础配套设施(水、电、通讯、道路等)需求

五、资源及原材料供应

六、质量管理

七、生产经营的成本分析

八、包装与储运

第九章 市场营销计划

一、概念营销计划(区域、方式、渠道、预估目标、份额)

二、销售政策的制订(以往/现行/计划)

三、销售渠道、方式、营销环节和售后服务

四、主要业务关系状况(代理商/经销商/直销商/零售商等),各级资格认定标准政策(销售量/回款期限/付款方式/应收账款/货运方式/折扣政策等)

五、销售队伍情况及销售福利分配政策

六、促销和市场渗透

1. 主要促销方式

2. 广告、公关策略、媒体评估

七、产品价格方案

1. 定价依据和价格结构

2. 影响价格变化的因素和对策

八、销售资料统计和销售记录方式,销售周期的计算

九、市场开发规划、销售目标(近期、中期)、预计销售额(3~5年)、占有率及计算依据

第十章 人力资源计划

一、核心管理团队成员的职业发展与薪酬

二、公司的人力资源规划

三、工作分析与员工招聘

四、公司的绩效考评与奖酬制度

五、员工的培训与职业发展

第十一章 财务分析

一、财务分析说明

二、财务数据预测

1. 销售收入明细表

2. 成本费用明细表

3. 薪金水平明细表

4. 固定资产明细表

5. 资产负债表

6. 利润及利润分配明细表

7. 现金流量表

8. 财务指标分析

(1) 反映财务盈利能力的指标

A. 财务内部收益率(FIRR)

B. 投资回收期(Pt)

C. 财务净现值(FNPV)

D. 投资利润率

E. 投资利税率

F. 资本金利润率

G. 不确定性分析:盈亏平衡分析、概率分校、敏感性分析

(2) 反映项目清偿能力的指标

A. 资产负债率

B. 流动比率

C. 速动比率

D. 固定资产投资资借款偿还期

第十二章 风险分析

一、资源风险(原材料/供应商风险)

二、市场不确定性风险

三、研发风险

四、生产不确定性风险

五、成本控制风险

六、竞争风险

七、政策风险

八、财务风险(应收账款/坏账)

九、管理风险(包含人事/人员流动/关键雇员依赖)

十、破产风险

第十三章 投资报酬与退出策略

一、股票公开上市

二、股权协议转让

三、股权回购

四、股利

第三部分　附录

一、附件

1. 营业执照复印本

2. 董事会名单及简历

3. 主要经营团队名单及简历

4. 专业术语说明

5. 专利证书/生产许可证/鉴定证书等

6. 注册商标

7. 企业形象设计/宣传资料（标识设计、说明书、出版物、包装说明等）

8. 简报及报道

9. 场地租用证明

10. 工艺流程图

11. 产品市场预测图

二、附表

1. 主要产品目录

2. 主要客户名单

3. 主要供货商及经销商名单

4. 主要设备清单

5. 市场调查表

6. 预估分析表

7. 各种财务报表及财务预估表

四、创业计划中的信息搜集

思考如何建立企业的过程远比最后创业计划的字面文字重要。创业计划像是一张行车图，而制订过程就像是绘地图，决定了自己在哪儿，要去哪儿，这样就可以开始计划路线。一张好的地图可以增加到达目的地的可能性。制订创业计划时必须认真进行信息搜集，基本上有创业现状信息搜集、创业目标信息搜集和创业手段信息搜集等几个方面。

(一)创业现状信息搜集分析

1. 分析自己将要提供的产品或服务现状。例如,怎样的价格、质量与别人竞争,产品或服务是否在某些方面区别于他人的产品或服务,这种差异怎样能够加强,产品或服务是否容易被模仿,能否辨别成功或不成功竞争者的模式。

2. 分析顾客的需求。例如,能否辨别并正确地进入细分的市场,现在的顾客对自己的产品或服务是否满意,市场组合有什么优点和缺点,能否找到和现在的顾客群相似的更多顾客,是否在向一个利基市场出售产品或服务。

3. 分析自己的优势与短处。例如,自己的目标是什么,自己的优势和短处是什么,公司的员工和设备怎么样,自己是否善于和领导交流,对公司发展至关重要的东西是什么。

4. 分析市场的机会与威胁。例如,消费者的品位是否发生了变化,市场是否在成长,将来可能影响你的社会、法律、经济、政治和技术环境是否发生了变化,竞争者进入公司所在的行业的容易度,自己是否有新产品或新的服务项目的想法。

(二)创业目标信息搜集分析

1. 确定自己和公司的创业宗旨。创业者是想要一种生活方式还是想努力获取企业成长?这个问题无论对于创业者还是企业都非常重要。对于企业而言,宗旨就是企业追求的基本使命。星巴克公司的创始人舒尔茨有非常远大的个人志向,那就是建立一家庞大、知名而又利润丰厚的企业,来改变美国人开始一天新生活的方式。为此,他为公司确立了明确的使命:成立一家能把意大利咖啡吧文化带到美国的公司;供应最优质的咖啡,经营一个重视员工的组织。因此他并不将简单地在西雅图开几家咖啡店算创业的成功,而是要最终建立连锁帝国。

2. 根据宗旨确立一些具体的目标。目标必须是明确的,有时间限制的,并且是可以实现的。它们可以作为有效的判断标准来评价创业者的表现。比如说,实现10%的利润增长,最小资本回报率为15%等。目标是征途上的里程碑,告诉创业者要到哪里去,并在已经实现目标时让创业者知道。

(三)创业手段信息搜集分析

1. 制订实现创业目标需要的战略。战略就是描述"怎样做"。战略不是复杂的,只是联合起来的任务。制订战略需要不同的管理职能,如营销、运营、人事和财务等部门的合作。

2. 需要专门制订一个营销计划,构造一个一致的连贯的营销组合,以明确把产品或服务卖给不同的顾客。

3.需要作一个财务预算,利润和现金流量预测。看看要完成这个计划需要什么财物资源。需要吸引投资者吗？能够吸引投资者吗？如果不能,计划可能需要作出修改。

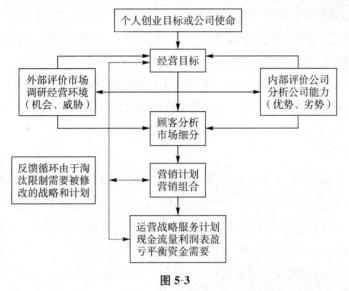

图 5-3

(资料来源:保罗·伯恩斯:《企业家修炼教程——成功经营小企业》,宋庆云、杨桦、史雪莲译,北京:人民邮电出版社,2003年,第207页。)

创业计划的制订过程如图5-3所示。它由创业者的个人目标或公司使命开始,并明确具体的创业目标;运用SWOT(企业的优势、劣势、机会、威胁)分析方法,现实和简洁地评价企业所面临的选择,SWOT分析的结果可用于经营目标和顾客的分析中,接下来要针对具体的计划制订营销战略,包括构造一个适合于公司每一个不同的目标市场的营销组合,它们被发展成针对每种产品或市场的详尽的营销计划,包括谁做什么、什么时间做;最后来估计这些计划的成本并制订出详细预算。但是由于资源的限制,这些计划、战略甚至经营目标都可能会被反馈回来进行修改。

五、市场调查的内容和方法

(一)市场调查的主要内容

1. 经营环境调查

(1)政策、法律环境调查。调查与你所经营的业务、开展的服务项目有关的政策法律信息,了解国家是鼓励还是限制你所开展的业务,有什么管理措施和手段。当地政府是如何执行有关国家法律法规和政策,对你的业务有何有利和不利的影响。

(2)行业环境调查。调查你所经营的业务,开展的服务项目所属行业的发展情况、发展趋势、行业规则及行业管理措施。比如,从事美容美发行业,应该了解该行业国内及本地区的发展状况,国际国内流行趋势和先进美容技术,该行业的行业规范和管理制度有哪些。从事服装业的,应该了解服装行业的发展趋势,流行色和流行款式,服装技术发展潮流等。"家有家法,行有行规",进入一个新行当,应充分了解和把握该行业信息,这样,才有助于你尽快实现从"门外汉"到内行的改变。

(3)宏观经济状况调查。宏观经济状况是否景气,直接影响老百姓的购买力。如果企业效益普遍不好,经济不景气,你的生意就难做,反之你的生意就好做,这就叫作大气候影响小气候。因此,把握大气候的信息,是做好小生意的重要参数。经济景气宜采用积极进取型经营方针,经济不景气也有挣钱的行业,也孕育着潜在的市场机遇,关键在你如何把握和判断。

2. 市场需求调查

如果你要制作或经销某一种或某一系列产品,应对这一产品的市场需求量进行调查。也就是说,通过市场调查,对产品进行市场定位。譬如你营销某种家用电器,你应调查一下市场对这种家用电器的需求量,有无相同或相类似的产品,市场占有率是多少。譬如你提供一项专业的家庭服务项目,你应调查一下居民对这种项目了解和需求程度,需求量有多大,有无其他人或公司提供相同的服务项目,市场占有率是多少。

市场需求调查的另一重要内容是市场需求趋势调查。了解市场对某种产品或服务项目标长期需求态势,了解该产品和服务项目是逐渐被人们认同和接收,需求前景广阔,还是逐渐被人们淘汰,需求萎缩。了解该种产品和服务项目从技术和经营两方面的发展趋势如何等等。

3. 顾客情况调查

这些顾客可以是你现实的客户,也可能是你潜在的顾客。顾客状况调查包括两个方面的内容:一是顾客需求调查,例如购买某种产品(或服务项目)的顾客大都是什么人(或社会团体、企业),他们希望从中得到哪方面的满足和需求(如效用、心理满足、技术、价格、交货期、安全感等),现时产品(或服务项目)能够或者为什么能够较好地满足他们某些方面的需要等。二是顾客的分类调查。重点了解顾客的数量、特点及分布,明确你的目标顾客,掌握他们的详尽资料,如果是某类企业和单位的话,应了解这些单位的基本情况,如进货渠道、采购管理模式、联系电话、办公地址,某项业务负责人具体状况和授权范围,对某种产品和服务项目的需求程度,购买习惯和特征。如果顾客是消费者个人,应了解消费群体种类,即目标顾客的大致年龄范围、性别、消费特性、用钱标准,对某种产品和服务项目标需求程度、购买动机、购买心理、使用习惯。掌握这些信息,将为你有针对性地开展业务做准备。

4. 竞争对手调查

在开放的市场经济条件下,市场竞争激烈,在你开业前,也许已有人做相同或类似的业务,这些就是你现实的竞争对手。也许你开展的业务是全新的,有独到之处,在你刚开始经营的时候,没有现实的对手;一旦你的生意繁荣,立刻就会有许多人学习你的业务,竞相加入你的竞争行列,这些就是你潜在对手。"知己知彼,百战不殆",了解竞争对手的状况,包括竞争对手的数量与规模,分布与构成,竞争对手的优缺点及营销策略,做到心中有数,才能在激烈的市场竞争中占据有利地位,有的放矢地采取一些竞争策略,做到人无我有、人有我优、人优我更优。

5. **市场销售策略调查**

重点调查了解目前市场上经营某种产品或开展某种服务项目的促销手腕、营销策略和销售方式主要有哪些。如销售渠道、销售环节,最短进货距离和最少批发环节,广告宣传方式和重点,价格策略,有哪些促销手段,有奖销售还是折扣销售,销售方式有哪些,批发还是零售,专卖还是特许经营等,调查一下这些经营策略是否有效,有哪些缺点和不足,从而为决策采取什么经营策略、经营手段提供依据。

(二)市场调查的方法

进行市场调查必须选用科学的方法,调查方法选择恰当与否,对调查结果影响甚大。各种方法都有利有弊,只有了解各种方法,才能正确选择和应用。市场调查研究所需的资料分为原始资料和二手资料。由于两种资料的来源不同,资料的收集方法也就有原始资料的收集方法和二手资料的收集方法之分。

1. **文案调查法**

文案调查法又称间接调查法,是利用企业内部和外部的现有的各种信息、情报资料,对调查内容进行分析研究的一种调查方法。文案调查是调查方法中最基本的方法,也是应用最为广泛的方法。它不仅仅单独作为一个方法存在,更是其他几乎所有方法的前期环节、基础工作。

(1)文案调查法的功能和特点。文案调查的功能具体表现在以下4个方面:第一,文案调查可以发现问题并为市场研究提供重要参考依据;第二,文案调查可为实地调查创造条件;第三,文案调查可用于有关部门和企业进行经常性的市场调查;第四,文案调查不受时空限制。

文案调查法具有以下几个特点:文案调查是收集已经加工过的次级资料,而不是对原始资料的搜集;文案调查以收集文献性信息为主,它具体表现为各种文献资料;文案调查所收集的资料包括动态和静态两个方面,尤其偏重于动态角度。

(2)文案调查的方式和方法。

①文案调查的方式。在文案中,对于企业内部资料的收集相对比较容易,调查费用低,调查的各种障碍少,能够正确把握资料的来源和收集过程,因此,应尽量利用企业的内部资料。对于企业外部资料的收集,可以依不同情况,采取不同的方式。

②文案调查的方法。查找法是获取第二手资料的基本方法。首先要注意在企业

内部查找,在内部查找的基础上,还可到企业外部查找。主要是到一些公共机构,如图书馆、资料室、信息中心等。为提高查找的效率,应注意熟悉检索系统和资料目录。索取法是市场调研人员需向有关机构直接索取某方面的市场情报。如直接派员或通过信函向政府有关机构、国内外厂商等索取某方面的市场情报或所需资料文件。收听法是用人工、录音等方法收听广播及新兴的多媒体传播系统中播放的各种政策法规和经济信息。咨询法是通过电话向企业内部相关部门查询某些业务数据或要求声讯服务时,应先了解它有哪些服务咨询项目。购买法是向专业咨询机构、行业协会、信息中心等单位团体购买定期或不定期出版的市场行情资料和市场分析报告等。委托法是委托专业市场研究公司收集和提供企业产品营销诊断资料等。在这里,企业必须慎重选择市场研究公司,以保证调查项目的完成质量。

2. 询问调查法

又称访问询问法,就是调查人员采用访谈询问的方式向被调查者了解市场情况的一种方法,它是市场调查中最常用的、最基本的调查方法。

(1)询问法的特点与类型。

①询问法的特点。由询问调查法的概念,可以看出它与其他方法只有明显不同的特点,主要表现为以下两点:市场询问法的实施过程是调查者与被调查者相互作用、相互影响的过程;访问者的人际交往能力在访谈过程中有重要的作用。

②询问法的类型。按访问方式分类,可分为直接访问和间接访问;按访问内容分类,可分为标准化访问和非标准化访问;根据访问对象的特点不同,可分为一般性访问和特殊性访问;根据访问调查一次访问人数的多少,可分为个别访问和集体访问;按访问内容传递方式分类,可分为面谈调查、电话调查、邮寄调查、留置调查和日记调查等。

(2)询问调查方法。

①面谈调查。面谈调查是调查者根据调查提纲直接访问被调查者,当面询问有关问题,既可以是个别面谈,主要通过口头询问;也可以是群体面谈,可通过座谈会等形式。

②电话调查。电话调查是由调查人员通过电话向被调查者询问了解有关问题的一种调查方法。

优点是取得市场信息的速度较快;节省调查费用和时间;调查的覆盖面较广;可以访问到一些不易见到面的被调查者,如某些名人等。缺点是被调查者只限于有电话的地区和个人;电话提问受到时间的限制;被调查者可能因不了解调查的详尽、确切的意图而无法回答或无法准确回答;对于某些专业性较强的问题无法获得所需的调查资料;无法针对被调查者的性格特点控制其情绪。

③邮寄调查。邮寄调查是将调查问卷邮寄给被调查者,由被调查者根据调查问

卷的填写要求填写好后寄回的一种调查方法。优点是扩大调查区域；调查成本较低；被调查者有充分的答卷时间；可让被调查者以匿名的方式回答一些个人隐私问题；无需对调查人员进行培训和管理。缺点是征询回收率较低；时间较长；无法判断被调查者的性格特征和其回答的可靠程度；要求被调查者应具有一定的文字理解能力和表达能力，对文化程度较低的人不适用。

④留置调查。留置调查是当面将调查表交给被调查者，说明调查意图和要求，由被调查者自行填写回答，再由调查者按约定时间收回的一种调查方法。

⑤日记调查。日记调查是指对固定样本连续调查的单位发放登记簿或账本，由被调查者逐日逐项记录，再由调查人员定期加以整理汇总的一种调查方法。

3. 观察调查法

观察调查法是调查员凭借自己的感官和各种记录工具，深入调查现场，在被调查者未察觉的情况下，直接观察和记录被调查者行为，以收集市场信息的一种方法。

根据观察者是否参加到被观察的市场活动中分为参与观察和非参与观察；根据观察者对观察内容是否有统一设计、有一定结构的观察项目和要求，观察法可分为有结构观察和无结构观察。根据观察的方式可以分为直接观察和测量观察。

(1) 观察调查法的主要内容。观察顾客的行为，了解顾客行为，可促使企业有针对性地采取恰当的促销方式。所以，调查者要经常观察或者摄录顾客在商场、销售大厅内的活动情况，如顾客在购买商品之前，主要观察什么，是商品价格、商品质量还是商品款式等；顾客对商场的服务态度有何议论等等。观察顾客流量对商场改善经营、提高服务质量有很大好处。例如，观察一天内各个时间段进出商店的顾客数量，可以合理地安排营业员工作的时间，更好地为顾客服务；又如，为新商店选择地址或研究市区商业网点的布局，也需要对客流量进行观察。观察产品使用现场，调查人员到产品用户使用地观察调查，了解产品质量、性能及用户反映等情况，实地了解使用产品的条件和技术要求，从中发现产品更新换代的前景和趋势。观察商店柜台及橱窗布置，为了提高服务质量，调查人员要观察商店内柜台布局是否合理，顾客选购、付款是否方便，柜台商品是否丰富，顾客到台率与成交率以及营业员的服务态度如何等。

(2) 观察法的优点和缺点。观察法是市场调查研究中的重要方法之一，它是一种非常古老的认识方法，并在现代市场调查中由于各种观察工具的使用得到进一步发展和深化。与其他调查方法比较，观察法的优点和局限性是很明显的。观察法的优点是可以实地记录市场现象的发生，能够获得直接具体的生动材料，对市场现象的实际过程和当时的环境气氛都可以了解，这是其他方法不能比拟的。观察法不要求被调查者具有配合调查的语言表达能力或文字表达能力，因此适用性也比较强。观察法还有资料可靠性高、简便易行、灵活性强等优点。观察法的缺点，即只能观察到人的外部行为，不能说明其内在动机，观察活动受时间和空间的限制，被观察者有时难免受到一定程度的干扰而不完全处于自然状态等。总之,应用观察法,须扬长避短,尽量减少观察误差。

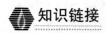
知识链接

以顾客身份进行的参与观察

一家拥有众多售货员的连锁商店准备对商店的营业员进行一次评价,作为今后对售货人员进行培训的依据。为此聘请了调查人员作为观察者,让他们在购买物品的过程中对各商店情况进行观察评定,评定的内容主要包括:①当以顾客身份的观察人员进入商店时售货员做些什么?②他们是如何接待这位"顾客"的?③商店里商品布置怎样?④售货员提供商品咨询的能力如何?⑤即使这位观察人员什么也不买,售货员是否还那么热情?

在这一例子中要求:①观察人员是不引人注目且训练有素的人员;②观察手段是看、听;③实施方式为隐蔽的、参与的,在某个时间内有第三者进行实际观察(即现场观察);④观察对象为售货员及商品的布置。

(资料来源:http://www.chinavalue.net)

4. 实验调查法

实验调查法是指市场调研者有目的、有意识地改变一个或几个影响因素,来观察市场现象在这些因素影响下的变动情况,以认识市场现象的本质特征和发展规律。实验调查既是一种实践过程,又是一种认识过程,并将实践与认识统一为调查研究过程。企业的经营活动中经常运用这种方法,如开展一些小规模的包装实验、价格实验、广告实验、新产品销售实验等,来测验这些措施在市场上的效应,以实现对市场总体的推断。

实验调查法按照实验的场所可分为实验室实验和现场实验。实验室实验是指在人造的环境中进行实验,研究人员可以进行严格的实验控制,比较容易操作,时间短,费用低。现场实验是指在实际的环境中进行实验,其实验结果一般具有较大的实用意义。

应用实验调查法的一般步骤是:根据市场调查的课题提出研究假设;进行实验设计,确定实验方法;选择实验对象;进行实验;分析整理实验资料并做实验检测;得出实验结论。实验调查只有按这种科学的步骤来开展,才可能迅速取得满意的实验效果。

实验调查法的优缺点:

实验调查法通过实验活动提供市场发展变化的资料,不是等待某种市场现象发生了再去调查,而是积极主动地改变某种条件,来揭示或确立市场现象之间的相关关系。它不但可以说明是什么,而且可以说明为什么,还具有可重复性,因此其结论的说服力较强。实验调查法对检验宏观管理的方针政策与微观管理的措施办法的正确性来说,都是一种有效的方法。

实验调查法在进行市场实验时,由于不可控因素较多,很难选择到有充分代表性的实验对象和实验环境。因此实验结论往往带有一定的特殊性,实验结果的推广会受到一定的影响。实验调查法还有花费时间较多、费用较高、实验过程不易控制、实验情况不易保密、竞争对手可能会有意干扰现场实验的结果等缺点。这些缺点使实验调查法的应用有一些局限性,市场调查人员对此应给予充分的注意。

5. 网络调查法

网络调查法是企业整体营销战略的一个组成部分,是建立在互联网基础上,借助于互联网的特性来实现一定营销目标和调查目的的一种手段。

网络调查法按照采用的技术方法不同可分为站点法、电子邮件法、随机 IP 法、视讯会议法等等;按照调查者组织调查样本的行为不同,可分为主动调查法和被动调查法。主动调查法是指调查者主动组织调查样本,完成有关调查;被动调查法是指被调查者被动地等待调查样本单位造访,完成有关调查。

(1)站点法。将问卷置于网络中供受访者自行填答后传回。网络用户通过 TELNET 或 WEB 方式在电子公告栏发布消息,BBS 上的信息量少,但针对性较强,适合行业性强的企业。

站点法是将问卷放置在 www 站点上,等待访问者访问时主动填写问卷的一种调研方法。该方法被调查者范围广,几乎每个网民都可以成为被调查者。例如,中国互联网络自身发展状况调查 CNNIC(中国互联网络信息中心)每半年进行一次的"中国互联网络发展状况调查"采用的就是被动问卷调研法。在调查期间,为达到可以满足统计需要的问卷数量,CNNIC 一般与国内一些著名的 ISP(网络服务提供商)/ICP(网络媒体提供商)设置调查问卷的链接,如新浪、搜狐、网易等,进行适当的宣传以吸引大量的互联网浏览者进行问卷点击,感兴趣的人会自愿填写问卷。

(2)电子邮件法。通过向被调查者发送电子邮件,将调查问卷发送给一些特定的网上用户,由用户填写后又以电子邮件的形式反馈给调查者。例如,美国消费者调查公司(American Opinion)是美国的一家网上市场调研公司。通过互联网在世界范围内征集会员,只要回答一些关于个人职业、家庭成员组成及收入等方面的个人背景资料问题即可成为会员。该公司每月都会寄出一些市场调查表给符合调研要求的会员,询问诸如"你最喜欢的食物是哪些口味,你最需要哪些家用电器"等问题,在调查表的下面注着完成调研后被调查者可以获得的酬金,根据问卷的长短以及难度的不同,酬金的范围在 4~25 美元,并且每月还会从会员中抽奖,至少奖励 50 美元。该公司会员注册十分积极,目前已有网上会员 50 多万人。

（3）随机 IP 法。随机产生一批 IP 地址作为抽样样本进行调查的方法，其理论基础是随机抽样。

（4）视讯会议法。视讯会议法是基于 web 的计算机辅助访问（CAWI），它是将分散在不同地域的被调查者通过互联网视讯会议功能虚拟地组织起来，在主持人的引导下讨论所要调查的问题。

（5）在线访谈法。调查人员利用网上聊天室或 BBS 与不相识的网友交谈、讨论问题、寻求帮助、获取有关信息。在同一时间随机选择 2～6 位被访问者，弹出邀请信，告知其可以进入一个特定的网络聊天室，相互讨论对某个事件、产品或服务等的看法和评价。

（6）搜索引擎法。利用网络的搜索服务功能，键入关键词就可以通过搜索得到大量的现成资料。亦可直接进入政府部门或行业管理网站，搜集有关的统计数据和相关资料。创业者要经常关注政府网站，了解相关政策信息，有利于加快企业发展。此外搜索引擎还能够为市场调查策划提供许多相关的知识信息支持和帮助。

第二节　撰写与展示创业计划

创业格言

> 每个计划应像雪花一样与众不同。
> ——约瑟夫·罗彻索（Joseph Mancuso）

创业计划是创业构想的文字表现形式，也是创业者及其团队经过实际市场调查反复思考、推理并论证的过程，更是创业者叩响投资者大门的"敲门砖"，一份优秀的创业计划往往会使创业者达到事半功倍的效果。当然，选择合适的创业计划推介与展示方式更能收到良好的效果。

一、研讨创业构想

在开展创业计划撰写之前，需要对我们的创业构想进行研讨。一个成功的企业始于正确的理念或好的构想。周密的企业构思可以避免日后的失望和损失。

（一）研讨你可能创办的企业经营类型：

企业有很多经营类型，主要归纳为如下 4 种类型：

1. 商贸企业——从批发商或制造商处购买商品，卖给顾客和其他企业。零售商从批发商或制造商处购买商品,卖给顾客。所有的百货商店都是零售商。批发商则从制造企业购买商品,卖给零售企业。如蔬菜、水产、瓜果批发中心。

2. 制造企业——生产实物产品。如果你打算开一家企业生产销售砖瓦、家具、化妆品或野菜罐头,那么你拥有的就是一家制造企业。

3. 服务企业——不出售任何有形产品,也不制造产品。服务企业提供服务或提供劳务。例如,房屋装修、邮件快递、家庭服务、法律咨询、技术培训等。

4. 农、林、牧、渔类企业——利用土地或水域进行生产,种植或饲养的产品多种多样。可能是种果树,也可能是养珍珠。

你想经营哪种类型的企业呢?

也许,你觉得有些企业其实不完全符合上述分类。如果你准备开办一个汽车修理厂,你开办的就是服务企业,因为你所提供的是维修劳务服务。汽车修理厂也可能同时出售汽油、机油、轮胎和零配件,这就是说你也在做零售业。主要经营活动决定企业的基本经营类型。

当然,不同的企业类型对创业者的要求也有所不同。如商贸企业对产品范围、经营地点、价格及促销等方面的要求就比较高;制造企业对生产组织、生产效率、质量管理等方面的要求就比较高;服务企业对服务方式、服务满意度、服务可靠性、服务的有形展示等方面要求就比较高。另外,不同的企业类型对创业者的资金规模要求也不同。

(二)产生创业构思的方法:

1. 头脑风暴法:原指精神病患者头脑中短时间出现的思维紊乱现象,病人会产生大量的胡思乱想。奥斯本借用这个概念来比喻思维高度活跃,打破常规的思维方式而产生大量创造性设想的状况。头脑风暴的特点是让与会者敞开思想,使各种设想在相互碰撞中激起脑海的创造性风暴。其可分为直接头脑风暴和质疑头脑风暴法。前者是在专家群体决策基础上尽可能激发创造性,产生尽可能多的设想的方法;后者则是对前者提出的设想、方案逐一质疑,发现其现实可行性的方法,这是一种集体开发创造性思维的方法。

其实,创业团队成员之间可以借助头脑风暴方法共同产生创业构思,不仅能起到集思广益的效果,还能让集体产生的构思更具有可行性。

2. 市场调查法:通过对市场的实际调查往往有助于发现一些商业机会,进而产生创业想法,而且这种创业想法也会在多次的市场调查中得到反复的论证,也有利于形成理性的创业构思。

3. 经验判断法:就是根据创业者个人曾经的社会实践或工作经验来形成创业构思。如曾经在企业工作过的销售人员,通过工作期间对行业、市场、顾客的了解和掌握,后来形成的创业构思。

二、分析创业可能遇到的问题和困难

研讨创业构思的过程也是一个分析问题和困难的过程。在创业构思初期,创业者一般更多地思考创业过程的优势或者好的一方面,往往会犯主观"自大"的错误,这与创业者不具备创业实践经验有关。而实际创业的过程是一个复杂艰辛的过程,在创业的过程中,可能会遇到一些问题和困难,甚至还会遇到一些看似简单但创业者却无法回避,而对创业过程产生重要影响的问题和困难。

创业者要把创业过程中可能会遇到的种种问题事先理清楚,并尽可能想好对策,这些问题包括资金问题、行业问题、团队问题、管理问题、产品问题、销售问题等各种困难。尽可能地把创业过程中的所有事情想得全面些。想得越全面,就越有思想准备。

分析创业时可能遇到的问题和困难,要把握好以下几点:

一是对市场竞争格局是否了解透彻。对主要的几个竞争对手是否已详尽研究过,有关竞争对手信息的获得是道听途说,还是亲自调查获得的。信息一定要准确,才能制订正确的市场竞争方法。

二是对相关行业的政策支持是否了解透彻。要了解最新的政策扶持内容,要主动到政府相关部门去咨询,或者上相关部门的网站查找。对政策的透彻了解和把握,能使你发展更快、更容易,也许你实际操作中遇到的困难就在政策扶持的范围内,这就很容易解决。

三是对当地的城市发展规划是否了解透彻。当地政府的城市发展规划,可能直接影响到你的企业选址,如果你企业刚运转,就因为道路拓宽被拆迁,这样问题的出现,就怪你事先对当地城市发展规划不关注。

四是对这个行业的上下游企业要充分了解。了解整个行业的产业链,才能把握自己企业所处的位置,有利于在经营中出现困难时从整个产业链来审视,只有这样,才能发现是你经营不善导致的问题,还是大环境造成的问题。

三、提炼创业计划的执行概要

执行概要是创业者为了吸引创业战略伙伴或投资者的注意,把创业计划书的核心内容加以提炼,放在计划书的最前面,它是创业计划书的精华。执行概要涵盖了计划的要点,简明扼要,条理清晰。创业者的创业背景、创业思路、发展目标及竞争优势等内容在这部分都应一一体现,以便读者能在最短的时间内评审计划并做出判断。因此,创业者应该拿出专门的时间和精力对创业计划书的执行概要进行提炼。在撰写执行概要时要注意以下关键元素。

（一）问题和解决方案

这些是创业者用来吸引投资者的"钩子"，最好在第一段就描述清楚。陈述项目的价值定位及要给市场提供什么特别的东西，尤其是项目在今后正常经营中可能会遇到的问题及其解决对策。这样不仅表明创业者的创业理性程度，更能打动投资者。

（二）市场大小和增长机会

投资者们都在寻找巨大的、处在增长期的市场。最好能简单说明一下基本的细分市场、市场规模、增长情况和市场动态。

（三）项目竞争优势

准确阐明项目的竞争优势，主要是指对竞争对手进行过有效的市场调查以后，所进行的比较竞争优势。

（四）商业模式

谁是你的客户、产品如何定价、一件产品的成本是多少？目前是否有真实客户，是否正在发展阶段？概括你的销售和营销策略（销售渠道、潜在客户开发等）。列出一些关键数字，如：客户量、授权量、产品数量和利润等。

（五）执行团队

要记住投资者投资的是人而不是创意。为什么你的团队有能力成功？他们以前做过什么？解释一下每个人的背景、角色、工作过的公司。如果你的创业导师或顾问有相关的行业经验，也可以在团队介绍里提出来。

（六）财务预测和融资

你需要展示 3 到 5 年的收入和花费预测。投资者要知道你现在想融多少钱，你能给他们怎样的回报。这样的融资需求通常是为了实现你的商业计划书中下一个重要目标所需要的最小金额。

以上这些概括要点并不是商业计划书概要的硬性要求，或是必须出现的，但是你要确保每一个关键问题都要提到。你要考虑在你的创业项目中哪些是关键点，要特别强调你的优势。如果关键点被忽略了，投资者对你的第一印象恐怕就不够好。

四、把创业构想变成文字方案

创业构想毕竟是脑海里的东西，要想把构想变成实际，还要认真地坐下来理清思路,把要做的每一样事按步骤具体写在纸上,要把创业构想变成文字方案。这是理智的创业者必须要做的工作,也是为了保证创业成功必须要做的工作。

现实生活中的很多创业者,往往一时冲动,在脑海中刚有创业构想时,就立即动手去做,结果这部分人中的大部分都以失败而告终。有的人在脑海里的构想很好,但一做起来困难重重,好多方面的困难没有想到;有的人失败了以后还找不到失败的原因;有的人经济上为此遭受很大损失。这些都说明光有构想是不行的。还要有详细的创业计划。

创业需要激情,创业更需要理智。没有理智的激情创业,是我们不提倡的,青年人尤其是大学生们没有丰富的人生阅历,激烈的市场竞争是我们在校园里还没有感受过的,没有理智的冲动,往往会导致行动的失败。我们不做因一时冲动而行动的创业者,我们要做理智的创业者,在创业的道路上,要让理智始终指导我们行动。

把创业者的创业构思通过文字方式呈现出来,其实就是创业计划书的撰写问题。当然,创业计划书的撰写过程也是对上述构思的一种理性论证过程,不仅仅是对创业构思的简单描述过程。很多创业者通过对创业计划书的撰写,不断否定原有的创业构思。有关创业计划书的撰写问题在后面的内容中将有更详细的探讨。

在把创业构想变成文字方案的时候,我们可能还要到相关的市场去看看,调查一下;在写要买哪些设备和工具时,我们可能还要到商场里去看看具体的价格,以便正确地测算我们将要付出的成本,以便于测算出我们的启动资金;创业计划书还可以送给相关人士看看,可能还能吸引他人加盟,可能还能争取到资金支持。

要想写出一份出色的创业计划书,特别要强调如下8个方面的工作:

(一)让计划短小精练

有可能阅读创业计划书的人都是拒绝浪费时间的人,因此,创业者对新创企业的描述不但要清晰明确还要简洁。

(二)恰当组织和包装计划书

目录、摘要、附录、例证、图表的合理安排,恰当的包装等都是非常必要的。

(三)让计划面向未来

创业者在计划中要结合当地的经济发展情况来分析企业的发展空间,描绘企业的发展趋势和前景,描述企业未来的打算。

(四)避免夸张

计划书中预测的成本和利润要理性,不要随意夸大,不要想当然地去填写。要做到合情合理。最好要到类似的企业去走访或调研。

（五）对风险的分析不可忽视

计划书中，要对从事的行业进行风险分析，这项工作体现了创业者分析问题的能力。

（六）创业团队要明确

计划书中要让人看到你的创业团队人员组成、人员分工。

（七）识别目标市场

创办的企业不可能满足所有人的需要，要冷静分析，识别企业的目标市场和重点受众，并在计划书中说明。

（八）满足创业计划书的基本要求

主题明确、结构合理；内容充实、重点突出；论据充分、论证严谨；方法科学、分析规范；文字通畅、表述准确；排版规范、装帧整齐。

五、创业计划的撰写和展示技巧

（一）创业计划的撰写

1. 创业计划的基本特征

（1）客观性。客观性是创业计划书的重要特点。不论在论证哪一个关键要素时，创业者都必须依据充分的市场调研数据和客观的分析结果，而非创业者的主观判断。这些依据使得创业计划书具有真实性，可信程度非常高，也使得创业计划书的调整和改进立足于一个真实可信的基础之上。创业计划书的客观性来自实践，来自一线的大量信息和素材，这是创业计划书具有实践性和可操作性的基础，也是创业计划书能够吸引投资者的基本前提。

（2）条理性。商业计划书的条理性同样是一个非常重要的特征，创业计划书本质上是一份提交给投资者的投资指南，不同于一般的商业文件。为了展现企业的优势和发展机会，创业者需要把严密的逻辑思维融入客观事实中呈现和表达出来。应当在创业计划书中展现创业者如何通过项目的市场调研、市场分析、市场开发，生产的安排、组织、运作等管理活动把所提出的战略规划付诸实施，把预想的企业成长变成切实的商业利润。论证过程应条理得当，切忌华而不实，不要为了追求华丽的效果而失去内在的逻辑。

(3)实践性。创业计划书的实践性是指创业计划书具有可操作性。从上文可以知道,创业计划书不仅是对各方面创业准备的综合归纳整理,更是对未来创业成长的预期和规划。因此,创业计划书的分析结果必须是实实在在能够在实践中运用的。因为只有在实践运作中,创业计划书中的企业成长预期价值才能实现。如果只是为了获取资源炮制一份"看起来很美"的创业计划书,这一创业计划书是毫无价值的。当然,在创业之初,对未来实践经营的细节进行设想也是不尽现实的,但是项目运作的整体思路和战略设想应是清晰的。实战的过程中尽管可能做出若干调整,但项目的鲜明商业特点和可操作性是不会变化的。

(4)创新性。创业计划书最鲜明的特点是它的创新性。这种创新性是通过其开拓性表现出来的。对现有经营模式亦步亦趋的简单模仿,是难以吸引投资者的眼光的。对于创业者来说,创业计划书应当从创新项目、创新技术、创新材料、创新营销渠道等方面进行开拓,如果能够从整体上提出一个全新的商业模式会具备很强的吸引力。这种新项目、新内容、新的营销思路和运作思路的整合,才是创业计划书的最本质的特征,也是创业计划书不同于一般的项目建议书的根本之处。

2. 创业计划的撰写原则

(1)目标清晰。这一原则跟创业计划书的阅读对象密不可分。不同的阅读对象有不同的关注重点,应当充分考虑这些关注点如何在创业计划书中得以体现。切忌拿着一个依据通用模板写出的商业计划书来应对各种需求。

(2)要素俱全。创业计划书首先是对新创企业的全面总结,因此,全面性是商业计划书的一个重要的要求。企业的基本情况、市场分析、产品情况、创业团队等方面内容都必须涉及。对任何一个关键要素的回避都将使得创业计划书不完整,同时也会让投资者觉得创业者的准备不够充分或者可能在隐瞒什么情况,这些都会降低投资者的评价。

(3)语言精练。创业计划书是一份商业报告,而不是文学作品。撰写者所需要完成的是如何用直观朴实的语言把所要传递的信息准确地传递出去。在这一过程中,切忌语言夸张或者含糊。语言夸张的弊端是显而易见的,即使是在某个细节部分,撰写者过于夸大自身,一旦受到投资者的质疑,投资者就会对整个创业计划书的真实性产生怀疑。语言精确也是一个必然的要求,创业计划书中尽可能地不要采用"可能"、"好像"这类的词汇,每一个论据、每一项判断是怎样的状态,应当据实说明。如果撰写者没有把握,也应当实实在在地写出来,这种态度反而会引起阅读者的赞赏。

(4)形式新颖。创业计划书不仅要内在美,还要追求外表美。虽然在很多情况下,我们都知道实质重于形式这一道理,但是显而易见,一份重点突出、编排得当、清晰整洁的创业计划书无疑更容易被阅读者接受。那些不愿意在完善创业计划书的细节上花费时间的人,也难以让投资者相信他会更加专注地投入到企业管理工作中。

(二)创业计划的展示技巧

当一份创业计划书写完之后,为了能够很好地发挥其作用,接下来需要做的就是找到一些能够提供给你所需要的资金、专门的技术人员和市场的方式,并向这些投资者或合作伙伴展示你的创业计划,引起他们的兴趣或接受你的计划,从而为你的企业提供资金或其他支持。

1. 展示前的准备工作

(1)再次熟悉创业计划书。在展示创业计划之前,必须十分熟悉你的创业计划书的内容,做到胸有成竹以备答辩。不仅要熟悉创业计划书中所写的内容,更要熟悉计划书中的一些判断或预测的依据和证明材料,这样有利于说服投资者。

(2)重视创业计划书演练。在正式展示创业计划书之前,团队应该经过多次演练,尽可能找些不同的人来做你的听众,让他们从不同角度提出一些合理性的建议或意见,这样的演练和改进,不仅有利于提高展示效果,还有利于提高团队的自信心。

(3)准备合适的展示方式。最常用的展示创业计划书的方式就是幻灯片,可以有效地帮助你表达,尤其是销售预测、财务报表等这类数据性的部分内容,用一些表格、柱状图、饼状图或绘制的增长曲线图等方式更加形象有效。当然,还可以通过一些简短的音频或视频方式来展示。

(4)合理安排成员及分工。为了更有效地展示创业计划书,往往是采用团队方式来合作展示。但人数一般不宜过多,3人左右比较合适,1人主讲,1人辅助,1人辅助协调。这样也能体现出团队的合作精神。

(5)研究你要会见的对象。在展示创业计划书之前,尽可能通过各种渠道搜集一些你要会见对象的资料,充分研究你要会见的对象,最好能收集到他在各种场合讲话的内容,或者收集到他写的文章,从中推测到他的思想,做到知己知彼百战不殆。

2. 向投资者陈述你的计划书

陈述一般是由创业的主讲人按照幻灯片演示文件来向投资者介绍项目情况。对一份创业计划书做介绍通常会持续15~20分钟的时间,接着要准备用15~20分钟的时间来回答投资者的问题。通常情况下,所做的介绍会给出创业计划的关键要点。陈述的过程是宣传你的创意的机会,也是一个展示创业者自我的机会,应该抓住演讲的机会充分展示你的创业计划。演讲时要充满激情,语言要充满感染力。演讲的开头很重要,一定要选好合适的形式来开场以引起投资者的兴趣,演讲的过程中要适当运用肢体语言和音量的变化,来吸引投资者的注意力,演讲的结尾也要让投资者提起精神,建立投资信心。

知识链接

创业计划书的自我测验标准

管理学大师 Bruce Judson 博士最早对创业计划书的检测提出了以下 11 条标准：

1. "电梯"测验

你能在大约上一层电梯的时间里——用最多两短句告诉我你的生意如何获利吗？电梯测试是广为人知的电梯销售演讲的变体。你需要一个电梯销售演讲，为什么？你必须清楚你如何赚钱。这个简单道理看似不言自明，但实际上很多刚成立的公司关于如何最终盈利的概念非常模糊。所以，商业计划必须简单明了。

我们经常用来检验新公司的一个标准就是看公司被理解的难易程度。思科公司的创始人以惊人的明确性解释了他们的事业，整个使命只用了 3 个单词：思科连接网络。

2. "最多 3 件事情"测验

成功有赖于创业者将其能力集中在有限的几个关键领域的能力。当你审视一个商业创意时，你需要问自己如下问题：这里决定我成功的 3 件事是什么？我具备在这个范围内成功的必备能力吗？如果没有，如何获得？

3. "假如你是顾客"测验

把你放在潜在顾客的位置上，问你自己一系列的问题：

在已有选择的基础之上，我会买这个公司的新产品和服务吗？如果是，为什么？作为一个潜在的买家，我是独一无二的吗？还是很多人和我一样？我会以现在的全价购买产品和服务吗？购买服务有多快、多容易？我会立刻购买，还是先了解一下？然后，再回到企业家的角色。

4. "差异化和市场领导权"测验

无论何时有人说，"这是一个巨大的市场，我们只需占有一小部分就能成功"，这并不是一个好主意，赶紧转身离开，远走高飞。不惜一切代价避开这个陷阱，成功需要你的生意与众不同并能统治一些东西。当小池塘里的大鱼比当大海里的小鱼要好得多。

5. "我会被包围吗"测验

在创业之前，你必须估计很常见的现象带来的风险，以及妨碍你长期成功的可能性。公司有一些结构特性让供应商和合伙人难以竞争。从一开始你就要考虑你是否能有效构建你的公司，阻止合伙人和供应商复制你向顾客提供的价值模式的企图。

6. "成本翻番"测验

你预料到会出现问题,每件事情比预期的费用要高,通常需要更多的时间实现收益。看一下你的利润计划(预期的花费、预期收益、取得收益的时间),问你自己如下的问题:

如果成本翻番,这还是一份好计划吗?

如果第一年的收益只有预期收益的一半,成本又翻番,这还是一个好创意吗?

7. "留下犯错误及试验的空间"测验

好的商业创意通常留给你很大的犯错误空间。并且记住,你最后挣的钱不一定来自于打算挣钱的地方,所以留下试验的空间。

8. "依赖性"测验

任何公司的重要风险来源之一就是对某个供应商或者顾客的巨大依赖。首要法则就是单一顾客不能占据一个公司销售额的35%。所以,问问自己:

环顾四周,我的公司是否严重依赖某个公司呢?如果答案是肯定的,有办法减少这种依赖性或者减小潜在的损失吗?

如果你打算创立的分公司严重依赖某个公司,要考虑如下2个问题:

这种依赖性会榨取我的利润吗?如果我依赖的公司停业或者不再同我做生意,将会发生什么事情?

要花时间仔细构建一个详细的权变计划,用笔写下来,强迫自己思考这个问题。

9. "多股收入流"测验

尽可能控制你的风险。控制风险的传统方法之一就是多样化,涉及公司收入,这就是说,公司从多个来源获得收益的能力。

10. "脆弱性"测验

如果公司开业运转了,什么事情能让我的公司瞬间垮掉?我如何预测现有的和潜在的竞争者对我的公司做出的回击?是否有竞争者有能力将我的公司立刻击败?

11. "不只是一条路"测验

如果你的公司——或者你将使用的技能——能够灵活地朝多个方向发展,你将更有可能成功。

(资料来源:刘志阳:《创业学》,格致出版社、上海人民出版社,2010年。)

3. 创业计划书的评价

创业计划是创业者自己或委托有关机构或人员制订的为创业实施或创业融资预先安排的方案，其好坏直接关系到创业项目的成败。因此，使用创业计划的组织或个人拿到创业计划后，首先要对创业计划进行评价，以判定其优良程度。创业计划评价，一般有第一方、第二方及第三方评价。第一方为创业者，主要判定制订的创业计划是否具有吸引力或实施操作性。第二方为资源提供方，包括风险投资者、一般投资人以及管理者、员工等。第三方为独立于计划制订及使用方的咨询机构，受人委托对创业计划进行公正性评价。

创业计划评价要素一般包括6方面内容：

(1)创业计划报告完整、全面；

(2)方案可行；

(3)技术含量高或具备创新性；

(4)经济效益好；

(5)资金筹措方案合理；

(6)市场前景广阔。

创业计划评价标准因为创业计划使用者目的的不同而不同，下面是根据创业投资基金或投资者角度的评价标准。

(1)执行概要(10%)：内容清晰、简洁，重点突出，具有吸引力。

(2)创业企业(5%)：明确阐明企业的目的、性质、背景、现状及创业理念和战略目标。

(3)产品或服务(10%)：描述产品或服务的基本性能、特征、商业价值、技术含量、发展阶段、所有权情况。

(4)生产计划(10%)：包括生产或服务计划、经营难度及所需要的资源，考虑地区、税收、交通、电力供应等。

(5)营销计划(10%)：包括市场描述、竞争分析、市场细分、市场定位、产品定价、营销渠道、促销方式。

(6)组织计划(10%)：包括关键人物背景、组织结构、角色分配、创业团队实施战略的能力。

(7)财务计划(10%)：财务报表清晰明了，与计划实施同步，内容包括相应时间段的现金流量表、资产负债表、损益表。

(8)融资回报(10%)：以条款方式提供所需投资、利益分配方式、可能推出的策略。

(9)可行性(20%)：一是市场机会(1/5)，明确市场需要及其合适的满足方式；二是竞争优势(1/5)，企业拥有的独特的核心能力以及获取持续的竞争优势；三是管理能力(1/5)，管理团队能够有效地发展企业，并合理规避投资风险；四是财务预算(1/5),企业的发展业务具有明确的财务需求;五是投资潜力(1/5),创业项目具有真正的实际投资价值。

(10)创业计划书写作(5%):计划要简洁清晰,不冗余。

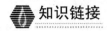知识链接

国外大学生创业计划竞赛

美国大学校园的高技术创业浪潮席卷整个美国,大学生的创业热情空前高涨。起源于1983年的美国大学的创业计划大赛正是在这种形势下应运而生的。创业计划大赛是借用风险投资的实际运作模式,要求参赛者组成优势互补的竞赛小组,提出一个具有市场前景的技术产品或者服务,围绕这一产品或服务,以希望赢得风险投资家的投资为目的,通过深入研究和广泛的市场调查,完成一份完整、具体、深入的商业计划。目前,美国已有包括麻省理工学院、斯坦福大学等10多所世界一流的大学每年举办这一竞赛。Yahoo!、Excite、Netscape等公司就是在斯坦福校园里的创业氛围中诞生的。

麻省理工学院的创业竞赛吸引了一大批优秀的天使基金投资家、风险投资家、律师事务所、会计事务所、咨询公司来参与他们的活动,这其中有许多投资和项目买卖的成交都直接与这些公司有关。

创业计划竞赛与风险投资紧密相关。风险投资在美国出现于二战之后,举世闻名的硅谷就是风险投资的诞生地,风险投资和硅谷的高技术产业创业者们一起成长,和苹果公司、英特尔公司以及太阳微处理系统公司一起成长。风险投资和硅谷的创业者们一起经历40多年的风风雨雨,也铸就了硅谷今天的辉煌。

国内大学生创业计划竞赛

国内创业计划大赛1997年由清华大学首次举办,它是科技和风险投资浪潮兴起的产物,是指一无所有的创业者就某一具有市场前景的产品、服务或技术向风险投资家游说以取得对方投资。竞赛主要是宣传风险投资理念,以"崇尚科学、追求真知、勤奋学习、锐意创新、迎接挑战"为宗旨,传播自主创业意识。创业计划大赛要求参赛者组成优势互补的、跨专业的竞赛团队,提出一个具有市场潜力的新产品或服务或创设某种职业等创意,并围绕该创意展开调研论证,完成一份内容翔实、论证有力的商业计划书。经过由专业人士组成的评审团评定,将有发展前途的作品推广到全社会,从而取得资金的收益回报。竞赛的举办为大学生在走出校门前提供了一个创业实践的平台、一条争取风险投资的途径。

首届大学生创业计划竞赛,汇集了全国120余所高校的400件作品,在

全国高校中掀起了一轮创新创业热潮，并孕育了一批高科技公司，如易得方舟、视美乐等。

首届全国大学生创业计划大赛金奖作品：

1. 执行总结

1.1 公司

甲壳质材料研究 & 开发有限责任公司是一个提议中的公司，它拥有甲壳质纤维制备的专利技术，提倡科技为本的绿色生活新理念，为人类提供尽善尽美的天然生物产品。

我国医用缝合线每年约有15亿人民币的市场需求，其中可吸收缝合线约有7.5亿。公司成立初期生产医用甲壳质可吸收缝合线，以满足迅速发展的可吸收缝合线市场的需求，使用投资建厂解决方案，有针对地解决PGA（Polyglycolic Acid 聚乙二醇酸）类可吸收缝合线大部分依赖进口、价格昂贵、影响提高人们医疗水平的问题。

公司注重短期目标与长远战略的结合，中长期目标将逐步拓宽产品领域，涉足甲壳质医用抗菌材料、药物缓释材料、人造器官、化妆品、保健食品、保健服装面料、新型环保包装材料、快餐用具等，形成以甲壳质材料为核心的多元化经营集团公司。

1.2 市场

医用缝合线市场是集团市场，购买过程属集团购买行为。

目前，我国大量使用的医用缝合线主要有丝线、羊肠线和PGA类可吸收线。羊肠线材料本身有缺陷，PGA类缝合线生产成本居高不下，使用范围均受到影响。医用甲壳质缝合线将就这一切入点进入市场。

医用甲壳质缝合线采用竞争定价策略进入市场。产品生产成本约2.1元/根，是PGA类缝合线的1/10；平均定价30元/根（据调查，市场可接受价格为30～40元/根），大约是PGA类缝合线平均市场价格的1/2，而且降价空间较大。

公司将在全国设立7个区域分销中心，与代理商、经销商一起建立健全的营销网络。产品进入市场的过程中将通过大量赠送产品让医生试用作为促销手段和提高市场占有率的手段，第一年赠送90万根，第二年赠送160万根，第三年以后每年赠送80万根。

国际领先的甲壳质纤维制备专利技术是制备医用甲壳质缝合线的关键。公司将建立ISO9000质量管理体系，力争获得国际ISO9000质量管理认证。

1.3 投资与财务

公司设在上海张江高新技术园区,享受"三免三减半"的税收优惠政策。

公司成立初期共需资金1100万。其中风险投资700万,东华大学投入资金100万,短期借款300万。其中用于固定资产投资602万,流动资金498万。另外,天纯生物材料有限公司设备入股100万。

股本规模及结构暂定为:公司注册资本1200万。外来风险投资入股700万(58.33%);东华大学(原中国纺织大学)专利技术入股300万(25%),资金入股100万(8.33%);上海天纯生物材料有限公司设备入股100万(8.33%)。

第二年估计盈利1000万人民币,以后每年销售利润率45%左右,第二年资产报酬率为75.39%,投资回收期为两年零一个月。

风险资金最好在第3~5年撤出,采用收购方式比较适合本公司。

1.4 组织与人力资源

公司性质是有限责任公司,初期组织结构采取直线制。公司所有权与经营权分离,实行总经理负责制。总经理下设营销副总经理、技术副总经理、财务副总经理。

甲壳质纤维制备技术专利属东华大学所有,郯志清教授等是专利技术发明人。郯志清教授有多年的科技成果产业化经验,将出任公司董事长兼技术副总经理;创业小组成员将参与公司的市场营销与财务管理工作;公司还聘请了东华大学市场营销系顾庆良教授作为营销顾问。

2. 项目背景

2.1 产业背景

近年来,我国医疗器械产业得到很快发展。1978年,我国医疗器械工业总产值为7.3亿元。到1995年,按国家医药管理局统计为80亿元,而此间有关方面调查表明,全国医疗器械产业实际总产值达160~180亿元,相当于1978年的22~25倍,约占世界总销售额的2%左右。我国医疗器械行业发展滞后于化学药物工业,发达国家医疗器械与药物销售之比接近1:1,而我国只有1:10,因此具有极大的拓展空间。

据调查,高性能的医用纺织品的增值幅度可达到目前的50倍左右。

目前,我国大量使用的医用缝合线有3种:丝线、羊肠线和PGA类可吸收线。羊肠线和PGA类缝合线是可吸收缝合线。

羊肠线生产工艺落后,污染环境,可吸收性差,易过敏和产生抗体反应。目前,它的存在仅仅是由于价格优势。PGA类可吸收缝合线大量依赖进口,不仅花费大量外汇,增加了国家和手术病人的经济负担,也对我国外科手术水平的提高产生了一定影响。

据台湾工业技术研究院报告,1994年医用缝合线的全球市场值估计有15亿美元,每年增长率约4%。

据台湾化工所资料,世界上只有3家工厂生产PGA原料,价格居高不下。另外,PGA含水率过高将导致材料水解劣化、机械强度下降,缝合线质量受到严重影响。

作为一种纯生物制品,用甲壳质作原料的可吸收缝合线,能被人体完全吸收,无毒副作用,能够满足作为可吸收缝合线的所有指标,符合绿色环保的社会发展主题,是PGA类可吸收缝合线的替代品。在吸收进口可吸收缝合线的优点的基础上,研制开发性能优越、价格适宜的甲壳质可吸收缝合线是符合社会和市场要求的。

投产医用甲壳质可吸收缝合线,在全球范围内具有超前性,对于促进我国医疗器械工业的发展、提高人们医疗水平、减轻国家外汇负担等方面,具有长远的经济效益和社会效益。

2.2 产品概述

2.2.1 甲壳质

甲壳质又称"壳质"、"甲壳素",是一种带正电荷的天然多糖高聚物,化学名称为"聚乙酰胺基葡萄糖"。它广泛存在于虾、蟹、昆虫等的外壳及菌类、藻类的细胞壁中,含量可达20%~30%,在我国其来源极为丰富。

甲壳质纤维是除了纤维素之外的第二类有机生物材料,是一种新型可吸收、可降解的纯天然生物高分子材料。甲壳质纤维具有许多不同于纤维素的生物特性,如具有生物的相容性、无免疫抗原性,无毒无刺激,可被溶菌酶分解吸收,促进组织生长,加速伤口愈合、提高免疫力等。近年来,甲壳质纤维受到国际医学界的高度重视,是一种应用前景广阔的医用高分子材料。

东华大学甲壳质研究项目技术水平国际领先,被列入国家重点研究项目,并进驻上海浦东高校重点实验室。

目前,已成功研制出甲壳质医用无纺布、医用敷料和医用创可贴材料,并于1994年1月18日通过上海市科委组织的专家鉴定,达国际先进水平。经临床使用证明,该类产品具有消炎、镇痛、止血、抑菌、透气吸水、促进组织生长等性能。目前,甲壳质医用无纺布、甲壳质创可贴材料、甲壳质医用敷料在上海浦东张江高科技园区已规模生产,取得了良好的经济效益与社会效益。

2.2.2 甲壳质缝合线

缝合线是一种用于伤口缝合、组织结扎和固定的无菌线,属医疗器械中的3类产品。甲壳质可吸收缝合线是以纯天然甲壳质为主要原料的、能被人体吸收的医用缝合线。

产品性能：甲壳质可吸收缝合线经上海、浙江数家医院400多例临床使用，性能优，疗效好，完全符合缝合要求，无过敏、炎症、刺激等不良反应。

产品专利：甲壳质纤维及其制备方法（专利号ZL.96103888.8），专利为东华大学所有，发明者是郯志清教授等。

2.3 甲壳质可吸收缝合线的优点

经临床实验证明，与现有缝合线相比，医用甲壳质可吸收缝合线具备了作为可吸收手术缝合线的主要优点：

纯生物制品，与人体相容性好，伤口缝合疤痕小；

原材料广泛存在于海洋生物中，成本是PGA类产品的1/10；

线体周围形成抑制细菌生长的环境，有利于伤口愈合；

无毒、无刺激，无抗体反应，能够被身体完全吸收；

足够的抗张强度和柔韧性，完全符合制备可吸收缝合线的要求；

易保存，在空气中几乎不分解；

能经受杀菌消毒处理，可进行染色、防腐处理等；

资深教授、专家、研究员从事科研攻关，研发实力雄厚，专利技术国际领先。

2.4 甲壳质应用前景

甲壳质是一种天然高聚物，是一种新型环保材料，在医学、农业、轻工业等领域具有广泛的用途。在医学上可以用来做人工皮肤、药物缓释材料、止血剂和伤口愈合剂、人造器官（如人工肾、人造血管）等；在农业上，可用来生产壳聚糖、壳质包复农药、降解地膜等；在轻工业上，可用来制造化妆品、保健品、功能服装、环保包装材料等。

3. 市场机会

3.1 市场分析

医用缝合线的实际消费者是病人，使用者和购买决策者是外科主刀医师和护士长，实际购买者是采购部门。市场特征呈现为使用者、购买决策者与购买者分离的特殊性。

医用缝合线市场是集团市场，购买过程属集团购买行为，人员推销是最有效的销售方式。医生首先根据手术类型和要求选择缝合线种类、规格，同时会受使用习惯、品牌偏好、地域差异等因素的影响。

缝合线属于医疗器械类，医药卫生管理机构如国家医药管理局、卫生局等的宏观政策法规会对其发展产生重要影响。

医疗器械的销售要三证齐全,三证是《医疗器械生产许可证》、《医疗器械销售许可证》、《产品合格证》,有些地方还要求由当地卫生主管部门核发的《准销证》。

在购买决策中,医生和手术室护士长起很重要的作用,有些甚至由护士长指定或采购(特别是二级以下医院),极少数医院由行政部门决策购买。决策模式主要如图1所示:

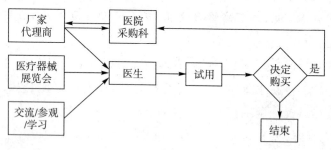

图1

3.2 市场细分

按市场开发程度,国内医用缝合线市场主要分为两类:

第一,已开发的可吸收缝合线市场,是指使用羊肠线和PGA类可吸收缝合线的市场。

其一,大量使用PGA类可吸收缝合线的市场。

这类市场主要分布在经济发展水平较高、医疗水平较高的大城市医院,如北京、上海、广州等地医院。市场特征主要表现为:厂家对于使用PGA类可吸收缝合线的前期宣传已基本完成,医生接受程度高,医生品牌忠诚度高;可吸收缝合线应用广泛、应用时间久;对价格敏感度较低;消费行为比较成熟。

其二,大量使用羊肠线的市场。

这类市场主要分布在经济发展水平相对较低的大中型城市的医院,如西安。市场特征主要表现为:可吸收医用缝合线主要使用羊肠线,尚未大规模使用PGA类可吸收缝合线;医生对于可吸收缝合线的接受程度相对较高;对价格较为敏感;品牌忠诚度不高。

第二,尚未开发的可吸收缝合线市场,是指应该或可以使用可吸收线而仍然使用丝线的市场。

这类市场主要分布在经济发展水平偏低、医疗水平有限的中小型城市医院或大城市的小医院。市场特征主要呈现为:医生较少接触或使用PGA

类可吸收缝合线;手术中普遍使用丝线;对于价格敏感度很高;PGA类可吸收缝合线尚未进入这类市场,竞争和缓。

3.3 销售渠道分析

据调查,医用缝合线的主要销售渠道为:

3.3.1 厂家直销或当地代理商销售

PGA类可吸收缝合线生产厂家主要采用这种方式。通过当地代理商能够减少进入壁垒,顺利进入新市场。厂家直销适用于进入壁垒较小的市场。医院一般较为相信当地的代理商,发生问题处理及时,且信誉有保障。销售过程如图2所示:

图2　销售过程

3.3.2 通过医疗器械批发公司销售

主要是国内的丝线、羊肠线生产厂家,他们通过各级医院器械公司、经销商建立了庞大的销售网络,销售渠道通畅,并与全国各大中医院有着牢固的业务关系,受人为因素影响相对较小。销售过程如图3所示:

图3　销售过程

3.4 竞争分析

3.4.1 竞争产品和竞争对手

丝线:价格便宜,目前手术中仍大量使用普通丝线。上海浦东金环医疗用品有限公司占据了全国丝线市场绝大部分市场份额,其次是美国强生的"慕丝线"也在国内大医院普遍使用,国内还有天津、杭州、无锡、南通等地生产厂家。

羊肠线:价格便宜,在妇产科等手术中较多使用,使用不便,容易引起炎症,处于被逐步替代的阶段。厂家主要分布在上海、天津、杭州等地。

PGA类可吸收缝合线:多为进口,国内南通也有生产,价格较高,厂家以美国的强生和氰胺(肯达尔)为最多。主要采用上门推销和大量赠送产品试用的方式攻占市场。

据调查,强生和氰胺在上海占有80%以上的可吸收缝合线市场份额;其次,南通"华利康"也有一定的比例。"华利康"价格大致在强生和氰胺的60%左右,但价格优势基本被其不完善的售后服务和质量问题所抵消。

3.4.2 竞争影响力量分析

国家法律、法规及卫生管理部门对竞争影响力量结构有较大的影响。

销售商:主要指经销商和代理商。丝线、羊肠线主要由各地经销商销售,PGA类缝合线主要是厂家直销和代理商销售,取得代理商的合作是在竞争中取胜的关键要素。

同时经营多品牌的销售商销售重心的偏移和销售成本变化会对竞争产生明显影响。资源供应商:上海天纯生物材料有限公司以甲壳质纤维生产设备入股,年产能力为5吨,生产无纺布和医用敷料500公斤,生产甲壳质缝合线使用量为500公斤,原材料供应充足;缝合针市场供应量充足。

国内甲壳质原料供应商较少,采购商也较少,互相讨价还价能力有限。对供应商的产品质量进行控制与防止受控于供应商的能力也会影响竞争。

替代风险:高新技术产品的生命周期较短,更新换代快。甲壳质缝合线有可能被其他产品如吻合器、激光设备、伤口黏合剂替代,应着力研究新技术,开发新产品,加强市场营销,化解被替代威胁。

公司拥有甲壳质纤维制备技术专利,同类产品的潜在竞争者需经授权许可才能进入,也给替代品的出现构成障碍。

竞争影响力量分析可以用图4表示:

图4 竞争影响力量

3.4.3 竞争优势

甲壳质缝合本身的优越性能;对专有技术与人才的垄断;成本优势;资源可获性强;高新技术符合政府政策的发展方向等。

3.5 市场容量

3.5.1 市场容量

据估算:1999年国内医用缝合线市场容量约为**15亿人民币。据调查和二手资料显示,目前可吸收缝合线的使用量仅占5%左右(含羊肠线、PGA类线),但金额占总量的50%左右,约7.5亿。(注:**估算过程略)。

3.5.2 趋势分析与预测

据台湾工业技术研究院报告,全球医用缝合线市场年增长率为4%。据调查,PGA类缝合线产品只开发了可吸收缝合线市场的10%左右,市场潜力巨大。

目前,医用可吸收缝合线主要用于大型手术(如开胸、腹腔等)中,PGA类可吸收缝合线主要依赖进口,国家对其有严格的限制。

考虑市场增长情况,5年后甲壳质缝合线年销售额估计可达1个亿左右。

3.6 政策方针和WTO的影响

第一,医疗保健政策对高科技医疗设备产业支持与限制的放松,以及医疗体制的逐步市场化,为产品进入该市场降低了难度;

第二,中美已于1999年11月15日签订关于中国加入世贸组织双边协议,中国于2000年上半年加入WTO,关税进一步下调,进口产品进入壁垒减少,进口可吸收缝合线价格亦会有所下调,给本产品造成一定压力,但也为医用甲壳质可吸收缝合线进入国际市场提供了契机;

第三,据有关资料显示与专家预测,中国加入WTO有利于中小型高新技术企业发展;

第四,公司拥有先进的技术,绝对的成本优势,有能力拓展高速增长的国内及国际医用缝合线市场,获得竞争优势,分享国际经济一体化带来的好处;

第五,国际经济一体化为信息交流带来方便,可持续发展对技术创新的要求为符合这一潮流的高科技生物技术发展提供良好环境,也为公司将来的进一步发展创造条件。

4. 公司战略

4.1 公司概述

甲壳质材料研究&开发有限责任公司是一家以生产甲壳质系列产品为主的企业,公司拥有世界领先的甲壳质纤维制备技术和高素质的管理队伍,提倡科技为本的绿色生活新理念,为人类提供尽善尽美的天然生物产品。

公司拥有先进的专利技术和优秀的科研人员,有能力不断改进初期产品——医用甲壳质可吸收缝合线性能,深入研制开发以甲壳质为材料的产品系列及其衍生品,形成以甲壳质材料为核心的多元化经营集团公司。

公司拥有高素质的营销管理与销售队伍,相关技术的高科技人才。公司营销管理人员均受过管理专业的系统教育,具有丰富的管理经验和良好的市场意识;销售人员具备营销专业知识和相关医学知识。

公司属于国家政策鼓励中以生产生物高新技术产品为主的中小型企业,准备投资于上海张江高新技术园区。

4.2 总体战略

公司在 3~5 年内成为医用可吸收缝合线领域的市场领导者。

4.2.1 公司使命

"向社会提供优质的甲壳质产品,提高人类健康水平"。

4.2.2 公司宗旨

"关注绿色环保与生命质量,创造健康与希望"。

4.3 发展战略

4.3.1 初期(1~3 年)

主要产品是医用甲壳质可吸收缝合线,市场策略为替代羊肠线和一部分丝线,挤占 PGA 类缝合线的市场份额;建立自己的品牌,积累无形资产;收回初期投资,准备扩大生产规模,开始准备研制开发衍生产品。

前两年:

产品导入市场,提高产品知晓度,树立品牌形象;

逐步建立健全的销售网络;

打开并初步占领医用可吸收缝合线市场;

累计产量约达到 400 万根,销售收入约 4300 万元,利润约 1000 万元;

市场占有率为可吸收缝合线 4%~8%。

第三年:

提升品牌形象,增加无形资产;

增加设备,扩大生产规模;

年产量达到 300 万根,销售额约达到 6000 万元,利润约达到 2600 万元;

市场占有率提升到 15% 左右;

研制丝线,利用现有的销售网络,开拓整个缝合线市场;

产品基本成熟,重点挖掘产品新性能,开发衍生产品,拓展市场。

4.3.2 中期(4~6 年)

进一步完善和健全销售网络;

重点研制相关产品,进一步拓展产品线,实行多元化经营战略;

市场占有率达到 17%~20%,居于主导地位;

巩固、扩展甲壳质可吸收缝合线市场。

4.3.3 长期(5~10年)

利用公司甲壳质材料研制方面的技术优势,开发研制甲壳质相关产品,实现产品多元化,拓展市场空间,扩大市场占有率,成为医学、农业和化工领域的领先者。

纵向延伸:立足医用领域,进一步完善甲壳质缝合线性能;开发新型医用材料;生产制造相关止血剂和伤口愈合剂;开发研制人工肾等。

横向延伸:开发促进土壤恢复的农药、农用地膜;开发保健品、环保包装材料;研制化妆品、保健服装面料等。

公司将以高科技参与国际竞争,适时进入相应的国际市场。

产品延伸见图5:

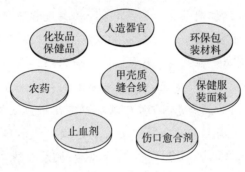

图5　产品延伸

5. 市场营销

5.1 目标市场(Targert Market)

全国县级或以上的综合医院、专科医院、保健医院等。

5.2 产品(Product)

5.2.1 产品

保证产品质量,开发多种规格的产品,在核心产品的基础上,延伸产品的功能。同时不断开发相关新产品。

我们提供的不仅是有形的产品,更重要的是产品所代表的尽善尽美的服务和关注环保与生命质量的健康理念。

5.2.2 包装

采用标准化包装。在统一标识的前提下,不同的产品、规格采用易于识别的不同包装,方便顾客的选购、辨别与使用。

5.2.3 服务

建立完善的销售服务网络,为客户提供健全优质的服务。

售前服务:采用宣传、培训和交流等手段,以及通过专业推销人员的努

力,使专业顾客了解产品的特性与适用情况;

售中服务:建立完善的销售网络(如电话订货),急顾客所需,及时送货上门;

售后服务:建立信息交流反馈渠道,包括销售渠道中的反馈和电子商务的网络反馈,做好产品的质量、服务的反馈信息处理,根据客户需要不断改进产品;与顾客搞好关系,固定长期业务关系;最大限度满足客户需要;适时举办信息交流活动,搭建沟通桥梁。

5.2.4 品牌

公司发展初期采用单一品牌策略,初定为"康宜得",有利于在客户中树立明确的品牌形象;随着公司的不断发展壮大,逐步建立起多品牌的产品组合,提升公司的企业及品牌形象,实现无形资产的增值。

建立商标防护网,注册品牌和商标,包括相关或相近的品牌、商标名,利用有关国际条约保护自己的权益;提前在网络上注册公司的域名,为发展电子商务打下基础;宣传产品品牌,提高品牌知晓度。

建立品牌忠诚度是扩大市场份额的重要方式。作为医用消耗品的可吸收缝合线要建立牢固的品牌忠诚度,可以从以下几个方面努力:

以优质的产品提高品牌美誉度。要在与进口可吸收缝合线竞争中取得优势,就要以优质的产品吸引顾客,赢得竞争主动权,提高产品美誉度。

以完善的服务提高品牌忠诚度。在产品质量一定的情况下,健全优质的服务是赢得顾客品牌忠诚度的良好途径。因此,公司将建立健全的服务网络,覆盖整个销售区域;建立完善的优质服务制度,为产品巩固及扩大市场作不断的努力。

良好的公共形象对于品牌的形象具有至关重要的影响。公关活动将始终被公司作为树立和提升企业形象、产品品牌形象的重要工作之一。

5.3 价格(Price)

针对国内市场情况,我们拟采取竞争定价的价格策略,大约定在进口品牌价格的50%~75%。即同等条件下,相对于进口品牌有价格优势,相对于国产品牌有质量优势。竞争对手采取降价策略时,我们有较大的降价空间保持自己的优势。

据调查,PGA类可吸收缝合线的价格总体过高,医院从减轻病人负担考虑,尽量减少PGA类缝合线的使用。我们是后进入者,同类产品定价策略对于我们影响较大;从增强产品竞争力和公司发展的角度考虑,产品价格定位在中档。

5.4 销售渠道(Canal)

拟采取的销售渠道有两种:自建销售网络;利用现有渠道。

建立以上海为中心的销售网络:将全国划分为东北、华北、华中、华南、华东、西北、西南七大区域,每一区域设一个分销中心,由区域分销中心和代理商共同开发市场,并且负责监管这一区域代理商的工作和二级网络的建设。销售网络的建立原则是为客户提供最高效率的服务。

利用现有经销商:公司处于起步阶段,销售网络正在逐步建设,利用经销商现成的销售网络弥补自建的销售网络的不足,扩大市场范围,并吸引有良好关系网络、有能力的代理人才,完善自建的销售网络。

尽量把经销商选择在销售网络未建设或未完善的地区,避免两者产生矛盾。随着公司销售网络不断完善,将逐步缩小经销商的销售范围。

建立公司网站与客户资源管理库,积极推动公司网络营销的开展,适时开展电子商务。及时收集试用后的反馈信息,并根据情况采取相应的措施,保证产品顺利进入市场。

5.5 推广策略(Promotion)

5.5.1 大量赠送产品

医用产品试用期一般较长,医生品牌忠诚度较高,应采用人员推销方式与医生直接沟通,解除医生对试用新品牌的疑虑,建立医生对产品的信心;在产品导入市场的前期,大量赠送产品让医生试用,是比较有效的促销方式,可以培养产品与品牌亲和力,也可以改变医生的缝合线使用习惯。

考虑公司的长期战略和竞争优势,赠送量暂定为第一年赠送90万根,第二年赠送160万根,第三年以后每年赠送80万根。

赠送量与预计销售量比较

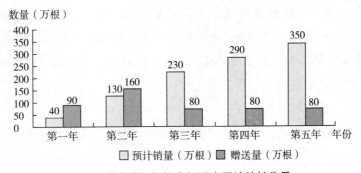

图6 赠送量与根据市场调查预计的销售量

5.5.2 人员推销

产品销售以人员上门推销为主。据调查,通过推销人员了解缝合线是医院获得产品信息的主要渠道,所以,开发市场的前提,是建立一支高素质的推销队伍。销售队伍人员应经常与临床医生等人士进行交流,了解对公司及产品的要求,不断促进产品的进步。

推销队伍将由具有医学知识和销售知识与经验的人员组成,并定期进行产品与销售知识再培训。销售业绩与奖金挂钩,给予顾客一定的数量折扣来推动销售。

产品推销出去后,就需要根据购买决策者心理,提供优质的售后服务,固定长期业务关系。

5.5.3 广告

甲壳质是一种新型材料,认知程度较低,广告的诉求点应侧重于介绍甲壳质材料本身的生物特性、医疗等领域的用途、社会效益等。

国家对医疗器械广告有着一定的限制,广告要经过医疗器械广告审查机关的严格审查,审查时间一般为15天;发布广告可以委托医疗器械经销商或广告公司代理。

从正面宣传产品,受到的限制较多,可以通过公众媒介树立企业形象,从而达到宣传产品的目的。

广告主要方向集中在做甲壳质材料广告,通过向社会宣传甲壳质的来源、特点、应用前景、各种保健功能等作用,达到宣传公司产品的作用。

5.5.4 企业形象广告

在大众媒体和专业媒体上发布制作精良的企业形象广告,广告力求信息传达准确到位,同时配以文字报道则会取得更为良好的效果。

宣传公司理念——"Your health, our success"。

"您的健康,我们的希望"。

5.5.5 产品品牌广告

品牌广告可以通过多种渠道进行。广播、电视广告信息传递时间短,可以用来提高知晓度;利用报纸、杂志制作一些寓意深刻、高品位的广告,提升品牌形象;产品品牌广告保持风格的统一,利用不同媒介的特色,建立全方位、立体的信息传播网。

5.5.6 公益广告

除利用报纸、杂志、广播、电视等传播渠道外,也在社会公益活动中树立公司的良好形象。如与医疗部门共同建设急救中心,宣传紧急情况下的自救、互救知识等。

5.5.7 公关(Public Relation)

在公司筹建之初开始公关工作。公关活动的原则是树立公司技术先进、勇于创新、严谨踏实、富有社会责任感的良好形象。

公司筹建初期,公关活动的重点为提高公司知晓度,辅助销售网络的建设。

承办大型的学术交流会、研讨活动。

在医学院设立奖学金,不仅培养潜在顾客,也在任课教师(通常是医院的骨干力量)心中树立企业形象,为中后期销售奠定良好的基础。

公司正式运营之后,公关活动的重点在于树立企业形象,吸引公众注意,与公众进行双向交流,加深公众对产品的认识,提高产品和品牌的知晓度与美誉度。

与媒介联合举办科普节目、开辟科普专栏、开通免费咨询热线。

制作形式活泼、界面友好的主页,展开网络公关。

5.6 市场开发与进入

据调查,西安地区的医生和护士长对于医用缝合线的品牌忠诚度较低,关键是价格问题,较容易试用不同品牌的产品;京、沪、穗三地的医生对价格敏感度较低,不愿意试用不同品牌,市场开发与进入不易,但使用量远大于西安地区。

医用甲壳质缝合线市场开发策略为替代羊肠线和挤占 PGA 类可吸收缝合线市场,开拓应该用可吸收线而使用丝线的市场。进入策略应首先考虑西安等内地大中型城市,能够较早得到回报;同时也要对京、沪、穗等发达大城市进行市场开发,获取公司的长远与最大利益。

5.6.1 对已被开发的可吸收缝合线市场

市场开发与进入可以采用以下方案:

第一,占领传统可吸收缝合线羊肠线市场,替代现有羊肠线。

据调查,在经济发展水平偏低的中小型城市医院仍大量使用羊肠线。羊肠线正处于产品的衰退期,被替代的趋势日益明显,使得医用甲壳质缝合线进入这一市场将具有如下优势:良好的产品性能,使用方便,服务完善,价格适中。

第二,进入 PGA 类材料可吸收缝合线市场,与进口产品竞争市场份额。

与进口的可吸收缝合线竞争,以优质、优价和优质服务树立产品及品牌形象,突出甲壳质的生物环保性,不断扩大市场。

工作重点在于提高品牌知晓度、美誉度,树立良好的品牌形象;强调产品的生物特性;改变医生现有可吸收缝合线的品牌偏好,建立品牌忠诚度。

在专业医学杂志上举办关于甲壳质材料应用前景的讨论,强调甲壳质材料的生物特性;专业销售人员向医生介绍产品,使医生充分了解产品性能,建立对甲壳质医用缝合线的信心,并能够试用;提供完善的售前、售中、售后服务,辅以有竞争力的价格赢得市场;搞好公共关系,树立企业良好的社会形象,赢得顾客的信赖。

5.6.2 对尚未开发的可吸收缝合线市场

市场开发与进入的重点在于改变医生手术中使用缝合线的传统习惯,

替代部分丝线。

据调查,医生根据手术类型选择缝合线。部分手术可选择丝线,也可用可吸收线。医生选择缝合线的依据是自己长期工作过程中形成的使用习惯和价格对于病人的影响程度。

工作重点在于改变医生使用传统缝合线的观念,强调可吸收缝合线对于手术病人的重要性;宣传缝合线的发展趋势,使医生接受使用可吸收缝合线的观念,并引导医生中的一部分"潮流领导者"使用可吸收缝合线。

市场开发的方式在于专业销售人员与医生沟通,介绍甲壳质缝合线的优点,提高医生对甲壳质缝合线的认知程度;向其介绍甲壳质可吸收缝合线,使客户了解本产品的各项性能、适用情况等;通过大量赠送试用,培养医生的使用习惯。但需要较长时期(一至两年)的普及。

然后,以适中的价格、尽善尽美的服务、有力的公关手段打开市场。

6. 生产管理

6.1 生产要求

生产周期:从原料到缝合线生产周期为 6 天。

工人要求:相关专业大中专学历、经过 3 个月的专业培训。

技术关键:甲壳质纤维制备。

6.2 厂址选择

厂址准备选择在上海张江高新技术园区。这里临近地铁二号线终点站,距浦东新机场和市中心均为 10 公里。投资环境优良,基础配套设施齐全。

……………………(有删减)

9.3 部门职责

董事会:由公司的大股东组成,属于决策层,负责制订公司的总体发展战略,决定总经理的人选;

总经理:负责公司的日常经营事务,对董事会负责,决定副总经理和部门经理的人选,协调各部门之间关系;

营销副总:负责公司总体的营销活动,决定公司的营销策略和措施,并对营销工作进行评估和监控,包括市场分析、广告、公共关系、销售、客户服务等。领导全国区域销售代表与各地代理商和经销商进行市场开拓与销售,在公司发展成熟后,分设市场、公关、销售、客户服务部;

技术副总:负责生产、技术、R&D 等,控制从原料到产品的整个生产管理过程,处理与产品有关的技术问题。领导由公司出资在大学里设立的虚

拟R&D机构,负责产品的研究与开发工作,拓展产品线。领导采购部、生产部和研究开发部,协调生产和销售的矛盾;

财务副总经理:负责公司资金的筹集、使用和分配,如财务计划和分析、投资决策、资本结构的确定,股利分配等等;负责日常会计工作与税收管理,每个财政年度末向总经理汇报本年财务情况并规划下年财务工作。

9.4 创新机制

本公司着眼发展以下几个方面的创新:

机制创新:采用期权制,将给公司经营管理或技术研究开发的关键人员适当的期权;给员工优先参股权;采用全员质量管理(TQM);建立公司人才资源库,为员工提供接受培训和再教育的机会。

技术创新:利用社会现有的人才资源,通过与高校、研究机构等合作的形式,设立虚拟R&D部门,进行技术创新。

观念创新:技术是第一生产力,搞好技术创新,树立整合营销观念,形成"产、销、研"一体化;搞好企业内部、外部、代理商与经销商和各层客户之间的合作关系。

文化创新:以绿色为主旋律,倡导员工的团队精神和创新意识。

10. 机遇与风险

10.1 机遇

国产羊肠线无法满足医用要求,PGA类缝合线产品价格太高;

国家对技术创新的鼓励政策相继出台,使得外部政策环境相对宽松;

国家重视研究新的生物医药产品,甲壳质材料前景广阔;

浦东张江即将定位为"药谷"和"软件园",投资环境适合生物医药产业的发展;

我国不久即将加入WTO,使甲壳质材料进入国外市场更具优势。

10.2 外部风险

国家对医疗器械的生产、销售、检验、广告等政策的影响;

能否进入医疗保险范围,将对医院大量采用有重要影响;

经销商销售能力不确定性与倒戈的风险;

集团市场购买决策过程复杂,产品对推销技巧要求比较高;

潜在竞争者的加入;

高新技术发展很快,生命周期缩短,被替代的可能性加大;

资源供应商自身的风险;

银行借款风险。

10.3 内部风险

新技术营销策略的不确定性造成选择上的模糊与困难；

竞争对手的策略改变，应付策略上的不确定性；

价格在一定程度上影响进入低收入水平缝合线市场的营销策略；

纯生物产品，可能使极少数高敏病人产生过敏（尚未得到证实）。

10.4 解决方案

熟悉该行业的法律、法规；

具备医学与销售专业知识的推销人员，建立方便及时的销售网络；

提高R&D费用，强化产品的技术优势；

多元化经营，化解对单一产品组合的依赖性风险；

建立及时有效的信息反馈渠道，随时了解市场动态。

11. 风险资本的退出

风险资金退出的成功与否关键取决于公司的业绩和发展前景。

11.1 撤出方式

风险投资的退出方式一般有3种：首次公开上市（IPO），收购和清算。其他国家的实践表明，首次公开上市（IPO）收益最高。许多运作成功的风险投资都追求以此种方式退出。我们设计了3种可能的方案：

11.1.1 A股市场上市

在适当的时候，公司可以和产业方向相近的公司进行资产重组，达到在国内A股市场上市的条件。或者和上市公司进行资产重组，借壳上市。

11.1.2 海外二板市场上市

公司属于有发展前景和增长潜力的中小型高新技术企业，可争取在香港二板市场上市。另外，也可以考虑美国NASDAQ市场等海外的二板市场。

11.1.3 国内二板市场上市

《中共中央国务院关于加强技术创新发展高科技实现产业化的决定》提出："在做好准备的基础上，适当时候在现有的上海、深圳证券交易所专门设立高新技术企业板块。"如果国内设了二板市场，公司也可以争取在国内二板市场上市。

就目前资本市场的现状而言，收购（项目整体转让）方式比较适合本公司。收购方除继续发展缝合线等医用产品外，可拓宽产品领域，涉足甲壳质系列衍生产品的生产，形成以甲壳质材料为核心的多元化经营模式。这些对有投资意向的投资家或企业很有吸引力。另外，随着公司规模的扩大，若被有实力和管理经验的大公司收购，我们将能更好地完善管理体系，有助于推动公司的发展。

另外,通过协议的方式,风险投资方转让部分的股权也是一种可操作性较强的退出方案。

11.2 撤出时间

如果在二板市场上市,最好争取在 2~3 年上市。因为二板市场一般对管理层抛售股票的时间、份额有严格的规定。其他几种方式,风险资金在第 3~5 年退出较合适。

一般来说,公司未来投资的收益现值高于公司的市场价值时,是风险投资撤出的最佳时机。因此,从撤资的时间和公司发展的角度考虑,第 3~5 年时,公司经过了导入期和成长期,已完成一部分新产品和相关产品的开发,发展趋势很好;同时,公司在国内的医疗界树立了良好的形象,产品将有相当的知名度,此时退出可获得丰厚的回报。

(资料来源:刘志阳:《创业学》,格致出版社、上海人民出版社,2010 年。)

本章小结

创业者将自己的创意以创业计划的形式表现出来,可以冷静地分析自己的创业理想是否真正切实可行,清醒地认识自己的创业机会,明确自己的奋斗方向和奋斗目标,进而规划创业蓝图。创业计划是行动的号令。如果创业者打算利用他们的想法建立一个新世界,那么创业计划就将创业者必须采取的行动、必须执行的任务和必须获得的成果做成一份详细的一览表。可以说,创业计划书是指导创业全过程的行动指南,是创业实践的战略设想,在创业过程中起重要的指导作用。

创业计划书是创业者对未来新创企业的详细描述和预测,一份完整的创业计划具体包括:封面及目录、摘要、公司介绍、产品或服务、市场分析、竞争分析、管理团队、投资说明、研发计划、生产经营计划、市场营销计划、人力资源计划、财务分析、风险分析、退出策略、附录等。

当一份创业计划书写完之后,为了能够很好地发挥其作用,接下来需要做的就是找到一些能够提供给你所需要的资金、专门的技术人员和市场的方式,并向这些投资者或合作伙伴展示你的创业计划,引起他们的兴趣或接受你的计划,从而为你的企业提供资金或其他支持。

本章习题

1. 谈谈创业计划书的作用。
2. 创业计划书有哪些内容?

3. 请说出创业计划书的基本结构。
4. 市场调查的方法有哪些?
5. 谈谈创业计划书的撰写和展示技巧。

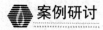 案例研讨

张华的创业计划

张华原毕业于某大学,经过多年的业余研究,他在室内环境污染治理方面取得了一项重要突破,这项技术如果在实际中得到应用,前景非常广阔。于是张华便辞去原来的工作,准备自己创业。但由于多年的积蓄都用在了室内环境污染治理的研究上,在七拼八凑注册了一家公司后,已经无力再招聘员工、购买材料了。无奈之下,张华想到了风险投资基金,希望通过引入合作伙伴的方式解决困境。为此,他多次与一些风险投资机构或个人投资者接洽商谈,虽然张华反复强调他的技术多么先进,应用前景多好,并拍着胸脯保证投资他的公司回报绝对低不了,但总是难以令对方相信,而且他对于投资人问到的多数数据也没有办法提供,如市场需求量具体有多少? 一年可以有多大的销售量? 投资后年回报率有多高? 就连招聘一些技术骨干也比较困难,这些人也总是对公司的前景缺乏信心。

这时,曾经在张华注册公司时帮助过他的一位做管理咨询的朋友一句话点醒了他:"你的那些技术有几个投资者搞得懂? 你连一份像样的创业计划书都没有,怎么让别人相信你? 投资者凭什么相信你?"于是,在向相关专家请教咨询后,张华又查阅了大量的资料,然后静下心来,从公司的经营宗旨、战略目标出发,对公司的技术、产品、市场销售、资金需求、财务指标、投资收益、投资者的退出等方面进行了分析和论证,当然在这一过程中,他还得不时地搞一些市场方面的调查。一个月后就拿出了一份创业计划书初稿,经过几位相关专家的指点,又再次进行了修改和完善。凭着这份创业计划书,张华不久就与一家风险投资公司达成了投资协议,有了风险投资的支持,员工招聘问题也迎刃而解。

现在,张华的公司经营得红红火火,年销售利润已达到 500 万元。回想往事,张华感慨地说:"创业计划书的编制与我搞的环境污染治理材料要求差不多,绝不是随便写一篇文章的事。编制计划书的过程就是我不断理清自己思路的过程。只有自己思路清楚了,才有可能让投资人、员工相信你。"

(资料来源:李良智等:《创业管理学》,北京:中国社会科学出版社,2007年,略有删改。)

研讨:创业计划书对张华的创业成功起到了什么作用?

第六章

新企业的开办

学习目标

◆ 了解新企业基本组织形式
◆ 掌握新企业注册基本流程
◆ 学会编写企业注册的相关文件
◆ 掌握新企业选址的基本技巧
◆ 理解并知晓新企业成长的驱动因素
◆ 学会管理新企业的基本技巧与风险控制技能

案例导引

中国合伙人——新东方创业之路

新东方由现任董事长俞敏洪于1993年创办,如今,已走过了20年的发展历程。俞敏洪在1980年考入北京大学,1985年毕业后留校任教。由于在北大教书期间在校外的培训机构做过老师,获得了学生很好的评价,这也萌生了他创业的想法。1993年,俞敏洪租用了一间10平方米的房子,开始了他的创业历程。在事业有了一定的起色后,俞敏洪开始寻找合作伙伴,首先他的朋友杜子华来到新东方合伙创业。1995年,俞敏洪远赴北美,聘请更多的精英人士一起发展新东方。俞敏洪的同学徐小平、王强、包凡一、江博等人先后加入新东方,他们形成了一种松散的合伙制,立志创立新东方品牌。在1995年之前,新东方只有俞敏洪一个人独挑大梁,课程集中于TOEFL和GRE考试培训,在找到一批创业伙伴后,俞敏洪将各个业务板块下放到每一位合伙人手中,新东方也开始了联产承包制。

在1996年春,由徐小平主持成立了新东方出国留学、移民咨询处,主要负责赴美留学业务。同年,王强和杜子华共同开创了新东方听力口语部,推出了"美国口语教学法"。杜子华还开创了中国首家"英语电影听说班"。1997年,包凡一和何庆权发起成立了新东方写作中心,并将其逐步发展为新东方图书事业部。1998年,胡敏设计成立了新东方国内培训部,推出4级、6级、考研英语班,创办了雅思考试培训部,编出了中国第一套托福教材。1999年,江博设计开办了新概念英语培训课程,随后逐步开设美国英语、英语语法培训课程,发展为现在的新东方英语综合能力培训班。

到2000年,新东方形成了这样的一个发展格局:大牌子底下的一群个体户,各显神通。他们依据"分封割据、收入提成"的方式各自把持一块业务,类似于作坊式的生产。在这段时期,各位元老不断合作开创新的业务,新东方拓展了口语培训、大学英语培训、实用英语培训等英语教学业务,同时启动了出国咨询、人生策划、英语图书出版等业务。新东方从单纯的出国英语培训拓展到提供多种品牌的英语教育服务综合性培训机构。

到2001年,新东方进入组织结构调整、企业蜕变的阶段。这一时期新东方面临的主要任务是把原来的合伙人变成股东,进行拆分改制,完成真正的股份改造。

随着企业的不断壮大,原来形成的那种各路"诸侯"自种自收、各自为战的局面到2000年难以为继,创业初期的伙伴们在新东方日进斗金的现状下,不再像以前那样安于自己的分成,大家都先顾自己收益的最大化,而把新东方整体的品牌信誉置之身后,逐渐地产生了利益纠葛,由于之前也一直没有一套机制来规定利益的归属问题,合伙人开始了争执和吵闹,俞敏洪妻子、母亲对新东方的干涉也引起其他成员的不满,在利益等方面,新东方的掌门人——俞敏洪面临了信任的危机,"分封制"与"家族制"导致企业权力和利益分配不均,各路诸侯间的矛盾迅速扩大。

由此,新东方内部展开了无休止的争论、指责和明争暗斗,利益上的冲突演变成意见和行为上的不协调。新东方三驾马车中的王强、徐小平先后提出辞职,随后,包凡一也公开提出要离开新东方。2004年,胡敏、江博也相继出走,曾经的盟友纷纷离开,俞敏洪也到了创业最艰难的时刻。如何化解公司治理中的危机,走出这种混乱局面,重新建立管理秩序,成为新东方生存还是灭亡的关键。

2004年,新东方开始以现代企业制度来打造企业,建立起了董事会,有了制度框架下的决策层和管理层,大家围绕着一个共同的目标做事,而不是原来的"山大王"各自独大。集团股东会是最高权力机构,决定着经营方针和重大投资策略,审议批准年度预算方案、决算方案,审批利润分配方案,选举产生董事会等事项;董事会负责召开股东会,向股东报告工作,是企业的决策机构,执行股东会决议,决定经营计划和投资方案,决定内部管理机构的设置等事项;由董事会通过任命的总裁主要是主持各项经营管理工作,组织实施董事会决议,组织实施年度经营计划和投资方案,拟定内部管理机构的设置方案等事项。正是在这样的动荡中,新东方集团完成了蜕变的过程,走过了从个体户到合伙制,再到公司制、股份制的历程,建立了新的组织架构。

(资料来源:创业中国网站整理 http://news.icycn.com/201109/1643598.html)

第一节 成立新企业

创业格言

> 不尝试成长,一定会导致失败;而如果尝试了,至少还有持续成长的希望。

一、企业组织形式选择

当创业者经过认真的调查、筛选、确定并完成了自己的创业计划书后,创业就要进入实施的阶段。在这一阶段,需要做很多的事情,包括前期的准备工作,其中必不可少的一个环节就是选择一种合适的企业组织形式,并完成企业的注册。

企业组织形式是指企业财产及生产的组织状态,它表明一个企业的财产构成、内部分工协作与外部社会经济联系的方式,是企业治理结构的反映。在法制社会,企业的组织形式需要通过法律的形式予以确定,遵照法律的规定享有相应的权利并履行相应的义务。可以说,企业的组织形式反映了企业的身份。

当前我国企业的主要组织形式有:个人独资企业、合伙企业、有限责任公司、股份有限公司、一人有限责任公司。除此之外,还有自然人企业形态,就是个体工商户。实际上个人独资企业、合伙制企业和个体工商户都不是法人企业,只具备自然人身份。但对于初次创业者而言,这两种往往是经常选择的创业形式。

企业的组织形式不同,其法律形态也就不相同、企业的管理形式和决策方式也会不同,同时在法律上享有的权利和义务也各不相同。企业组织形式的选择,对于企业来说是一个重要的决定,下面介绍我国企业的不同组织形式。

（一）个体工商户

个体工商户在我国是指依照《个体工商户条例》第 2 条第 1 款规定:"有经营能力的公民,依照本条例规定经工商行政管理部门登记,从事工商业经营的个人或者家庭。"

1987 年,为了适应当时社会经济的发展,我国颁布实施了《城乡个体工商户管理暂行条例》,该条例的颁布顺应了改革开放的要求,为经济的发展提供了新的动力,解决了大量待业人口的就业问题,有力地促进了经济的发展。其后国家分别对《城乡个体工商户管理暂行条例》进行修改,1998 年颁布了《城乡个体工商户管理暂行条例实施细则(修正)》对暂行条例的部分条款进行了修改并对部分内容进行补充和解释。2011 年 3 月 30 日,国务院第 149 次常务会议通过了《个体工商户条例》,并于 2011 年 11 月 1 日正式实施。《个体工商户条例》根据经济发展的需要,进一步放宽了个体工商户的经营范围和经营权限,规范了个体工商户的经营行为,体现了对个体工商户市场平等准入、公平待遇的原则。

1. 个体工商户的权利与义务

(1)个体工商户的登记。凡是有经营能力的公民,都可以依照《个体工商户条例》规定经工商行政管理部门登记,从事工商业经营。个体工商户可以个人经营,也可以家庭经营。个体工商户的合法权益受法律保护,任何单位和个人不得侵害。申请登记个体工商户的个人或家庭一般来说需要有固定的营业场所和明确的经营范围。

(2)个体工商户的经营范围。国家对个体工商户实行市场平等准入、公平待遇的原则。申请办理个体工商户登记,申请登记的经营范围不属于法律、行政法规禁止进入的行业的,登记机关应当依法予以登记,即"非禁即入"原则。对个体工商户从事一些特殊行业的,如餐饮、旅馆、刻字、废品收购、文化娱乐等,需要主管部门首先核准后才能进行工商登记。

(3)个体工商户的名称字号要按照《个体工商户名称登记管理办法》由县(市)工商行政管理局以及大中城市工商行政管理分局进行登记注册。

(4)个体工商户从事经营活动,应当遵守法律、法规,遵守社会公德、商业道德,诚实守信,接受工商行政管理部门和县级以上人民政府其他有关部门的监督和管理。

(5)个体工商户不允许设立分支机构。

2. 个体工商户的优势和劣势

选择个体工商户组织形式具有以下优势:

(1)个体工商户注册简便、对注册资金没有要求。个体工商户的登记只需要提供个人或者家庭的信息,有固定的营业场所和明确合法的经营范围即可依法注册,对投资人、资金的多少没有任何限制。在登记注册时,很多地区已经不收任何费用。

(2)个体工商户不需要设置账簿,税收一般按核定征收,并且享受国家对个体工商户的税收照顾。

(3)个体工商户经营灵活,成本较少。个体工商户没有复杂的组织形式,不需要设立专门的部门和机构,不会带来额外的行政和管理成本。

个体工商户的劣势:

(1)个体工商户是以个人和家庭的全部财产作为经营的保证,因此发生风险时承担无限连带责任,需要用个人或家庭的全部财产承担责任,经营的风险非常大。

(2)个体工商户由于并非法人,不能申请企业贷款,往往向银行融资时难度较大。

(3)个体工商户由于会计设置不健全,可能不能够享受税收的抵扣和优惠。

(4)个体工商户不能够领取和开具增值税专用发票,会损失一部分客户。

(二)个人独资企业

独资企业即个人出资经营、归个人所有和控制、由个人承担经营风险和享有全部经营收益的企业。独资企业起源最早,也是最普遍、最简单的企业组织形式,流行于小规模生产时期。独资企业在小型加工、零售商业、服务业领域较为活跃且十分普遍。在数量上,即使在以大公司为主的欧美国家,个人独资企业的数量也占了大多数,其对社会经济生活的影响力不容忽视。

2000年1月1日,《中华人民共和国个人独资企业法》正式施行。根据该法律规定,个人独资企业是指依照本法在中国境内设立,由一个自然人投资,财产为投资人个人所有,投资人以其个人财产对企业债务承担无限责任的经营实体。个人独资企业虽然称为"企业",但实际上也是自然人性质的企业,个人以其本人或家庭的财产出资,承担全部的风险和收益。个人独资企业在命名时候不能出现"公司"字样。

1. 个人独资企业的权利与义务

(1)个人独资企业是一个自然人投资的企业。根据《个人独资企业法》的规定,设立个人独资企业只能是一个自然人,国家机关、国家授权投资的机构或者国家授权的部门、企业、事业单位等都不能作为个人独资企业的设立人。

(2)投资人要申报经营资金。法律未对该经营资金作最低数额限定,但该数额应与其所申办企业规模相当。该经营资金不具有注册资金的性质,对债权人不构成担保效力。

(3)投资人对企业享有完全的自主从事经营的权利,并依照《个人独资企业法》的规定,享有依法申请贷款,取得土地使用权,扩大经营规模而收购、并入其他企业的权利和设置分支机构的权利。

(4)个人独资企业财产不足以清偿债务的,投资人应当以其个人的其他财产予以清偿。如果个人独资企业投资人在申请企业设立登记时,明确以其家庭共有财产作为个人出资的,应当依法以其家庭共有财产对企业债务承担无限责任。

(5)个人独资企业的内部机构设置简单,经营管理方式灵活。个人独资企业的投资人既是企业的所有者,又可以是企业的经营者,因此,法律对其内部机构和经营管理方式不像其他企业那样加以严格的规定。

(6)个人独资企业是非法人企业。个人独资企业由一个自然人出资,投资人对企业的债务承担无限责任。个人独资企业不具有法人资格。个人独资企业虽然不具有法人资格,但却是独立的民事主体,可以自己的名义从事民事活动。

2. 个人独资企业的优势和劣势

优势:(1)注册手续简单,费用低。个人独资企业的注册手续最简单,获取相关的注册文件比较容易,费用比较低。(2)决策自主。企业所有事务都由投资人说了算,不用开会研究,也不用向董事会和股东大会作出说明,所谓"船小好调头",老板可以根据市场变化情况随时调整经营方向。(3)税收负担较轻。由于企业为个人所有,企业所得即个人所得,征收个人所得税,而不征收企业所得税。(4)注册资金随意。《个人独资企业法》对注册资金没有规定,极端的说法是一元钱可以当老板。

劣势:(1)信贷信誉低,融资困难。由于注册资金少,企业抗风险能力差,不容易取得银行信贷,同时面向个人的信贷也不容易。(2)无限责任。这是最大的劣势。一旦经营亏损,除了企业本身的财产要清偿债务外,个人财产也不能幸免,加大了投资风险。(3)可持续性低。投资人对企业的任何事务均具有绝对的决策权,其他人没有决策权,这加大了个人的责任,如果投资人有闪失,企业本身就不可能存在。(4)财务有限。企业的全部家当就是个人资产,财务有限,很难有大的发展。企业的组织形式限制了企业的融资范围。(5)缺乏系统的企业管理。这是个人独资企业的一个大问题。

(三)合伙制企业

合伙制企业,也称"合伙企业",是由两个以上合伙人订立合伙协议,共同出资,合伙经营,共享收益,共担风险的经营性组织。在我国,合伙企业是指自然人、法人和其他组织依照《合伙企业法》在中国境内设立的普通合伙企业和有限合伙企业。成立合伙企业,应当遵循自愿、平等、公平、诚实信用原则。合伙人可以采取货币、实物、土地使用权、知识产权或者其他财务权利出资。经全体合伙人协商一致,合伙人也可以用劳务出资。各合伙人对执行合伙企业事务享有同等的权利。可以由全体合伙人共同执行合伙企业的事务,也可以由合伙协议约定或者全体合伙人决定,委托一名或者数名合伙人执行合伙企业事务。

1. 合伙制企业的权利与义务

(1) 有限责任与无限连带责任。2007年6月1日新《合伙企业法》正式颁布实施。根据《合伙企业法》，合伙企业可分为普通合伙企业和有限合伙企业。普通合伙制企业的合伙人对企业的债务承担无限连带责任。有限合伙企业，合伙人对合伙企业债务承担无限连带责任。但国有独资公司、国有企业、上市公司以及公益性的事业单位、社会团体不得成为普通合伙人。有限合伙人以其认缴的出资额为限对合伙企业的债务承担责任。合伙人数为2至50人，且至少有一个普通合伙人。在新合伙企业法中还强调了特殊普通合伙企业，特殊普通合伙制企业是以专业知识和专门技能为客户提供有偿服务的专业服务机构，其本质仍然是普通合伙企业，但其在法律责任上与普通合伙企业有一定的不同。比如法律规定：一个合伙人或者数个合伙人在执业活动中因故意或者重大过失造成合伙企业债务的，应当承担无限责任或者无限连带责任，其他合伙人以其在合伙企业中的财产份额为限承担责任。合伙人在执业活动中非因故意或者重大过失造成的合伙企业债务以及合伙企业的其他债务，由全体合伙人承担无限连带责任。

(2) 普通合伙制企业在登记时要有合伙企业的名称，在名称中应当标明"普通合伙"字样。特殊普通合伙企业名称中应当标明"特殊普通合伙"字样。有限合伙企业名称中应当标明"有限合伙"字样。不得有"有限公司"、"股份公司"字样。

(3) 有生产经营场所和从事合伙经营的必要条件。合伙企业生产经营场所是指合伙企业从事产经营活动的所在地。

(4) 普通合伙企业的合伙人不得从事于本企业竞争性的业务。而有限合伙企业无此规定。

(5) 合伙制企业的企业经营管理权、利润分配、财产处置等权利以及退伙、解散等应当事先约定，按照《合伙企业法》相关条款和原则处置。

2. 合伙制企业的优势和劣势

合伙制企业的优点：(1) 合伙企业由众多合伙人共筹资金，扩大了资本金的来源，分散了投资风险，提高了信用能力。(2) 合伙人可以利用各自专长，在更大范围内发现和选择更强的经营者，企业经营水平与决策能力优于个体工商户和个人独资企业。(3) 组建较为简单和容易，无注册资金的限制。(4) 合伙人对企业债务负无限连带责任，与企业的盈亏利益有着直接关系，有利于提高经营者的责任心。

合伙制企业的缺点主要有：(1) 由于合伙人在数量上存在一定的限制，筹资尚未市场化，严重限制了资金的来源和企业规模的扩大，企业依然局限在规模较小的生产和经营之内。(2) 合伙制企业的有效运行，依靠合伙人之间信守承诺和达成默契，一旦某一合伙人违背承诺退出等，合伙制企业就终止了。(3) 合伙企业责任相互牵连，使合伙人面临相当大的风险，这也是合伙制企业很早出现却难以扩张和发展的原因。

(4)合伙企业的所有合伙人都有权代表企业从事经营活动,重大决策须所有合伙人参加,在一些有争议的问题上,往往难以取得一致,很难及时作出决策,决策效率相对较低。

(四)有限责任公司

1.有限责任公司的概念和特点

有限责任公司,是指由2个以上50个以下的股东共同出资,每个股东以其认缴的出资额对公司承担责任,公司以其全部资产对其债务承担责任的企业法人。有限责任公司的资本不分为等额股份,证明股东出资份额的是出资证明书,而不是股票;股东人数既有最低限也有最高限;不能发行股票,不能公开募股;财务不必公开。

有限责任公司这种企业组织形式一般适合于中小企业,其主要的法律特征是:(1)有限责任公司的股东,仅以其出资额为限对公司承担责任。有限责任公司是以股东出资为基础建立起来的法人组织,股东只对公司负以其出资额为限的有限责任,对公司的债权人不负直接责任。(2)有限责任公司的股东人数,有最高人数的限制。如我国《公司法》规定,有限责任公司由2个以上50个以下股东共同出资设立。日本的有限公司法和英国的公司法也都规定股东总数不得超过50人。有限责任公司的股东,不限于自然人,法人和政府都可以成为其股东。(3)有限责任公司不能公开募集股份,不能发行股票。我国《公司法》规定公司设立的方式有两种,一种是发起设立,另一种是募集设立。对于有限责任公司来说,只能采取发起设立的方式,即公司总股本全部由发起人认购,公司由股东共同出资设立,不向发起人之外的任何人募集股份,也就是不能向社会公开募集股份。有限责任公司成立后,股东所持有的是证明其出资额的权利证书——出资证明书。这种出资证明书,不能像股票那样在证券市场上买卖。(4)有限责任公司兼有人合性和资合性。有限责任公司是将人合公司与资合公司的优点综合起来的公司形式。

有限责任公司的人合性表现在以下几个方面:一是股东人数的限制;二是股东出资的转让有严格的限制;三是公司不得向社会集资;四是公司的经营状况,不需要向社会公开。有限责任公司的资合性表现在:(1)股东对公司的债务只负有限责任,即以其出资额为限对公司承担责任。(2)股东以货币、实物、工业产权、非专利技术、土地使用权等出资,但不得以信用和劳务出资。(3)实行"资本三原则"。"资本确定原则",指公司在设立时,必须在章程中对公司的资本总额做出明确规定,并须由股东全部认足,否则公司不能登记成立;"资本维持原则",指公司在其存续过程中,应经常保持与其资本额相当的财产,以防止资本的实质减少,保护债权人的利益,同时也防止股东对盈利分配的过高要求,确保公司本身业务活动的正常开展。因此《公司法》规定:对股东出资实行严格监督即必须经注册会计师或者注册审计师验资并出具证明,公司必须在弥补亏损和提取公积金、法定公益金后,按股东的出资比例分配剩余利润等;"资本不变原则",指公司的资本一经确定,就不得随意改变,如需增减,必须严格按法定程序进行。(4)有限责任公司的组织比较简单。因其只有发起设立而无募集设立,程序上较为简化。可以由一个(国家独资)或几个以上的人发起,其组织也比较简单,可设一名或几名董事。股东人数少、规模较小的公司,还可以不设监事。股东大会的召集方法和决议方法也简便易行,股东人数少、规模小的公司,还可以不设股东会。根据有限责任公司的上述特点可以看出,有限责任公司是我国国有企业实行公司制最重要的一种组织形式。

2. 有限责任公司设立的条件

(1)股东符合法定人数。有限责任公司的股东应为2人以上50人以下。国家授权投资的机构可以单独设立国有独资的有限责任公司,也就是说,在特殊情况下,有限责任公司的股东可为1人。现有的国有企业,符合《公司法》规定设立有限责任公司条件的,单一投资主体的,可改组为国有独资有限责任公司;多个投资主体的,可改组为有限责任公司。国有企业改组为公司的实施步骤和具体办法,由国务院另行规定。

(2)股东出资达到法定资本最低限额。公司资本是公司从事经营活动的物质基础,也是公司承担各种民事责任的信用担保。因此,公司资本成为公司设立的必要物质条件,现代公司法也对公司资本给予了足够的关注。在我国《公司法》第23条规定,有限责任公司的注册资本不得少于下列最低限额:①以生产经营为主的公司人民币50万元;②以商品批发为主的公司人民币50万元;③以商品零售为主的公司人民币30万元;④科技开发、咨询、服务性公司人民币10万元;⑤股份有限公司的最低限额人民币1000万元。除全国性公司外,公司不得使用"中国"、"中华"等字样的名称,而且公司冠以每一级行政区域地名的,由该级工商行政管理局核准。依法设立的有限责任公司,必须在公司名称中标明"有限责任公司"字样。公司的名称一经登记,就产生法律效力,公司即取得名称权。这种权利是一种排他性的使用权,他人如果假借公司名称进行活动时,公司有权禁止,并要求其赔偿公司因此遭受的损失。有限责任公司要从事经营活动,也必须要有一定的组织机构,也就是对内管理公司事务,对外代表公司进行民事经营活动的常设机构或机关。但其组织机构应符合有限责任公司的要求,具体规定将会在有限责任公司的组织机构部分中讲到。同时,有限责任公司要有固定的生产经营场所和必要的生产经营条件。生产经营场所是公司进行业务活动的所在地。没有一定的场所,公司就无法进行业务活动,他人也无法同公司进行业务联系和结算。公司住所是指其主要办事机构所在地。有些公司组织庞大,分布广泛,在全国各地以至国外都设有分支机构,而对整个公司统一管理,全权负责的核心机构即为该公司的主要办事机构,该机构所在地即为公司的住所。确定公司住所主要是为了实行国家有关机关对公司的行政管理,便于他人与公司的民事往来和民事诉讼等。公司的场所范围要比公司住所范围广一些,公司场所除住所外,还包括公司进行各种业务活动的各个固定地点和设施。公司的住所只有一个,而场所则可能有多处。我国的公司,以其主要办事机构所在地为其住所,这是公司章程的必备事项。

必要的生产经营条件是指公司必须具有的其他条件,比如生产企业需要有相应的厂房、设备等,运输企业需要有相应的交通运输工具。

3. 有限责任公司的优点和缺点

有限责任公司的优点:

(1)投资人风险有限,资本相对集中。出资人只以其出资额为限承担公司的经营风险,出资额以外的财产不受赔偿的影响。公司可以吸收来自多个投资人的资本,促进资本的有效集中,在一个比较大的规模上从事生产经营活动。

(2)产权主体多元化,有助于形成有效的公司治理结构。产权主体多元化,各投资方就会要求按照投资比例享有权利、承担义务,就会重视公司章程的制订,要求建立有效的公司治理结构,促进公司决策的科学化与民主化。因此,有限责任公司一般要设立股东大会、董事会和监事会,在决策、执行和监督环节上形成委托代理和相互制衡的运行机制。

(3)公司经营稳定,有利于企业扩张和保持连续性。在有限责任公司,股东会选举和更换董事,由董事会聘任或解聘公司经理,公司财产所有权与经营权的分离,使公司的存续不受某些股东出让股份或亡故的影响,因此能够保证公司经营的稳定和企业的长远发展。

(4)设立程序简单,内部机构设置灵活。发起设立的程序比较简单,一般有2个以上的发起人发起即可,也不必发布公告、公开账目和资产负债表等;公司内部机构上,可设几名或1名董事;股东较少、规模较小的公司还可以不设监事会,甚至不设股东大会;股东大会的召集方法和决议方法也简便易行。

有限责任公司的缺点:

(1)双重纳税。即公司盈利首先要上缴公司所得税,当红利以股息的形式派给股东后,股东还要就投资收益部分或个人所得额上缴企业(投资)所得税或个人所得税。这种双重纳税的制度会加重企业的财务负担。

(2)企业规模有限。由于不能公开发行股票,筹集资金的范围和规模一般不会很大,难以适应大规模的生产经营需要。同时,由于股权不能充分流动,企业兼并收购等资产运作方式也受到很大限制。

(五)股份有限公司

1. 股份有限公司及其法律特征

股份有限公司,是指全部资本由等额股份构成并通过发行股票筹集,股东以其所认购的股份对公司承担责任,公司以其全部资产对公司债务承担责任的企业法人。股份有限公司,其资本划分为等额股份,每股金额与股份数的乘积即是资本总额;通过发行股票筹集资本;股东人数有最低限制,而没有最高限制;股票可以自由转让;财务公开。

大型企业和较大的中型企业一般采取这种组织形式。其法律特征主要表现在以下5个方面:

(1)它是典型的资合公司。公司股东的身份、地位、信誉不再具有重要的意义,任何愿意出资的人都可以成为股东,不受资格限制。

(2)股东人数有法律上的最低限制。我国《公司法》规定,设立股份有限公司,应当有5人以上为发起人,即至少为5人,但无上限规定,其目的是为了分散股权,保证股份公司的社会公开性。

(3)资本总额均分为每股金额相等的股份。出资多的股东占有股票数量多,但不能增大每股的金额。股票数量的多少决定股东应享有的权益,作为普通股,应该是同股、同权、同利。

(4)股东以其认购的股份对公司承担有限责任。公司以其全部资产对公司债务承担责任,但股东只限于以其所认购的股份对公司负责。当公司解散或破产清算时,公司债权人只能向公司追偿,无权向任何股东直接提出还债要求。

(5)所有权与经营权相分离。随着股份公司股权的多元化和分散化,股东投资于企业,但并不一定参与企业的经营活动。事实上,由于股东投资份额不同,持有不同比例股份的股东也并非享有同样的股东权利。公司通常推举熟悉业务、有管理才干的人担任董事,组成董事会,由董事会聘任总经理(可以不是股东),负责公司的日常经营管理工作。股东大会与董事会,董事会与公司经理之间形成相互制衡的委托—代理关系,通过规范公司治理结构实现股东财产所有权和企业经营管理权的有效分离。

2. 股份有限公司设立的条件

我国公司法对股份有限公司设立的条件作了明确的规定,主要包括以下7点:

(1)发起人符合法定人数。应当有5位以上发起人,其中必须有过半数的发起人在中国境内有住所。

(2)发起人认缴和社会公开募集的股本达到法定资本,最低限额不低于1000万元人民币。

(3)股份发行、筹办事项必须符合法律规定。股份有限公司的资本,每一股金额应当相等。股份有限公司的股份以公开的方法,依法定程序,实行公开、公平、公正的原则,向社会公开招募。

(4)必须由发起人制订公司章程,并经大会通过。

(5)必须有公司名称,建立符合股份有限公司要求的组织机构。

(6)有固定的生产经营场所和必要的生产经营条件。

(7)依法登记。股份有限公司的企业法人登记,必须按照公司法和《中华人民共和国企业法人登记管理条例》的规定,申请取得政府授权部门的批准,在召开创立大会30天内,由董事会向工商行政管理部门递交登记申请书、有关主管部门的批准文件、公司章程等文件申请办理登记手续。待批准后,公司即取得法人资格。

3. 股份有限公司的利弊分析

股份有限公司是最典型的现代企业组织形式,是现代企业组织形式的高级形态,其产权关系明晰、权责界定明确,具有规范的公司治理结构和良好的运行机制,与其他组织形式相比较,有更大的优越性。

(1)股份有限公司是迅速聚集资本的最便利的形式。它可以向社会公众发行股票或债券,更广泛地吸收社会小额闲散资金。若无法律明文禁止事项,任何人都可以通过购买股票成为股东。这就使得股份公司更易于大规模地吸收社会闲置资本以筹集资金,使企业迅速发展壮大。

(2)股票易于转让,股份具有良好的流动性。一方面,股东只按投资份额承担有限的财产责任;另一方面,可以比较方便地转让股份,就有可能挂牌上市,成为国内或国外上市公司。在广阔的资本市场上,通过资本运作,优化资源配置,提高企业经营价值,以此加速公司产权的流动与重组。

(3)股份公司所有的信息公开,有利于社会监督,提高企业的经营效率。股份公司,尤其是上市公司,必须坚持公开性原则,使公司全部经营活动置于社会监督之下。公司财产所有权与经营管理权分离,由各方面的专家担任公司的经营管理工作,能进一步提高企业的经营效率,更易于适应竞争激烈、多变的市场环境。

但是,与其他企业组织形式相比,股份公司的设立手续比较复杂,组建费用也较高,公司股东也要交纳双重所得税。尤其是上市公司要公开披露企业经营业绩和公司财产状况,接受和遵守更多的法律、法规的制约和监督,在资本市场上也有被其他公司所接管的可能性。

(六)企业组织形式选择

不同的企业法律形态有不同的要求,从而对企业产生诸多影响,这些影响包括:

1. 开办和注册企业的成本;

2. 开办企业手续的难易程度;

3. 业主的风险责任;

4. 寻找合伙人的可能性;

5. 企业的决策程序;

6. 企业的利润所得。

不同的企业法律形态各有利弊，在选择自己企业的法律形态时，要考虑你的企业和对你企业将产生的影响：

1. 如果你的企业不打算借债，是否限制业主个人对企业债务所承担的责任就无关紧要，可以采用简单、经济的形式开办企业，如个体工商户或合伙企业就比较适合。

2. 如果你的企业需要借大笔钱，企业负债很高，那么限制业主个人对企业债务所承担的责任就很重要，选择有限责任公司的法律形态较为适合。

3. 如果你有国外亲戚朋友愿意投资帮你创业，可以选择中外合资或中外合作的法律形态。

4. 如果你的资金和技术不足，但有志同道合的朋友愿意一起干，不妨选合伙企业、有限责任公司的法律形态。

5. 如果你不喜欢与他人合作，怕麻烦或怕得罪人，你就考虑个体工商户或个人独资企业。

二、企业注册流程

(一)个体工商户注册流程

设立个体工商户，一般要经过以下步骤：

第一步：办理名称预先登记。

1. 咨询后领取并填写《名称(变更)预先核准申请书》，同时准备相关材料；香港、澳门永久性居民中的中国公民设立个体工商户的，应提交身份证件及身份核证文件。其中，香港居民应当提交：(1)香港永久性居民身份证复印件；(2)港澳同胞回乡证或者港澳居民来往内地通行证或者中华人民共和国香港特别行政区护照复印件；(3)由香港律师(中国委托公证人)出具的，并由司法部派驻的"中国法律服务(香港)有限公司"加盖专用章确认的身份证明书(身份核证文件)。澳门居民应当提交：(1)澳门永久性居民身份证或者澳门居民身份证复印件；(2)中华人民共和国澳门特别行政区护照复印件或澳门特别行政区政府身份证明局出具的身份证明书。

2. 递交《名称(变更)预先核准申请书》，等待名称核准结果；

3. 领取《企业名称预先核准通知书》，同时领取《个体工商户开业登记申请书》；经营范围涉及前置许可的，要按照当地工商部门的要求办理相关审批手续。如旅馆业需要在公安局和卫生局办理前置许可，开锁刻章业务需要到公安局办理前置许可等。

第二步：递交申请材料，材料齐全，符合法定形式的，等候领取《准予设立登记通知书》。

第三步：领取《准予设立登记通知书》后，按照《准予设立登记通知书》确定的日期到工商局交费并领取营业执照。

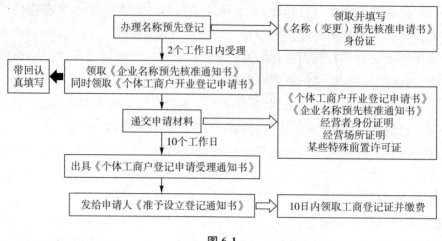

图 6-1

前置审批：

1. 旅馆业：经公安机关安全审查合格，发给《特种行业许可证》，再向工商行政管理部门申请登记，方准营业。还需办《公共场所卫生许可证》。

2. 刻字业：经公安机关安全审查合格，发给《特种行业许可证》。

3. 印刷业、复印业：须向所在地市、县(区)公安局(分局)申请，经审查合格，领取《特种行业许可证》，其中经营报纸、书刊印刷业务的，还需经市、地、县文化主管部门审核后，报省新闻出版局批准，领取《报纸、书刊印刷许可证》。

4. 废旧金属收购业：收购生产性废旧金属的企业，应当经其业务主管部门审查同意，向所在地县级人民政府公安机关申请核发《特种行业许可证》。

5. 典当、拍卖业：由省人民政府经济贸易委员会核发《典当经营许可证》。

(二)合伙制企业注册流程

1. 全体合伙人签署的《合伙企业设立登记申请书》。

2. 全体合伙人的主体资格证明或者自然人的身份证明。合伙人为自然人的，提交居民身份证复印件。合伙人是企业的，提交营业执照副本复印件；合伙人为事业法人的，提交事业法人登记证书复印件；合伙人为社团法人的，提交社团法人登记证复印件；合伙人为农民专业合作社的，提交农民专业合作社营业执照副本复印件；合伙人为民办非企业单位的，提交民办非企业单位证书复印件。

3. 全体合伙人指定的代表或者共同委托的代理人的委托书。

4. 全体合伙人签署的合伙协议。

5. 全体合伙人签署的对各合伙人认缴或者实际缴付出资的确认书。

6. 主要经营场所证明。以某一合伙人自有经营场所作为出资的，提交房管部门出具的产权证明;租用他人的场所,提交租赁协议和房管部门的产权证明。没有房管部门产权证的,提交其他产权证明。在农村,没有房管部门颁发的产权证明的,提交场所所在地村委会出具的证明。

7.全体合伙人签署的委托执行事务合伙人的委托书;执行事务合伙人是法人或其他组织的,还应当提交其委派代表的委托书和身份证明复印件。

8.合伙人以实物、知识产权、土地使用权或者其他财产权利出资,经全体合伙人协商作价的,提交全体合伙人签署的协商作价确认书;经全体合伙人委托法定评估机构评估作价的,提交法定评估机构出具的评估作价证明。

9.法律、行政法规规定设立特殊的普通合伙企业需要提交合伙人的职业资格证明的,提交相应证明。

10.办理了名称预先核准的,提交名称预先核准通知书。

11.法律、行政法规或者国务院决定规定在登记前须经批准的项目的,提交有关批准文件。

12.国家工商行政管理总局规定提交的其他文件。

(三)个人独资企业的设立登记

申请设立个人独资企业,应当由申请人向企业所在地的工商行政管理机关进行申请名称预先核准登记,然后办理开业登记注册,并提交以下有关文件、证明:

1.投资者签署的《个人独资企业设立申请书》;

2.投资人身份证明;

3.企业住所证明;

4.《名称审核表》及《名称核准通知书》;

5.登记机关根据有关法律、法规规定需要提交的其他文件、证件。

开办申请书。申请书应写明申请人的姓名、性别、年龄、文化程度、住址、申请从事的行业或经营范围、拟办私营企业种类、经营场地地址和名称、资金数额及来源等。

申请开业登记注册书。主要是指企业的名称登记。企业名称应由字号(商号)、所属行业或经营特点、组织形式组成,并在企业名称前冠以所在地行政区划名称。有限责任公司登记时公司名称中应标明有限责任公司。

申请人身份证明。独资企业的申请人是指投资者本人。

场地使用证明。自有场地需提交产权证明;租赁场地需提供租赁期在一年以上的房屋租赁协议,并附出租人的产权证明,附场地平面图,标明方位和面积。

验资证明。需由具有法定资格的验资机构出具。有限责任公司的注册资本的最低限额按照企业法人的规定执行。经营范围中有法律、行政法规规定必须报经审批的项目的,应当在申请登记前报经国家有关部门审批,并向登记机关提交批准文件。

委托代理人申请设立登记的,应当提交投资人的委托书和代理人的身份证明或者资格证明。

(四)有限责任公司设立登记

有限责任公司的登记相比较前面几种企业形式要复杂,需要耗费的时间也较长,对注册资金有一定的要求,需要花费一定的注册费用。其具体流程如下:

1. 核准企业名称

(1)选名定名称后到工商网上或工商核名窗口提交预核准企业名称,通过后打印《名称(变更)预先核准申请书》,全体股东亲笔签字。

(2)凭全体股东签字后的《名称(变更)预先核准申请书》领取正式的《企业名称预先核准通知书》,领取人必须是股东之一。

2. 办理入资

(1)可以到办理大厅的入资银行窗口直接入资,也可以通过银行转账汇入银行入资账户,如果是通过银行转账汇入银行入资账户的,汇款后必须到入资银行窗口领取入资单,取入资单时可以由股东带上身份证原件及汇款单亲自办理,也可由代理人办理,代理人办理时除了股东身份证原件和股东汇款单之外,另需代理人身份证复印件。

(2)办理入资时需带上《企业名称预先核准通知书》。

3. 办理验资

需要的材料有:

(1)《企业名称预先核准通知书》;

(2)入资单;

(3)股东身份证复印件;

(4)询证函(有的事务所不要求提供这个材料);

(5)法人、董事、经理人员名单及身份证明。

4. 预约

取到名称核准件后,到相关工商注册登记网登记注册,审核通过后打印材料,通过电话预约办理登记注册手续。办理登记注册时需要以下材料:

(1)《企业设立登记申请书》,(第一页申请书需要法人亲笔签字,董事会成员、监事、经理在任职证明需任职人亲笔签字,法人代表登记表需要全体股东签字,产权证明需要产权方签字盖章);

(2)《企业名称预先核准通知书》;

(3)指定委托书(全体股东在委托人处签字确认,受托人必须是单位股东的员工或自然人股东之一);

(4)验资报告;

(5)经营场所证明(如产权证上没有写明办公用途的,需出示非住宅用途房屋产权证明);

(6)各个股东身份证复印件,经办人(法人股东可由法人股东单位的员工办理)身份证复印件;

(7)公司章程。

通常材料提交后,按《登记通知书》指定日期到指定窗口缴纳注册登记费,然后由经办人凭借《登记通知书》和缴费清单到指定窗口领取营业执照(必须由股东亲自办理或者由法人股东的职工代表办理)。

5. 刻章

(1)需要刻的章有:公章、财务章、法人名章、合同章,刻章前需到公安局备案窗口办理备案手续;

(2)刻章时需要法人授权书、营业执照副本原件及复印件一份、法人身份证复印件一份。

6. 办理组织机构代码证

所需材料物品有:

(1)营业执照原件及复印件一份;

(2)法人身份证复印件一份,非法人办理的需要经办人身份证复印件一份;

(3)公章;

(4)工本费。

7. 办理税务登记证

(1)先办理地税,再办理国税。

(2)取到组织机构代码证书后,到地税局网站点击注册(进入注册登记界面,按系统要求填写企业注册信息,其中表内的用户标识和用户密码最好填写组织机构代码或熟悉易记的数字)。

(3)用刚注册的用户名和密码在本界面登录,填写税务登记信息,保存后退出。

(4)到税务登记窗口领取《税务登记表》、《印花税纳税申报表》、《房屋、土地情况登记表》,填写完毕后,连同以下材料交到税务登记窗口办理登记手续:

①营业执照副本原件及复印件;

②组织机构代码证副本原件及复印件;

③法人身份证复印件;

④房屋租赁协议复印件;

⑤公司章程复印件;

⑥公章、法人名章(税务登记表法人签字时要用)、股东身份证复印件(《税务登

表》填写股东信息时要用)。

(5)提交登记材料受理后,到缴纳印花税款和税务登记证工本费窗口缴费,然后领取税务登记证,现场取到税务登记证后到国税登记窗口办理登记手续,所需材料同上述。

8. 银行开户

从申请办理到取到开户许可证书大概需要8～10个工作日的时间。需要准备以下材料:

(1)营业执照正本原件及复印件两份。

(2)税务登记证正本原件及复印件两份。

(3)组织机构代码证原件及复印件两份。

(4)公章、财务章、法人名章。

(5)法人身份证复印件两份。

(6)经办人身份证复印件一份。

(7)支票购买人两寸近照两张、身份证复印件一份。

9. 划资

需要准备以下材料:

(1)工商开具的划资单。

(2)入资银行入资时开具的股东账户入资信息的白色卡片。

(3)开户银行许可证原件及复印件。

(4)营业执照副本原件。

(5)公章。

10. 税务所报到

(1)领取税务登记证时地税和国税窗口同时会给企业一张《报到单》,按照《报到单》上写明的时间和地点到税所报到。报到时需要带公章、《报到单》、税务登记证副本原件及复印件、营业执照副本原件及复印件,国税报到还需带上企业银行开户许可证副本原件及复印件。

(2)国、地税报到时,同时办理网上纳税申报手续,地税次月开始报税,国税看报到时窗口给出的报税通知。

11. 工商所报到

领到执照后需到所管辖的工商所报到,时间不限。

通常财务上一般在取得税务登记证的当月或次月开始建立财务账套,税务上在取得税务登记证的次月开始申报相关税种。

三、企业注册相关文件的编写

企业在注册登记时,需要按照要求填写相关的法律文件和申请表格,本部分就根据有限责任公司的注册要求,将相关法律文件的编写进行汇总。

企业(字号)名称预先核准申请书

特别提示:本申请书所填报的投资人必须与登记时的实际投资人一致,否则工商部门将不予受理登记。

申请企业(字号)名称				
备选名称 (请选用不同的字号)	1.			
	2.			
	3.			
经营范围	(只需填写与申请名称行业表述一致的主要业务项目)			
注册资本(金) 或资金数额	（万元）			
主体类型				
住所地				
投 资 人				
姓名或名称	证照 类型	证照号码	投资额 (万元)	投资比例 (%)
登记机关 初审意见	年 月 日			

注:1.申请企业名称预先核准的,"**主体类型**"栏按照申请的企业类型填写;申请个体工商户字号预先核准的,"**主体类型**"栏填写"**个体工商户**"。
2.本页填写不完的,可另行附表。

企业设立登记申请表

(1)企业名称				
(2)住　所 (经营场所)	市	区(县)		(门牌号)
(3)法定代表人姓名(负责人、投资人、执行事务合伙人)		(4)注册资本(注册资金、出资数额、资金数额)		万元
		(5)实收资本(金) 实际缴付的出资数额		万元
(6)经营范围	许可经营项目			
	一般经营项目			
(7)营业期限 (合伙期限)	年	(8)副本数		份
(9)隶属企业名称				

注：填写说明

一、本表第(1)～(6)、(8)项各类企业均应填写，设立分公司、个人独资企业分支机构和合伙企业分支机构不填第(4)、(5)项。其他项目根据不同企业类型选择填写，具体项目如下：

1. 申请设立有限公司、股份有限公司、合伙企业约定合伙期限的还须填写第(7)项；
2. 申请设立各类企业的分支机构还须填写(9)项。

二、本表第(2)项的填写说明：

填写住所(经营场所)时要具体表述所在位置，明确到门牌号或房间号。如无门牌号或房间号的，要明确参照物。

三、本表第(3)项的填写说明：

1. "法定代表人"指代表企业法人行使职权的主要负责人，公司为依据章程确定的董事长(执行董事或经理)；全民、集体企业的厂长(经理)；集体所有制(股份合作)企业的董(理)事长(执行董事)。
2. "负责人"指各类企业分支机构的负责人。
3. "投资人"指个人独资企业的投资人。
4. "执行事务合伙人"指合伙企业的执行事务合伙人。

四、本表第(4)项的填写说明：

1. "注册资本"指有限责任公司为在公司登记机关登记的全体股东认缴的出资额；发起设立的股份有限公司为在公司登记机关登记的全体发起人认购的股本总额；募集设立的股份有限公司为在公司登记机关登记的实收股本总额。
2. "注册资金"指集体所有制(股份合作)企业的股东实际缴付的出资数额；全民所有制、集体所有制企业法人经营管理的财产或者全部财产的货币表现。
3. "出资数额"指合伙企业的合伙人认缴的出资或个人独资企业申报的出资。
4. "资金数额"指全民所有制、集体所有制、集体所有制(股份合作)企业为所设立的营业登记单位拨付的资金数量。

五、本表第(5)项"实收资本(金)、实际缴付的出资数额"的填写说明：

全民所有制、集体所有制、集体所有制(股份合作)、公司制企业法人、合伙企业应按照章程、合伙协议规定的内容填写设立时实际缴付的出资额。

六、本表第(8)项的填写说明：

按照规定，企业根据业务需要可以向登记机关申请核发若干执照副本，请将申领份数填写清楚。

单位投资者(股东、发起人、合伙人)名录

出资单位名称	住所	法定代表人姓名(负责人、投资人、执行事务合伙人)	营业执照注册号	备注			
				承担责任方式	执行事务合伙人	委派代表	是否为发起人

注:1."出资单位"名称填写单位名称。
2."住所"栏只需填写省、市(县)名。
3."法定代表人姓名(负责人、投资人、执行事务合伙人)"栏,投资者为全民所有制、集体所有制、集体所有制(股份合作)、公司制企业法人的,填写法定代表人;投资者为合伙企业的,填写执行事务合伙人;投资者为个人独资企业的,填写投资人。
4."营业执照注册号"栏填写出资企业的注册号,其他法人组织不填。
5.合伙企业应在"备注"栏内填写出资单位承担责任的方式以及是否是新设立企业的执行事务合伙人,并填写其委派代表的姓名。
6.募集设立的股份有限公司应在"备注"栏内标注投资者是否为发起人。
7.本表不够填的,可复印续填。

自然人股东(发起人)、个人独资企业投资人、自然人合伙人名录

姓名	性别	民族	户籍登记住址	证件名称及号码	国籍	备注		
						承担责任方式	执行事务合伙人	是否为发起人

注:1.合伙企业应在"备注"栏内注明出资的自然人承担责任的方式以及是否是执行事务合伙人。
2.募集设立的股份有限公司应在"备注"栏内标注投资者是否为发起人。
3.本表不够填的,可复印续填。

投资者注册资本(注册资金、出资额)缴付情况

名称(或姓名)	认缴情况		设立时实际缴付情况		分期缴付情况		
	出资额(万元)	出资方式	出资额(万元)	出资方式	出资额(万元)	出资时间(年月日)	出资方式
合计	其中货币出资						

注:1."认缴情况"填写投资者出资总额的情况,公司制企业应在合计的出资额中填写货币出资的数额,其他企业无需填写货币出资数额。

2."分期缴付情况"按照章程、合伙协议约定的期次填写,个人独资企业不填分期缴付情况。

3."出资方式"栏,公司制企业应依据章程以"货币"、"实物"、"知识产权"、"土地使用权"、"股权"的表述方式填写;全民所有制企业、集体所有制企业、城镇集体所有制(股份合作)企业应依据章程以"货币"、"实物"、"工业产权"、"非专利技术"、"土地使用权"的表述方式填写;农村集体所有制(股份合作)企业应依据章程以"货币"、"实物"、"工业产权"、"非专利技术"、"土地使用权"、"劳动积累"的表述方式填写。合伙企业应依据合伙协议以"货币"、"实物"、"土地使用权"、"知识产权"、"劳务"的表述方式填写并注明评估方式;个人独资企业的投资人如以个人财产或以其家庭共有财产作为个人出资的,应在"出资方式"栏内注明。投资人若以多种方式出资,应按每种方式分行填写。

4.全民所有制、集体所有制、集体所有制(股份合作)企业设立营业单位的,需填写此表作为资金数额证明,主办单位需在"名称(或姓名)"栏内加盖主办单位财务章,并在"设立时实际缴付情况"的"出资方式"栏内注明拨款。

5.法人投资者、自然人投资者均应填写本表,本表不够填的,可复印续填。

法定代表人(分支机构负责人、个人独资企业投资人、执行事务合伙人)登记表

企业名称				
姓　名		性　别		一寸免冠近照粘贴处
证件名称及号码		国　籍		
户籍登记住址		民　族		
文化程度		政治面貌		
出生日期		联系电话		
公务员标识	□是　□否	工会会员标识	□是　□否	
个　人　简　历				
注:应自具有完全民事行为能力之日填起至今,并不得间断。	起止年月	单　位	职　务	
身份证复印件粘贴处(身份证正反面粘贴)	兹证明该任职人具有完全民事行为能力,产生程序符合有关法律、法规和章程的规定,经任命(委派)出任企业的法定代表人(负责人)。 　　　　　　　　　　　　　盖章(签字) 　　　　　　　　　　　　　年　月　日			

注:1.全民所有制、集体所有制企业及其分支机构、集体所有制(股份合作)企业的分支机构应在"盖章(签字)"处加盖任命单位公章;个人独资企业分支机构应在"盖章(签字)"处由投资人签字;分公司应在"盖章(签字)"处加盖公司公章,其他类型企业无需盖章、签字。

2.合伙企业委托执行事务合伙人或委派执行分支机构事务负责人的,应由全体合伙人在"盖章(签字)"处签字;但全体合伙人均为执行事务合伙人的,无需全体合伙人签字。合伙企业执行事务合伙人是法人或其他组织的,本表填写其委派代表的情况。

3.外籍人员无需填写政治面貌、民族。

4.本表不够填的,可复印续填。

企业法定代表人(主要负责人)承诺

法定代表人(主要负责人)声明:

本人出任该企业的法定代表人(主要负责人),现向工商行政管理机关郑重声明,本人具有完全民事行为能力,并且不存在以下情况:

(一)无民事行为能力或者限制民事行为能力。

(二)正在被执行刑罚或者正在被执行刑事强制措施。

(三)正在被公安机关或者国家安全机关通缉。

(四)因犯有贪污贿赂罪、侵犯财产罪或者破坏社会主义市场经济秩序罪,被判处刑罚,执行期满未逾5年;因犯有其他罪,被判处刑罚,执行期满未逾3年,或者因犯罪被判处剥夺政治权利,执行期满未逾5年。

(五)担任因经营不善破产清算的企业的法定代表人或者董事、经理,并对该企业的破产负有个人责任,企业破产清算完结后未逾3年。

(六)担任因违法被吊销营业执照的企业的法定代表人,并对该企业违法行为负有个人责任,企业被吊销营业执照后未逾3年。

(七)个人负债数额较大,到期未清偿。

(八)法律和国务院规定不得担任法定代表人的其他情形。

谨此承诺,本表所填内容不含虚假成分,现亲笔签字确认。

签字:

年　月　日

注:主要负责人包括:分支机构的负责人,合伙企业的执行事务合伙人(委派代表),个人独资企业的投资人。

董事会成员、经理、监事任职证明

姓名	亲笔签字	性别	国籍	民族	证件名称及号码	户籍登记住址	出生日期	政治面貌	文化程度	职务	任职期限	产生方式	联系电话	公务员标识		工会会员标识	
														是	否	是	否

确认以上人员任职符合法律、法规及章程的规定。
全体股东盖章(签字):

1. 有限责任公司、股份有限公司、集体所有制(股份合作)企业填写此表,其他类型企业不填写。

2. "亲笔签字"栏内应由各成员本人签字,如不能在表中签字的,应另提交董(理)事长(执行董事)、董事、经理、监事会主席、监事对登记事项签字确认的文件。

3. "职务"系指董(理)事长(执行董事)、副董(理)事长、董事(理事)、经理、监事会主席、监事。上市股份有限公司设置独立董事的应在"职务"栏内注明。

4. "任职期限"按照章程规定填写。

5. "产生方式"按照章程规定董事(理事)、监事填写"选举"或"委派";经理填写"聘任"。

6. 根据实际情况在"公务员标识"和"工会会员标识"栏目的"是"或"否"项内划"√"。

7. "全体股东盖章(签字)"处,股东为自然人的,由股东签字;股东为非自然人的,加盖股东单位公章。不能在此页盖章(签字)的,应提交有关选举、聘用证明文件。

8. 外籍人员无需填写政治面貌、民族。

企业住所(经营场所)证明

拟设立企业名称	
住　　所 (经营场所)	市　　　　区(县)　　　　(门牌号)
产权人证明	同意将位于上述地址＿＿＿＿＿m^2的房屋以＿＿＿＿方式提供给该企业使用，使用期限＿＿年，经营用途为＿＿＿＿＿。 产权单位盖章： 　　　　　　　　　　产权为个人的，由本人签字： 　　　　　　　　　　＿＿＿＿＿＿年＿＿月＿＿日
需要证明情况	上述住所(经营场所)产权人为＿＿＿＿＿＿＿＿＿＿，房屋用途为＿＿＿＿＿＿＿＿＿＿，该住所(经营场所)建设审批手续齐全，不属于违法建设。 特此证明 　　　　　　证明单位公章： 　　　　　　证明单位负责人签字： 　　　　　　　　　　年　　月　　日

注：1."住所(经营场所)"栏应填写详细地址，如"××市××区××路(街)××号××房间"。

2.房屋提供方式根据不同情况可以填写：自有、租赁、无偿使用或其他提供方式。

3.产权人应在"产权人证明"栏内签字、盖章。产权人为单位的加盖单位公章，产权人为自然人的由本人签字，同时提交由产权单位盖章或产权人签字的《房屋所有权证》复印件，《房屋所有权证》应载明"房屋用途"，未记载"房屋用途"的，还应提交《建设工程规划许可证》或《土地使用权证》复印件。

4.使用未取得《房屋所有权证》的房产作为住所(经营场所)的，除填写本表外，还应提交房屋建设行政管理部门出具的证明文件。不能提供证明文件的，提交规划行政主管部门出具的《建设工程规划验收合格通知书》和房屋建设行政管理部门出具的《竣工验收备案表》。《通知书》、《备案表》中记载的建设单位与产权单位不一致的，还应提交房屋建设行政管理部门出具的有关证明文件。

不能出具《建设工程规划验收合格通知书》和《竣工验收备案表》的，住所(经营场所)位于城镇地区的，应提交区县人民政府或区县规划行政主管部门出具的证明文件，证明文件应记载房屋权属、房屋用途等内容，并应明确该住所(经营场所)不属于违法建设。住所(经营场所)位于农村地区的，应提交乡、镇人民政府出具的证明文件，证明文件应记载房屋权属、房屋用途等内容，并应明确该住所(经营场所)不属于违法建设。

5.使用以下特殊房产作为住所(经营场所)的，应当提交相应的证明文件。

(1)使用军队房产作为住所(经营场所)的，提交《军队房地产租赁许可证》副本原件及复印件。

(2)使用武警部队房产作为住所(经营场所)的，提交各大单位房地产管理部门出具的《房屋所有权证》复印件，有效《武警部队房地产租赁许可证》或加盖武警部队后勤部基建营房部公章的复印件。

(3)使用宾馆、饭店(酒店)作为住所的，提交加盖公章的宾馆、饭店(酒店)的营业执照复印件作为住所(经营场所)使用证明。

(4)房屋提供者系经工商行政管理机关核准的具有出租房屋经营项目的，即经营范围含有"出租商业用房"、"出租办公用房"、"出租商业设施"项目的，由该企业提交加盖公章的营业执照复印件及房屋产权证明复印件作为住所使用证明。

(5)经市商务局确认申请登记为社区便民菜店的，由所在街道办事处或社区综合服务中心出具同意使用该场所作为住所从事经营的证明，证明文件应明确该住所(经营场所)不属于违法建设。

(6)申请从事报刊零售亭经营的，《企业住所(经营场所)证明》页中"产权人证明"栏应由市邮政管理局盖章,并提交市或区县市政市容委出具的备案证明复印件,证明文件应明确该住所(经营场所)不属于违法建设。

(7)在已经登记注册的商品交易市场内设立企业或个体工商户,住所证明由市场服务管理机构出具,并提交加盖该市场服务管理机构公章的营业执照复印件。

6. 将住宅楼内的房屋改变为经营性用房作为住所(经营场所)的,应当符合国家法律、法规、管理规约的规定,并按以下要求提交有关文件:

(1)将住宅楼内的居住用房屋改变为经营性用房的,还应填写《住所(经营场所)登记表》及《关于同意将住宅改变为经营性用房的证明》。

(2)将平房中的居住用房屋改变为经营性用房的,还应提交房屋建设行政管理部门出具的同意改变为经营性用房的证明文件。属于宅基地上建设的房屋,应提交乡、镇政府出具的同意改变为经营性用房的证明文件。

住宅及住宅楼底层规划为商业用途的房屋不得从事餐饮服务、歌舞娱乐、提供互联网上网服务场所、生产加工和制造、经营危险化学品等涉及国家安全、存在严重安全生产隐患、影响人民身体健康、污染环境、影响人民生命财产安全的生产经营活动。

7. "需要证明情况"栏属于各级房屋管理部门应出具住所(经营场所)证明文件的,可直接在《企业住所(经营场所)证明》"需要证明情况"栏出证,也可单独出具证明文件,证明文件内容应与"需要证明情况"栏所述内容一致。

违法建设包括城镇违法建设和乡村违法建设。城镇违法建设是指未取得建设工程规划许可证、临时建设工程规划许可证或者未按照许可内容进行建设的城镇建设工程,以及逾期未拆除的城镇临时建设工程。乡村违法建设是指应当取得而未取得乡村建设规划许可证、临时乡村建设规划许可证或者未按照许可内容进行建设的乡村建设工程。

住所(经营场所)登记表

企业(公司)名称	
住所(经营场所)	
《中华人民共和国物权法》第七十七条规定:"业主不得违反法律、法规以及管理规约,将住宅改变为经营性用房。业主将住宅改变为经营性用房的,除遵守法律、法规以及管理规约外,应当经有利害关系的业主同意"。 本企业(公司)将住宅改变为经营性用房,作出如下承诺: 一、知悉《中华人民共和国物权法》的相关规定; 二、遵守有关房屋管理的法律、法规以及管理规约的规定; 三、已经有利害关系的业主同意; 四、遇有拆迁服从配合,不索取拆迁补偿费用。 申请人 　　　　　　　　　　　　　　　　　　　　　　年　月　日	

注:申请人为股东(出资人)。股东是法人的,由股东盖章;股东是自然人的,由自然人签字。

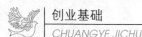

关于同意将住宅改变为经营性用房的证明

××市工商行政管理局(或_____分局)：

_____(企业、公司、名称)申请将位于××市_____区(县)_____(房屋坐落的详细地址)的房屋作为住所(经营场所)。该房屋用途为住宅。根据《中华人民共和国物权法》的有关规定,已经有利害关系的业主同意将此房屋改变为经营性用房,并已经居委会(业主委员会)确认。

特此证明。

居民委员会(业主委员会)

(盖章)

年　月　日

企业秘书(联系人)登记表

企业名称			
企业住所			
秘书姓名		证件类型及号码	
秘书居住地		邮政编码	
固定电话		移动电话	
电子邮件地址		传真电话	
秘书(联系人)身份证件复印件粘贴处 (身份证正反面粘贴)		本人指定本表所填人员担任本企业的秘书(联系人)。本人对所填写内容予以确认。 法定代表人(负责人、执行事务合伙人、投资人、代表机构的首席代表)签字： 　　　　　　　　　　年　月　日	

敬请留意：

1.秘书(联系人)职责：及时转达工商行政管理部门对企业主要负责人传达的信息及相关的法律、法规、规章及政策性意见；向工商行政管理部门反映企业的需求或意见；保证工商行政管理部门与企业联系的及时畅通；接受工商行政管理部门的约见。

2.担任企业秘书(联系人)的人员应是：A 本企业正式工作人员；B 企业聘请的常年法律顾问；C 本企业的法定代表人(负责人、执行合伙企业事务的合伙人、投资人)或代表机构首席代表。[外国地区企业常驻代表机构的秘书(联系人)应由首席代表或本机构聘用的雇员担任；合伙企业执行事务合伙人是法人或其他组织的,秘书(联系人)应是其委派的代表。]

3.以上栏目敬请如实填写,如出现虚假内容,工商行政管理部门将依法查处。

4.企业秘书(联系人)一经确认应当保持相对稳定。发生变化的,可以在企业年度检验时向所在地工商所提交。特殊情况有变化的,应当在决定之日起20个工作日内向所在地工商所提交《企业秘书(联系人)登记表》。

5.请据实填写联系方式所列内容,其中"固定电话"和"移动电话"、"邮政编码"为必填项。

6.此表格需提交一式两份,可以复印。

四、注册企业必须考虑的法律与伦理问题

法律保护着每个人的安全,以及企业的公平竞争,同时也规定了每个人和每个企业的法律责任。创办企业涉及诸多相关法律,遇到与法律规定有关的事情,应及时参阅有关法律文章,或者向专业人士或律师咨询,作为企业的经营者应当了解最基本和常涉及的法律常识。做到知法、守法、善于利用法律来保护自身合法利益。同时创业过程中还涉及一些伦理问题,比如:如何处理和竞争对手的关系,如何与合伙人合作等等。

在具体讨论企业创业活动可能面临的法律问题之前,让我们先回顾一个真实的创业故事。

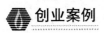

"万通六君子"创业故事

1991年下半年,海南的经济正遭受第一次低潮。潘石屹重回海口。漂泊的岁月中,他结识了漂泊的冯仑、王功权、刘军、王启富、易小迪等几个意气相投的朋友,他们共同创立了海南万通,后来人们把他们称为"万通六君子"。

1995年之前,六兄弟配合得很好,也协调得很好。当时,六个人以海南为中心,分散在广西、广东附近等省份,经常见面。1995年起,万通的业务开始分布到北京、上海、长春等地,六兄弟分布在不同省份,负责各地的业务。由于当时沟通不便,造成信息不对称。再加上六个人性格不同、地域和管理企业的情况不同,不可避免,大家在一些事情上形成了分歧,相互之间越来越不容易协调。

就在六个人都很痛苦,都很矛盾的时候,三个契机让事情有了戏剧性的转变。一是1995年,王功权去了美国管理分公司,在美国吸收了很多商务、财务安排的方法以及产权划分的理论;二是1992年,张维迎把《披荆斩棘,共赴未来》这篇文章带到了英国,张欣看到这篇文章后很兴奋,决定回国,张维迎就把张欣介绍给了冯仑。通过冯仑,张欣又认识了潘石屹,两人开始谈恋爱。张欣对问题的看法完全是西式的,认为不行分开就可以了——她把西方商业社会成熟的合伙人之间处理纠纷的商业规则带给了万通。王功权和潘石屹都接受了西方的思想,开始劝说冯仑。冯仑开始不同意,但后来去了一趟美国,见到了著名经济学家周其仁。两人聊得很投机,冯仑讲了困扰自己已久的问题,周其仁讲了"退出机制"和"出价原则",给冯仑以很大启

发。于是,六个人中的三个人接受了新的游戏规则。回国后,冯仑提出"以江湖方式进入,以商人方式退出"。虽然是商人方式,但冯仑等人只是对资产进行了大致的分割,并没有锱铢必较,还是保留了传统的兄弟情义。走的人把股份卖给没走的人,没走的股份平均增加,把手中的某些资产支付给走的人。

1995年3月,六兄弟进行了第一次分手,王启富、潘石屹和易小迪选择离开;1998年,刘军选择离开;2003年,王功权选择离开,至此,万通完成了从六个人到一个人(冯仑)的转变。

从第一次分手到最后王功权离开,冯仑等人也越来越接受和认可了这种退出机制。冯仑回忆道:"最早潘石屹发给我们律师函,指出不同意就起诉时,我和功权特别别扭,像传统中国人一样认为那叫'忒不给面子'。但越往后越成熟,最后我和功权分开时只请了田宇一个人,连律师费都省了,一手交支票,一手签字。"

分手后,万通六君子都实现了各自的精彩。冯仑、潘石屹和易小迪成为了地产界的大鳄,王功权成为了知名的风险投资家,王启富和刘军也在其他领域开创了一番事业。在中国改革开放后的商业史上,万通六君子"以江湖方式进入,以商人方式退出"的事件则成为了一段佳话。

(资料来源:腾讯网 http://news.qq.com/a/20090829/001758.htm)

这个真实的创业故事,说明在典型的企业创业活动中,必然会涉及投资人之间的财产关系、权责关系以及企业运行中的管理关系等方面问题的处理。为了处理好这些问题,必须从一开始就建立起科学合理的管理制度和运行规则,即人们通常所说的"游戏规则"。在上面的故事中,在当时的环境和条件下只能凭自己的经验和感觉,通过感情解决有关问题,所建立的制度和规则非常不完善,虽然部分解决了创业活动中的问题,但最终没能合理地解决问题,最后通过法律和制度的规范和引导,才使得企业走出了管理的困境。

我国市场经济发展到今天,有关企业的法律制度日益完善,调整企业创业活动各种关系所需要的规则和制度已经有了比较完整的体系。在典型的自主创立新企业的活动中,从识别与评估市场机会、形成业务创意,到通过各种创业途径实际建立企业和开展经营,直至企业由于各种原因退出市场,每一个环节的活动及所涉及的内外部关系,都有相应的法律规范进行调整。在法制经济的条件下,企业创业活动中面临的协调各种经济和管理关系的问题,实际上都演变成了法律问题。通过严格的立法程序制订的法律,较之当事人凭经验或感觉制订的契约,在规范和引导企业的创业活动、确立企业运行的制度和规则方面更加权威、更加科学、更加完备,能更加有效地协调和解决创业活动中的各种关系。在通过特许经营、购买现有企业等其他不同途径进行创业时,也会产生相应的法律问题。因此,当创业者开始企业创业活动时,需要认真研究和正确处理创业过程中面临的各种法律问题。

分析企业创业活动的全过程,企业创业活动中面临的法律问题,大致可归纳为以下几个主要方面:

第一,识别与评估市场机会,形成业务创意,除了从市场需求及其发展趋势出发之外,还必须考虑符合国家法律和产业政策的有关规定。

第二,新创企业的商业创意和创业方案,商标、专利、企业名称、商业秘密等无形资产的保护,需要借助知识产权法律制度才能有效地实现。

第三,新创企业基本的法律形式的选择和法律地位的确定,必须符合国家制订的市场主体法的规范,并依法取得国家相应的管理部门的确认。

第四,企业创业所需的各种资源,尤其是创业资本和经营资金的取得,必须符合《物权法》、《投资法》、《金融法》、《合同法》、《知识产权法》等相关法律法规的规定。

第五,企业内部投资者、经营者、员工权益关系的调整和保护,必须依照市场主体法和《劳动法》等相关法律的有关规定进行。

第六,企业开展生产经营活动,包括参与市场竞争和市场交易的活动,必须按照《竞争法》、《产品质量法》、《价格法》、《合同法》等相关法律法规的规定进行,同时必须依据《税法》、《环境保护法》等有关法律的规定,履行企业在依法纳税、资源节约、环境保护等方面的社会责任。

第七,企业与其他市场主体在经营活动中发生商务纠纷时,以及在接受国家有关部门的管理中发生行政纠纷时,需要依据民事诉讼、仲裁、行政诉讼等方面的相关法律法规才能得到公正的解决。

第八,企业由于破产、歇业等各种原因退出市场,必须依据破产、企业登记等方面的相关法律法规的规定履行相应程序。

在企业的经营中,除了受到法律的约束外,伦理和道德也是影响企业生存和发展的重要环境。企业伦理已经成为现代企业存在和发展的重要条件。伦理道德以其规范力量,有助于企业确立整体价值观和发扬企业精神,有助于群体行为合理化,提高群体绩效。没有伦理道德素质的普遍加强,最终将妨碍企业发展的力度和速度,甚至将企业的发展引上歧路。

企业伦理是企业正确认识和处理它在社会上、市场上的角色、功能、责任、义务所不可缺少的指导原则。企业作为一种生产经营单位,它的经济功能是为社会为市场提供有益的商品和服务,但是企业在提供商品和服务的过程中,会对社会和生态环境产生各种影响,有些影响是消极的负面的,社会为了克服或忍受这种消极的负面的影响,常常要支付一定的社会成本,这就要企业对社会对环境承担一定的义务和责任,要求企业分清有益和有害、正当和不正当、合理和不合理的伦理道德界限,要求企业提供有益的而不是有害的供求,采取正当的而不是不正当的手段,获取合理的而不是不合理的利润和效益,要求企业正确处理经济效益、社会效益、环境效益三者之间的关系。

企业伦理是正确处理企业内部各种关系、化解企业内部的各种矛盾、增加企业内部的团结和凝聚力所不可缺少的。现代企业在管理过程中首先会碰到投资者、经营者、劳动者三者之间的责权利关系问题,这牵涉到如何认识和评价资本、劳动、管理在企业生存和发展中的地位和作用,也牵涉到如何在分配过程中恰当地处理三者之间的利益关系,处理不当就会侵犯某一方的正当利益,影响某一方的积极性,而任何一方的正当利益受到侵犯、积极性受到影响,都不利于企业的生存和发展。

企业伦理的内容依据主题可以分为对内和对外两部分。内部:劳资伦理、工作伦理、经营伦理;外部:客户伦理、社会伦理、社会公益。首先在企业内部,劳资双方如何互信、劳资双方如何拥有和谐关系、如何达到企业和员工的共同发展。在员工当中如何建立健康的竞争和合作关系,经营者如何引导员工树立正确的价值观;清楚严格地划分企业的经营权和所有权,让专业经理人充分发挥、确保企业公司营运自由。

在企业外部,要正确处理好企业与客户间的关系,坚持以满足顾客的需求为核心;处理与同业间的竞争时,做到公平竞争,不散播谣言、恶性挖角、窃取商业机密等;在处理与社会之间关系时,做到重视社会公益,提升企业形象。

良好的企业形象是企业发展的重要无形资产,其重要性甚至超过了企业的其他资源。因此注重企业伦理建设对企业而言具有极其重要的意义。

五、新企业选址策略与技巧

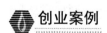

肯德基的选址策略

肯德基计划进入某城市,就先通过有关部门或专业调查公司收集这个地区的资料。有些资料是免费的,有些资料需要花钱去买。把资料收集齐全了,就开始规划商圈。

商圈规划采取的是计分的方法,例如,这个地区有1个大型商场,商场营业额在1000万元算1分,5000万元算5分,有1条公交线路加多少分,有1条地铁线路加多少分。这些分值标准是多年平均下来的一个较准确的经验值。

通过打分把商圈分成好几大类,以北京为例,有市级商业型(西单、王府井等)、区级商业型、定点(目标)消费型、还有社区型、社商务两用型、旅游型等等。

1. 选择商圈

即确定目前重点在哪个商圈开店,主要目标是哪些。在商圈选择的标准上,一方面要考虑餐馆自身的市场定位,另一方面要考虑商圈的稳定度和成熟度。餐馆的市场定位不同,吸引的顾客群不一样,商圈的选择也就不同。

例如马兰拉面和肯德基的市场定位不同,顾客群不一样,是两个"相交"的圆,有人吃肯德基也吃马兰拉面,有人可能从来不吃肯德基专吃马兰拉面,也有反之。马兰拉面的选址,也当然与肯德基不同。

而肯德基与麦当劳市场定位相似,顾客群基本上重合,所以在商圈选择方面也是一样的。可以看到,有些地方同一条街的两边,一边是麦当劳另一边是肯德基。

商圈的成熟度和稳定度也非常重要。比如规划局说某条路要开,在什么地方设立地址,将来这里有可能成为成熟商圈,但肯德基一定要等到商圈成熟稳定后才进入,例如说这家店,3年以后效益会多好,对现今没有帮助,这3年难道要亏损?肯德基投入一家店要花费好几百万,当然不冒这种险,一定是比较稳健的原则,保证开一家成功一家。

2. 聚客点的测算与选择

(1)要确定这个商圈内,最主要的聚客点在哪。例如,北京西单是很成熟的商圈,但不可能西单任何位置都是聚客点,肯定有最主要的聚集客人的位置。肯德基开店的原则是:努力争取在最聚客的地方和其附近开店。

过去古语说"一步差三市"。开店地址差一步就有可能差三成的买卖。这跟人流动线(人流活动的线路)有关,可能有人走到这,该拐弯,则这个地方就是客人到不了的地方,差不了一个小胡同,但生意差很多。这些在选址时都要考虑进去。

人流动线是怎么样的,在这个区域里,人从地铁出来后是往哪个方向走等等。这些都派人去掐表,去测量,有一套完整的数据之后才能据此确定地址。

比如,在店门前人流量的测定,是在计划开店的地点掐表记录经过的人流,测算单位时间内多少人经过该位置。除了该位置所在人行道上的人流外,还要测马路中间的和马路对面的人流量。马路中间的只算骑自行车的,开车的不算。是否算马路对面的人流量要看马路宽度,路较窄就算,路宽超过一定标准,一般就是隔离带,顾客就不可能再过来消费,就不算对面的人流量。

肯德基选址人员将采集来的人流数据输入专用的计算机软件,就可以测算出,在此地投资额不能超过多少,超过多少这家店就不能开。

(2)选址时一定要考虑人流会不会被竞争对手截住。因为人们现在对品牌的忠诚度还不是很高。只要你在我跟前,我今儿挺累的,我为何非再走那么100米去吃别的,我先进你这儿了。除非这里边人特别多,找不着座了我才往前挪挪。

但人流是有一个主要动线的,如果竞争对手的聚客点比肯德基选址更好的情况下那就有影响。如果是两个一样,就无所谓。例如北京北太平庄十字路口有一家肯德基店,如果往西100米,竞争业者再开一家西式快餐店就不妥当了,因为主要客流是从东边过来的,再在那边开,大量客流就被肯德基截住了,开店效益就不会好。

(3)聚客点选择影响商圈选择。聚客点的选择也影响到商圈的选择。因为一个商圈有没有主要聚客点是这个商圈成熟与否的重要标志。比如北京某新兴的居民小区,居民非常多,人口素质也很高,但据调查显示,找不到该小区哪里是主要聚客点,这时就可以先不去开店,当什么时候这个社区成熟了或比较成熟了,知道其中某个地方确实是主要聚客点才开。为了规划好商圈,肯德基开发部门投入了巨大的努力。以北京肯德基公司而言,其开发部人员常年跑遍北京各个角落,对这个每年建筑和道路变化极大、当地人都易迷路的地方了如指掌。经常发生这种情况,北京肯德基公司接到某顾客电话,建议肯德基在他所在地方设点,开发人员一听地址就能随口说出当地的商业环境特征,是否适合开店。在北京,肯德基已经根据自己的调查划分出的商圈,成功开出了56家餐厅。

(资料来源:刘国栋:《肯德基在中国:天时,地利,人和》,北京:机械工业出版社,2007年。)

企业在创建过程中不可避免会遇见一个问题,企业的经营地点的选择。企业的选址对企业来说具有非常重要的作用。俗话说"一步差三市"讲的就是选址的重要性。无论是工业企业、商业企业还是农业企业,企业经营的地点选择都是非常重要的。对新创建的企业来说,选择一个理想的地址,可以为企业将来的发展赢得更好的发展空间和前景;反之,可能导致创业的失败。

(一)选址对于企业的重要意义

对于制造企业来说,选址关乎企业的原料来源、市场销售、成本控制等各方面的问题。企业的经营地点如果离原料供应地过远,可能会造成原材料供应不畅、材料成本增加。如果离主要的销售市场过远,又会造成产品覆盖面小、销售成本增加、甚至面临地方保护主义。另外对于制造业来说,人力资源对企业至关重要,选址时,还需要考虑劳动力资源和劳动力成本问题。

对于商业企业和服务业企业而言,经营地址直接意味着企业的销售渠道。商业企业的门店就是企业渠道建设。合理的经营地点可以汇集顾客,增加销售,同时节约销售成本。

农业企业的经营地点会影响到农业企业的生产能力和质量。气候、土地、种植习惯、市场情况都会影响农业企业的经营效益。

(二)制造业设施选址的影响因素

1. **市场条件**

将选址靠近企业产品和服务的目标市场,这样有利于接近客户并且便于产品迅速投放市场,降低运输成本,减少分销费用,提供便捷服务。由于交货期的提前以及运输费等压力,制造厂通过靠近用户降低成本,还可以将产品尽快送达顾客手中;同时又可以随时听取顾客的反馈意见,并根据用户意见改进产品和服务。

2. **原材料供应条件**

制造厂商分布在原材料基地附近,以降低运费得到较低的采购价格。虽然随着科技的进步单位产品原料消耗下降,原材料的精选也将导致单位产品原料用量、运费的减少,但那些对原材料依赖性较强的企业,还应当尽可能靠近原材料基地。如采掘业、原料用量大或者原料可运性较小的制造业。

3. **交通运输条件**

根据产品、原材料和零部件的运量大小以及运输条件,应该尽量选择靠近铁路、高速公路、海港或其他交通运输条件较好的地区。对于绝大多数的制造业来说,运输和物流成本在总成本中占有很大的比重。

4. **动力、能源和水的供应条件**

对于任何一个工厂来说,选址必须保证水、电、气、冷的供应,同时还包括对三废的处理。对于那些能源消耗较大的厂商,动力能源的获得有着举足轻重的影响。选址关系到能否获得价格相对低廉的能源,从而相对降低生产成本。

5. **气候条件**

企业在选址的时候,还要考虑到所选区域的地理、气候等自然条件。温度、湿度、气压、风向等因素也会对某些产品的质量、库存和员工的工作条件带来一定的影响。企业如果在气候适宜的地方建厂,不仅可以降低通风、采暖、除湿、降温的费用,还能避免由于气候原因导致的停工待料、延误交货、无法正常生产造成的损失。

6. **环境保护**

生产系统在产出产品的同时也在制造废物,由于有些生产系统的排放物可能对环境造成危害,因此,在选址时应考虑尽可能选在对环境影响最小的地方,并且要便于进行排污处理。否则会受到周围居民的排斥和反对,甚而造成被迫关停。这些只是制造企业选址时通常考虑的因素,还有一些其他的因素,如地质条件能否满足未来工厂的载重方面的要求、土地成本和建筑成本等。企业应该考虑主要的因素,抓住主要的矛盾,对这些因素进行权衡和取舍,选择合适的地区和位置。

(三)商业和服务业设施选址的影响因素

1. 环境因素

(1)人口与收入水平:大型服务业选址往往首先考虑的就是辐射人口的数量、人均收入、消费水平等因素,并由此来确定商业的经营形式和经营规格。

(2)消费习惯:流行时尚和风俗习惯往往能在很大程度上影响消费者对都市中众多服务业的选择。

2. 地理因素

(1)区域规划:潜在地点的建筑布局规划、区域发展规划在确定大型服务业选址之前必须先充分了解。区域规划往往会涉及建筑物的拆迁和重建,如果未经了解,盲目选址,就会在成本收回之前就遇到拆迁等问题,会使企业蒙受巨大的经济损失,以至于失去原有的地理优势。同时,掌握区域规划后便于我们根据不同的区域类型,确定不同的经营形式和经营规格。

(2)位置:服务业经营所在区域适宜选择在城市核心商业区、旅游中心以及住宅聚集地内,或者至少在其10~15分钟步行距离或便捷交通辐射范围之内。

(3)可见度和形象特征:为了能让消费者便利地找到目标商场,要有远距离、中距离和近距离的确认。

(4)交通状况:交通状况往往意味着客源,获得本地区车辆流动的数据以及行人的分析资料等,以保证服务业建成以后,有充足的客源。关于目标地点的街道交通状况信息可以从公路系统和当地政府机关获得,并对人流、车流进行采集以得到适量样本数据作为分析参考。

3. 市场因素

(1)竞争状况:一个地区服务业的竞争状况可以分成两个部分来考虑。一是直接竞争的评估,即提供同样的经营项目,即同样规格、档次的服务可能会导致的竞争。二是非直接竞争,包括不同的经营内容和种类,或同样品种但不同规格或档次的服务企业,这类竞争有时起相互补充的作用,对服务企业是有利的。在选择零售商业经营区时,如果无任何一种形式的竞争,企业将具有垄断地位;如果存在任何一种形式的竞争,也都是值得在投资前认真研究和考虑的。

(2)规模和外观:服务业选址的地面形状以长方形、正方形为好,必须要有足够大的空间容纳建筑物、停车场以及展示台等其他必要设施。三角形或多边形的地面除非非常大,否则是不可取的。同时,在对地点的规模和外观进行评估时也需要考虑到未来消费的可能性。

六、新企业的社会认同

新创建的企业由于刚刚成立,被顾客以及社会的接受程度相对较低。企业要想获得较快的发展,就必须尽快地让社会熟悉、接受进而形成良好的企业形象。企业形象的建立不仅仅是通过广告、宣传和公共关系的形式,更需要从战略的高度去规划企业的社会认同。企业的社会责任管理(CSR)就是近年来管理学重要的理论。

(一)企业社会责任的内涵

所谓"企业社会责任"是指企业在创造利润,对股东负责的同时,还应承担起对劳动者、消费者、环境、社区等利益相关方的责任,其核心是保护劳动者合法权益,包括不歧视、不使用童工、不强迫性劳动、提供安全卫生的工作环境等。

企业的社会责任,通常包含3个维度,即经济的、环境的和社会的,分别涉及不同的利益相关者。

创业案例

企业的社会责任和社会认同

2008年汶川地震后,在由多个部委和中央电视台联合举办的晚会中,来自广东加多宝集团的1亿元捐款使得一直隐身于媒体公众背后的加多宝顿时引起电视机前观众的极大关注。10分钟后,一网友在天涯社区上发布帖子:广东加多宝集团官网,由于网友拥挤"瘫了"。一则"封杀"王老吉的帖子立刻在网络热传,几乎各大网站和社区都能看见《让王老吉从中国的货架上消失!封杀他!》等帖子。"买光超市的王老吉!上一罐买一罐!""让它从大家面前彻底消失"等这类"正话反说"的"封杀王老吉"倡议迅速成为当时最热门的帖子。一时间加多宝公司不仅家喻户晓,而且货架上的罐装王老吉也被抢购一空。由于加多宝在社会责任方面一鸣惊人的突出表现,2008年王老吉单品销售额超过100亿元。在罐装饮料竞争激烈的环境中,加多宝罐装王老吉饮料销售额在中国市场全面超越罐装可口可乐,成为中国最畅销的罐装饮料。

与此相反的案例则是万科地产"捐款门事件"。与2007年460亿元的销售额相比,200万元的捐款让公众觉得难以接受。王石随后在其博客中抛出"200万元已尽到企业责任,员工捐款以10元为上限"、"不让捐赠成为一种负担"的言论,引起了舆论界的轩然大波。甚至有网友偏激地"号召"网民不买万科的房子和股票,让万科在这次地震中形象"坍塌"。在舆论的压力下,2008年5月20日,万科发布公告称,董事会批准公司在1亿元额度内参与地震灾区的灾后恢复与重建工作,该项工作为纯公益性质,不涉及任何商业性开发,这1亿元将根据实际需要在3~5年内逐年支出。但消息公布后,公众仍不满意,称万科此举意在"忽悠"。

其实事实上,万科的言论行为并没有过错,但是这种不合时宜的做法确实让万科这个一直保持健康的公司形象受到了极大的负面影响。

这两个例子让我们看到了履行社会责任所蕴涵的巨大经济价值,企业在履行社会责任时,应该将其纳入到公司的发展规划中。当然,商业价值的实现必然从自身情况出发,成为一个持续的过程。否则,单纯的巨额捐款只是一时的轰动,是否能给企业的发展带来长期的价值,还要靠企业自身的理解。

(资料来源:根据新闻资料整理)

在经济关系上,企业不但要正确处理好与股东或投资者的关系,还要在经营过程中做到合法诚信,致力于企业的长期可持续经营,提供更多的平等就业岗位,为社会创造更多的财富,这主要包括:股东权益责任和社会经济责任。

在社会关系上,企业需要处理好与员工、消费者及社区等主要利益相关者之间的关系,主要包括尊重基本人权、以人道主义精神对待员工、保障员工的基本权利、为员工提供健康安全的工作环境、为员工的职业发展创造有利条件、为消费者提供质量可靠、具有安全保障的产品和服务、积极参与和支持社区建设和公益事业等等。

在环境关系上,企业需要正确处理企业活动与环境的关系,利润追求与环境的可持续协调发展,主要包括遵守国家和地方有关环境保护的法律法规,建立完善的环境管理体系,持续地改进环保工作,积极应对和规避环境风险,不断提高能源和原材料的使用效率等等。

总体来说,企业社会责任至少应该包括:企业在创造利润、对股东利益负责的前提下,要承担对员工、消费者、商业伙伴、社区、自然环境等利益主体的社会责任,包括生产安全、职业健康、保护劳动者的合法权益、提供安全的产品和服务、遵守商业道德、支持慈善事业、捐助社会公益、保护自然环境等。具体地说,企业社会责任的内容包含以下几个方面:(1)法律责任;(2)经济责任;(3)环境责任;(4)节约资源的责任;(5)对消费者的责任。从以上这几个方面也不难看出,企业社会责任不仅与企业可持续发展密切相关,而且与经济、环境和社会的可持续发展相互依存,不可分割。

(二)社会责任管理的重要意义

1. 社会责任是现代企业不可回避的责任

企业是现代社会的基础,不仅是社会财富的创造者,也是社会责任的承担者。企业承担社会责任不仅仅是社会良知的呼唤和社会道德的要求,更是企业可持续发展和融入全球化的客观要求,是促进企业本身与全社会的协调、和谐发展的要求。

2. 社会责任是企业文化不可或缺的部分

企业社会责任意识和由此产生的治理结构、企业信誉、品牌影响力等是企业的"软实力",也是企业竞争力的重要组成部分。只有那些以履行社会责任为基础和前提的企业,才能取得社会认同,拥有强大的竞争力。

3. 社会责任是企业可持续发展的需要

履行企业社会责任,不仅可以增进职工的忠诚感和归属感,也可以更多地赢得顾客的青睐和消费者的满意,对企业的可持续发展是有利的。在国内,已有一些优秀的企业在积极履行社会责任,如接纳下岗失业人员再就业、更换低能耗的设备、控制污染物的排放、热心公益慈善事业等。向全社会展现其诚信开放的现代企业形象,获得各界好评。

4. 社会责任是企业走向世界的"门票"

随着中国逐步融入全球一体化,跨国公司纷纷要求中国的合作商和供应商承担相应的社会责任,包括遵守相应的法律法规、保障员工基本权益等。为了更好地督促相关企业履行社会责任,还要求相关企业必须接受劳工保护标准、环保标准审查。如麦当劳、耐克、沃尔玛等跨国公司相继对中国的供应商和分包商提出企业社会责任标准(SA8000)认证。切实承担起应尽的社会责任,它不仅能让企业获得进入国际市场的通行证,而且对于快速提升企业品牌形象、拓宽国际市场能起到至关重要的作用。

第二节 新企业生存管理

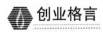
创业格言

人管人,累死人;制度管人,约束人;文化管人,管住魂。

一、新企业管理的特殊性

新创企业指从企业创立、甚至是从企业创意开始,到企业已经摆脱了生存困境并基本转化为规范化、专业化管理的过程,即从企业创立到发展演变成大中型企业的过程(张玉利、任学锋,2001)。有资料显示,我国新创企业生命周期超过3年的不到50%,其中,创业过程中成长要素缺失是重要原因。

新企业成立初期应以生存为首要目标,其特征是主要依靠自有资金创造自由现金流,实行充分调动"所有的人做所有的事"的群体管理,以及"创业者亲自深入运作细节"。新企业成立初期易遭遇资金不足、制度不完善、因人设岗等问题。

(一)内部管理基础较弱

一方面新企业管理人才普遍相对短缺,管理机构简单,专业性不强,内部控制制度不完善,甚至没有内部控制制度。

(二)成本费用管理水平低

相当数量的新企业普遍存在成本费用核算不实,控制不严,控制体系不健全等问题。在成本费用管理过程中,往往人为追求利润,造成成本费用不实。企业会计基础工作不健全,成本核算缺乏真实的准确的数据资料,企业内部缺乏科学有效的成本费用控制体系。

(三)中小企业的抗风险能力较弱,信用等级较低

新企业资本规模较小,决定了他们抗风险的能力先天不足,加上新企业内部管理基础又薄弱,产品比较单一,市场风险很大,而市场风险很容易转变为企业的财务风险和银行的信贷风险,从而影响其信用等级。

(四)投资分析不够,投资失败

不少新企业深切地认识到新产品试制、技术开发是决定企业生存的重要途径。但在投资分析、市场调研不到位时,急于进行技术改造、设备更新和新产品开发,盲目地投资项目。往往投资失败,造成了沉重的负担,甚至陷入了破产的边缘。

(五)资金短缺,筹资能力差

新企业受自身条件以及现行体制、政策的影响,融资环境差。新企业本身素质不高,人才缺乏,内部组织关系不稳定,规模效益差,经营风险高,信用等级低等原因,往往很难满足银行等金融机构的贷款条件,融资能力差。

(六)为中小企业服务的社会化服务体系薄弱

目前社会中介机构大多数设在政府部门,服务对象往往局限于本系统、本部门的

企业。许多新企业缺乏及时获取各种信息的渠道,致使财务管理人员难以做出科学合理的筹资、投资等决策,使企业的发展受到了严重的限制。

(七)缺少金融支持体系,融资渠道单一

资金不足是困扰新企业发展的主要问题。这主要是由于新企业所处的经济环境以及自身的组织方式和发展状况决定的。

二、新企业成长的驱动因素

(一)新创企业成长理论

创业正成为经济转型背景下日益活跃的活动。克服创业失败率高、实现快速成长是创业研究迫切需要解决的重大现实问题。新企业成长与现存企业成长有着明显不同。前者是在资源缺乏、合法性水平低的状况下,克服生存问题,进而获得稳健的成长。首先,由于新企业资源有限。新企业并不像彭罗斯所假定的那样存在冗余资源或独特管理能力(Penrose,1959)。其次,新企业存在新进入缺陷和生存挑战。在新进入缺陷情况下,新企业缺乏整合网络资源、生存和成长所必要的信誉和可靠性。如马云1995年开创阿里巴巴网站时,人们并不晓得互联网是什么,马云每天出门找企业诉说互联网的神奇,请企业出资把企业信息放到网上去,开始被人认为是骗子(张玉利等,2007)。此外,人们对于创业信息的了解总是没创业者多,新企业也缺乏使利益相关者信任的经营历史,在这种信息不确定和不对称条件下,人们倾向以新企业与既有制度的一致性作为判断新企业可信性和可靠性的标准,这也导致几乎所有新企业都存在被顾客、供应商、投资者、甚至政府等利益相关者认知和认可度低的合法性问题。

基于制度和组织关系的研究发现,合法性约束而非内部协调管理因素是导致新进入缺陷和新企业死亡率高的主要原因(Stinchcombe,1965;Singh,Tucker & House,1986)。研究还发现在新企业初期阶段采取与利益相关者一致的行为(而非独特性),提高合法性更能促进新企业生存(Aldrich & Fiol,1994)。Aldrich & Fiol(1994)指出许多创业失败,并非因为缺乏市场潜力,而是由于创业者没能建立起与利益相关者的信任关系、处理好与竞争产业的关系、获得制度支持等合法性问题。关于组织生成的研究也发现主动合法化,比被动依赖资源禀赋更能促进企业生成和成长(Tomikoski & Scott,2007)。事实上,也有许多创业者在资源禀赋有限情况下实现了创业梦想。但是新企业需要首先获得利益相关者的合法性认可,以促进这些资源持有者与新企业交换资源。

创业格言

> 融资,可以靠产业链的信用。成长,还要靠文化和创新。

新企业成长的本质是通过合法化战略选择、克服"合法性门槛"、获取资源,不断嵌入制度的过程(Zimmerman & Zeitz, 2002)。

1. 三种成长理论的简要比较

内部资源成长、网络化成长和合法化成长是3种主要成长理论。首先,彭罗斯(1959)认为企业成长的动力源是企业冗余资源与管理者能力的有效结合。彭罗斯指出由于管理者识别资源用途和组合资源的能力不同,即便不同企业拥有同质生产资源,也可能产生服务价值的差异。但是彭罗斯聚焦于组织内生产要素与生产性服务的分析,使内部资源成长论忽视了新企业成长的独特性和组织运营的社会嵌入性。

其次,20世纪90年代兴起的网络化成长理论,进一步拓宽了资源获取的途径,提出基于网络结构等获取网络资源的机制(邬爱其,2005),并将分析范畴拓宽到区域商业与社会关系系统。网络化成长理论揭示了"结构洞"、"强、弱连带力量"等网络结构机制。但新企业在资源禀赋和新进入缺陷约束下,网络存在明显的不稳定性(表现在供产销信任关系脆弱)和局限性(表现在严重依赖创业者个人亲友关系等),新企业识别和占据结构洞的资源投入可能难以获得经济效益,基于网络结构整合资源的能力也是有限的。新企业需要开发更广泛的网络资源,但是这受制于合法性约束。

再次,近年来随着创业与创新的活跃,以及新制度学派的兴起,关于社会结构、制度情境对新企业生存与成长影响的研究正在兴起。该学派以新进入缺陷和资源禀赋有限为前提,分析制度趋同对新企业的影响。认为新企业可信性和可靠性较低,需要采取合法化战略嵌入制度,获取关键资源持有者的认可与支持,整合资源,实现成长。3种成长理论在资源来源、获取途径、研究视角和成长机制等方面存在差异,见表6-1。在比较3种成长理论基础上,认为合法化成长理论更能解释新企业成长问题,并着重探究新企业合法化成长机理。

表6-1 三种企业成长理论的机制比较

比较维度 \ 理论流派	内部资源成长论	网络化成长	合法化成长
资源来源	组织内部	组织外部网络	组织内外部制度环境
资源获取途径	管理者内部整合能力	结构洞及强、弱连带	合法化战略与制度本致性
理论前提	资源冗余	网络蕴涵资源	社会结构、制度影响企业
成长机制	基于管理者能力的资源组合	基于网络结构利用的资源整合	基于制度认可和支持的资源供给
研究层面	组织	组织网络	社会结构与制度

2. 新进入缺陷、合法性约束与新企业成长

关于新企业死亡率为什么高于既有企业,一直是创业理论与实践关注的问题。Stinchcombe(1965)首先用新进入缺陷的概念来解释新企业死亡率高这一现象,并提出新企业相较于既有企业,面临缺乏行业经验,承担更多内外新角色与任务,缺乏稳定顾客关系、难以建立投资者信任关系以及在开发新角色、建立外部联系等方面承担很大的心理冲突和短期无效率等新进入缺陷问题。20世纪80年代后期,学者们围绕新进入缺陷产生的原因开展研究,发现新进入缺陷与合法性高度相关。20世纪90年代中期至今,学者们围绕新企业合法化的途径问题展开讨论,提出新企业成长是通过合法化途径,克服合法性门槛和获取资源的制度嵌入过程。

Weber对官僚行政组织探讨中,较早提出了组织合法性的概念。即组织活动与组织强制规则、结构保持一致性。在Weber之后,Parsons(1960)认为合法性的焦点不只是权力系统,合法性是组织价值观与所嵌入社会情境价值观的一致性。新制度学派进一步发展了合法性概念,突出社会认知系统的重要性,认为由于人们决策的有限理性和环境不确定性,人们难以直接判断组织的价值和可接受性,往往依据组织与制度的一致性判断组织合法性。因此既有制度对企业行为产生着强有力约束,并产生3种制度趋同:强制趋同(来自政府的法律与法规,主导组织的标准程序等)、模仿趋同(需模仿典型组织等)和规范趋同(专业化员工和规范管理等)。组织通过适应这些制度的管制、规范和认知而获得合法性。

在一定阶段内,制度、社会结构内的规范、价值观、信仰和定义框架是稳定的,人们会参照制度对组织活动的适当性、恰当性和合意性作出一般的感知或假定,即合法性水平。而组织提高合法性水平的过程,即合法化。组织应该关注的是对组织声誉和生存能力有关键影响的资源持有者的制度观,并通过主动合法化而不仅是被动依从他们来获取合法性。合法化有助于新企业成长资源获取。合法性本身是一种新企业成长所需的关键资源,其作用甚至大于资本、人力资源、顾客意愿、工艺技术以及网络等,合法性帮助企业获取所需的其他成长资源。

既有制度约束着新企业的行为,成为新企业成长的合法性约束。关于合法性约束类型,主要有以下3种代表性观点。Aldrich & Fiol(1994)首先指出新企业面临社会政治合法性和认知合法性低的约束。社会政治合法性包括关键利益相关者、政府官员等对新企业行为、形式与法律、规则和规范的一致性的认可度。社会政治合法性低导致新企业注册困难、产品标准不被社会接受及融资困难等。认知合法性包括新企业被社会接受理所当然应该存在的程度,主要由外界对新企业知识的了解决定。认知合法性低表现在社会对新企业产品或服务了解很少,产品或服务难以被顾客接受或价值评价较低。

Scott(1995)基于制度内容的3个层次,提出了认知、管制和规范3种合法性约

束。首先,管制合法性约束既包括政府管制,也包括各种资信协会、专业团体和主导组织等创造的规则和标准等。如,新企业需要取得各种质量认证来获得消费者认可,主导组织要求新企业按照其标准运营等。其次,规范合法性约束来源于社会规范和价值观或新企业社会环境某一层次。如,广义层次上,新企业受到顾客至上等规范合法性压力;而在特定专业层次,新企业受到按专业规范运营的压力。最后,认知合法性约束来自广泛被社会持有的信仰和理所当然的假设,以及知识团体传播的信仰系统等。Scott(1995)认为从认知视角看,社会结构界定行为角色和规则。因而在现有社会系统中,参与者既要学习他们是谁(身份)也要学习他们被期望为什么(角色)。身份和角色预先界定了适当、建设性和有效的行为类型;明确了什么样的组织被接纳,组织应该呈现什么样的结构特征,什么样的程序可以被理解等。

3种合法性的关系如图6-2,从认知到规范再到管制合法性,制度的明确性和条文性依次提高。一般来说,管制最明确,刚性最强,调整起来难,企业能够作用的合法化战略性空间小;规范则更加抽象,制度弹性更大,战略性空间也更大;而认知是社会运转的更基础因素,提供了规范和管制系统建构的框架,最抽象,制度弹性最大、战略性空间也最大。

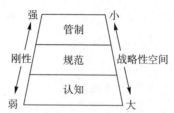

图 6-2　三种合法性的关系

(二)新创企业成长的驱动要素分析

在众多的创业模型中,Timmons(1999)创业模型(见图6-3)是比较有代表性的研究。该模型认为,创业过程是一个高度动态化的过程,其中商机、资源、创业领导者或创业团队是创业过程最重要的驱动因素。Shane & Venkataraman(2000)则认为,机会是创业研究的中心问题,创业就是围绕着机会的识别、开发利用的一系列过程。

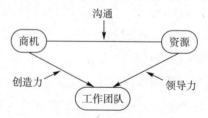

图 6-3　Timmons(1999)创业模型

夏清华(2008)以产业机会、创业者资源、新企业战略和新企业的学习机制为核心要素构成了新企业成长模型(见图6-4),她认为新创企业成长是一个环境依赖的动态学习过程,又是一个转换机会,资源创造的战略行为。林嵩、姜彦福等(2007)认为,创业成长的效果主要取决于创业战略的实施,正确的战略能够促进创业的迅速成长,而创业战略的制订则主要取决于创业机会的具体特征(见图6-5)。杨波、熊中楷(2010)认为,知识、能力、机会、战略是新创企业成长的关键要素,较好地反映了新创企业的成长机理。任荣伟(2007)通过对泛珠三角地区130多家新创企业的调研结果表明,有4大要素是新创企业早期能够获得成功的关键要素,这4个要素分别是:创业家的资质、创业资源、创业机会以及创业盈利模式。

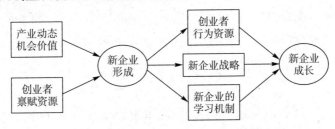

图 6-4　夏清华(2008)新企业的成长模型

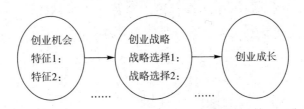

图 6-5　机会导向的创业模型

分析上述文献可以看出,新创企业成长是一个动态过程,商机、资源、创业者或创业团队、创业战略、商业模式、创业学习等因素,决定了新企业成长。结合 Timmons (1999)、Shane & Venkataraman(2000)、夏清华(2008)、林嵩、姜彦福等(2007)的创业理论和模型,可以构建一个全面的新创企业成长模型(见图6-6)。

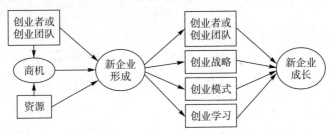

图 6-6　新创企业成长模型

图6-6的模型阐释了如下创业成长机理:首先,以商机为核心,围绕商机的识别、

开发,新企业形成。创业者或创业团队要善于识别、发现商机,然后整合企业资源来开发商机,从而形成一个新企业。围绕着创业成长的效果,分析其影响因素,主要包括创业者或创业团队、创业战略实施、商业模式和创业学习。即:新企业的持续成长,有赖于创业者或创业团队、创业战略、商业模式及创业学习。

商机非常重要,新创企业特别强调对潜在机会的发掘来创造新的价值。成功发现并利用创业机会是由机会本身的特性和企业家所拥有的创业信息与认知能力共同决定的。创业者须拥有敏锐的商业远景力、市场洞察力和分析判断力,还要有勇于冒险和不畏失败的创业精神,以及以技术专长为核心的经验和经历等。新创企业成功的关键在于创业领导者和创业团队能否发现各种商机,然后有效组织内外部各种资源来实现商机。这些资源包括企业内部资源,比如企业内部的知识与能力,形成了企业的核心竞争力。还包括企业外部的各种有利于创业发展的资源,比如:浙江地区形成的皮革、轻纺等产业集群,有利于当地新创企业的外部发展资源。

新企业创立后,能否取得成功,很大程度上取决于该企业的创业团队。创业家凭借商业智慧、商业眼光把握住了市场机会,也寻找到了使商机得以实现的资源,则新企业创立。但是新企业成长,还需要有善于经营和管理的团队,要制订创业发展战略,寻找合适的商业发展模式等。新企业的成功在很大程度上还取决于其战略的实施。浙江省很多新创企业在其创立与成长中,紧紧依托于特色产业集群,并与产业集群形成良性的互动发展,从而使这些新创企业能够快速成长起来。新企业的战略能力决定了将机会资本化的成本和方式,也最终决定了新企业的赢利水平以及创造与维持竞争优势的能力。新企业的成功在很大程度上还取决于是否有创新。对新创企业来说,商业模式的创新至关重要。比如,戴尔电脑的商业模式创新。所以,新创企业发现了机会,也寻找到了可以利用机会的资源,还需要创新商业模式。创新还需要团队成员的学习。通过学习,利用新知识,克服成长过程中面临的难题。通过学习,提高机会识别、问题解决的能力,进而促进新创企业不断成长。

知识链接

小肥羊企业创业成长的要素分析及启示

小肥羊企业创立于1999年,成长迅猛,2003年就夺得了我国成长企业百强冠军,2008年在我国香港成功上市。下面主要分析机会、资源、创业家与创业团队、创业战略、商业模式、创业学习等成长要素在小肥羊创业成长中的作用,以期为我国新创企业的成长提供借鉴经验。

1. 商业机会、创业者、资源要素之间的协调均衡

林嵩、姜彦福等(2007)将 Timmons 创业模型称为要素匹配模型,认为各个要素之间只有保持一种均衡协调的作用,才能保证创业良性成长。在创业过程中,创业领导者及创业团队的任务就是不断寻求新的、更大的商机,然后合理开发、运用企业内外部各种资源,使这3个要素平衡匹配,获得新创企业的稳健成长。

火锅涮羊肉的吃法在我国由来已久。但是因为传统食法都是蘸小料的,羊肉的腥膻不被南方人接受,因此区域性很强,很难被推广。小肥羊企业创始人张钢发现了商机,开创了新食法——"不蘸小料涮羊肉",取代小料的是更完美的锅底汤料。汤料中的滋补品对身体有极好的滋补作用,还可以去掉羊肉腥膻味。不仅受北方人喜好,也极大地吸引了非常讲究饮食营养健康的上海人、广东人等。

张钢发现了商机,也善于利用各种可以实现商机的资源。小肥羊公司的羊肉来自于天然、无污染的内蒙古大草原。正是因为张钢敏锐的市场洞察力及卓越的前瞻力,识别了商机,并且寻找到可以实现商机的资源,利用独特的区域优势,小肥羊企业创立并成长起来。从以上对小肥羊创业成长的分析中可以发现:商机、创业者、创业资源3个要素之间要协调配合,任何一个要素的缺失,都会影响到新创企业的成长。商机是核心,评估与识别商机是创业过程的起点。商机多种多样,要善于发现市场的空缺与盲点。张钢不仅识别了商机,还善于利用使商机得以实现的重要资源——内蒙古的天然大草原。事实证明,这项资源已成为小肥羊企业发展的核心竞争力,成为区外的其他同行企业无法拥有、无可比拟的竞争优势。

2. 创业者或创业团队、创业战略、商业模式、创业学习影响创业成长效果

创业者或创业团队要能够识别商机、洞察市场,还需懂得如何经营和管理。小肥羊企业在创业成长初期,创新商业模式,运用连锁加盟的方式,靠品牌输出来实现赢利,迅速抢占市场,连锁加盟店最多时达700多家。但是因为运营不规范,管理上出现问题,小肥羊品牌曾受到重创。从2005年开始,小肥羊企业建设完备的后台系统和食品安全体系,投入巨资建成我国最大的羊肉屠宰生产基地,和世界最先进的火锅汤料生产企业以及物流配送体系。小肥羊企业在全国各地的分店也收缩至300多家,并且趋向于直营化经营。经过资本运营,小肥羊企业于2008年在我国香港成功上市。小肥羊的创业战略是以经营小肥羊特色火锅及特许经营为主业,兼营小肥羊调味品及专用肉制品的研发、加工及销售业。小肥羊企业构建了垂直一体化的大产业链发展模式,目前拥有调味品基地、肉业基地、物流配送中心和外销机构,搭建起从牧场田间到餐桌的食品安全保障体系。着力打造"成为领先的全球餐饮及食品服务供应商"的战略目标。创业学习对新创企业的成长是关键。创业是一个动态的学习过程(夏清华,2008),创业学习应关注3

个重要方面：创业者以前的经验与知识，创业者的知识转换过程，创业学习的效果（从知识的积累到知识的创造）。小肥羊企业的管理层热爱学习、善于学习，总是能将学到的知识、管理运用到对小肥羊企业的管理实践中来，比如，对加盟店的管理，采取国际化的方式，改变过去一次性收取加盟费的方式，改成年收入 4% 作为加盟费。

创业者发现商业机会后，要寻找、挖掘能利用机会来创业的资源，这些都需要创业者的素质、眼光、胆略。创业者不仅要有前瞻力、洞察力，还要善于经营和管理。有了机会，也找到了资源，并不意味着就能够得到市场响应。还需要有好的商业模式。小肥羊创新商业模式，占据中国中餐连锁第一名。所以，新创企业成长，一定要有一个独特的、引领企业成功的商业模式。同时，创业战略也很重要，新企业的创业战略决定了该企业的创业成长效果。创业学习理论强调，通过学习不断开发和利用新知识，克服成长过程中的难题；同时，成长难题、新业务模式的不适应，能激励企业创造新的技术能力和市场能力，弥补创业初期资源与能力的不足。所以，创业学习的能力也决定了新创企业的成长效果。

（资料来源：屈燕妮、孙晓光：《新创企业成长要素分析及启示》，载《商业时代》，2012 年第 4 期。）

（三）我国新创企业的成长模式

根据学者对我国企业的研究，我国创新型企业的成长模式包括制度创新型、技术创新型、管理创新型、混合创新型等 4 种成长模式。

1. 制度创新型成长模式

所谓"制度创新"就是改变原有的企业制度，塑造适应社会生产力发展的市场经济体制和现代化大生产要求的新的微观基础，建立起产权清晰、权责明确、政企分开、管理科学的现代企业制度。制度创新意味着对原有企业制度的否定，是一个破旧立新的过程。制度创新主要包括产权制度创新和公司治理结构创新。本质上是权力和利益的调整和再分配。制度创新方式的基本路径是：资本原始积累→以产权改革为核心的制度创新→企业其他创新→现代企业制度→企业成长。其特点是启动产权改革，以产权结构的多元化吸引社会资本，带动企业内部其他方面的变革，从而进入企业成长的新阶段。

随着我国的改革开放，企业的改革也不断的加大，这时涌现出了一些比较典型的制度创新型企业。我们以联想企业为例，1984 年中科院计算所新技术发展公司（联想前身）正式注册，性质为全民所有制。从理论上讲，预算外收入也是国家的钱，但支配权并不在中央政府手中，而在不同层次的政府机构手中。从财产权、经营和福利保障的角度看,计算所和新技术发展公司之间的界限都是模糊不清的。1987年和北京市海淀区供销合作社订了联营协议,成立了中国科学院计算所计算机技术公司。这个联营在财产权问题上却有重大的含义。首先是法人财产权的延伸,增加了新企业的独立性。其次是登记企业的性质变为全民和集体,在当时的财务管理规则下,增加了企业会计处理上的灵活性。1998年,该公司更名为联想集团(控股)公司,成为香港联想的最大股东。联想集团(控股)公司和北京联想(有限)公司之间,加上了一个香港联想集团股份有限公司。这不仅仅是在整体双层财产权结构上又增加了一个层次,而是利用香港上市公司的规划,来规避政府机构之间财产关系变动对联想政策的不确定性影响。这种制度创新通过国有企业的再投资,形成"法人"财产权,是国有企业的财产权出现双层结构,仍然保持企业财产和体制的统一性。"法人"投资者在政府机构和营运企业之间形成了一个隔离层。联想企业就是通过"整体双层结构"这种制度创新为其在后来的高速发展赢得了时间。

2.技术创新型成长模式

技术创新是指一种新的生产方式的引入。所谓"新的生产方式",具体是指企业中的从投入品到产出品的整个物质生产过程中所发生的革命性的变化或称突变。这种突变与在循环流转的轨道中年复一年地同质流动或小步骤的调整不同。它既包括原材料、能源、设备、产品等硬件创新,也包括工艺程序设计、操作方法改进等软件创新。技术创新成长方式,是指企业以提升技术创新能力为先导,建立自主技术能力、改变企业技术特征,强化企业技术创新能力体系建设,并以此为基础带动制度和管理变革的企业成长方式。这种成长方式的基本路径是:资本原始积累→技术创新→制度和管理创新→现代企业制度→成长空间的拓展。其特点是首先集中投资于新技术开发,以新技术提高产品的质量,增加产品的附加值或节省成本,再以产品质量和技术含量开拓市场,提高产品市场影响力和市场占有率,然后以此为基础推动企业品牌建设,改进企业管理方式,促进企业制度变迁,带动企业创新能力的全面提高。这种方式通常依靠企业的技术人员以及大学和科研机构的科研力量,通过自主研发、模仿创新、外部引进、合作等手段,进行基础研究、新产品开发、工艺流程再造等活动。其中,自主创新是指企业通过自身的努力和探索生产技术,突破、攻克技术难关,并在此基础上依靠自身的能力推动创新的后续环节,完成技术的商品化、市场化获得利润,达到预期目标的创新活动。

格力电器就是推行技术创新型成长模式的成功典范。格力电器企业通过形成技术创新,抢占制高点的核心能力;确定专业化的技术创新战略;以新产品满足市场,创造新需求等策略使得该企业在6年时间里,由一个年产2万台窗式空调的小厂迅速崛起,1997年生产各式空调118万套,产销量居全国同行业第一。

3. 管理创新型成长模式

管理创新是指企业在一定的环境下,把新的管理要素或要素组合引入企业管理系统的创新活动。它通过对企业的各种生产要素和各项职能在质和量做出新的变化或组合,以创造出一种新的更有效的资源整合范式。这种范式既可以是新的有效整合资源以达到企业目标和责任的全过程式管理,也可以是新的具体资源整合及新的目标制订等方面的细节管理。管理创新一般可以从环境、资源、市场、流程等几个方面着手。

管理创新成长方式强调打破企业的传统管理,引进职业经理人,改革内部管理体系,以此为契机推动企业管理的制度化和规范化建设,并在进行内部管理体系变革的同时,也为企业的产权结构调整和技术创新提供管理支持。这种成长方式的基本路径是:资本原始积累→管理创新→制度和技术创新→现代企业制度→企业成长。其特点是集中于管理投资,以引进职业经理人充实企业的管理队伍为前提,冲击企业原有的管理理念和管理方法,强化企业基础管理和规范化管理,推动产权结构调整、内部管理体系变革,为企业制度变革和技术创新提供保障和支持,从而促进企业的发展。

我们以上海通用公司为例:在上海通用汽车3年的发展历程中,柔性化管理也已经成为上海通用的一道亮丽风景。目前,中国几乎所有的汽车工厂都是采用1个车型、1个平台、1条流水线、1个厂房的制造方式。唯有上海通用是另类,上海通用最多可以1条线上共线生产4种不同平台的车型。这种生产方式就是"柔性化"生产方式,它在国内汽车企业里是绝无仅有的。上海通用,以柔性化生产线为基础,严格而规范的采购系统,科学而严密的物流配送系统,以市场为导向高度柔性化的精益生产系统以及以客户为中心的客户关系管理共同构成了其柔性化生产管理的支撑体系,使上海通用汽车成为GM(通用公司)全球范围内柔性最强的生产厂家,形成了企业柔性化管理的经典范例。

4. 混合创新型成长模式

混合创新型成长道路的选择并不是那么明显地以技术特征、或者产权特征、或者管理特征的变更为出发点,而是以这3方面特征中的2者或3者的某种程度的混合为起点,如首先变革技术特征和产权特征、或产权特征和管理特征、或技术特征和管理特征、或三方面特征同时改变。这在我国的家族式企业中比较常见。家族式企业要真正将家族制和现代企业制度有机融合在一起,走可持续发展的道路,就必须全面变革企业的经济特征和文化特征,而经济特征和文化特征,以及经济特征的技术、产权和管理3方面是相互联结、不可分割的,它们在企业成长变革过程中是联动的关系,改革其中一方面,另一方面也会随之发生改变,企业的技术、制度和管理创新具有组合联动的效应。混合型成长方式的特点在于,企业同时投资于技术、制度和管理的某2个或3个的组合,从而有效推进现代企业制度建设,使企业迅速步入成长的快车道。我国的希望集团、万向集团、太太药业等的成长道路,可以说都是混合型成长方式的典型例证。

三、新企业成长管理的技巧和策略

新企业成长的管理需要注重整合外部资源追求外部成长;管理好保持企业持续成长的人力资本;及时实现从创造资源到管好用好资源的转变;形成比较固定的企业价值观和文化氛围;注重用成长的方式解决成长过程中出现的问题;从过分追求速度转到突出企业的价值增加。

（一）以项目化运作促进持续创新

要点: 新企业要通过项目的"唯一性"和"时间性"来创新,并通过项目化运作实现持续创新。

"项目"这个词现在备受瞩目。企业当中也有很多项目,比如有ERP项目、新产品开发项目、市场推广项目等。那么项目的哪些特性能给企业带来跳跃式的发展?首先是唯一性。iPad可以说是本世纪最成功的项目之一,这个项目的成功挽救了苹果公司。如果你也希望像苹果公司一样,通过项目的成功实现跳跃式发展,那你的企业做出的产品就必须和iPad一样与众不同。而与众不同是项目哪个特性决定的?那就是唯一性,也就是创新。

"创新"这个词实际上并不是本世纪才备受瞩目的,上个世纪所有企业都讲"创新",到了本世纪,"创新"前加了"持续"两个字。为什么要持续创新呢?这就涉及项目的另外一个特性——时间性。在过去,产品的生命周期通常是很长的,我们可以让这个产品的利润率维持在高位很长一段时间。可是到了21世纪,产品的生命周期变得越来越短,我们必须赶在竞争对手之前将产品推向市场,否则这个产品就算被研发出来,也会变成"鸡肋"项目,食之无味,弃之可惜。

过去15年,全球首富一直是比尔·盖茨。比尔·盖茨之前是沃尔玛的总裁山姆·沃尔顿。他用了50年时间,将沃尔玛公司发展成为全球零售行业的领头羊。沃尔玛的发展是什么样的发展?是积累性的发展,也就是通过运作型管理,随着企业年龄的增长而呈现出的发展。比尔·盖茨创立的微软公司又是什么样的发展呢?从MS-DOS到Windows,每一次项目的成功都带来企业的巨大跳跃,所以这种发展是跳跃式的。从这个意义上来看,沃尔玛是运作型企业,只能靠积累性发展;而微软是项目型企业,可以实现跳跃式发展。

这是不是说企业只要做项目就行了,运作不重要?其实不是。中国有句古话叫作"创业容易守业难",也就是说运作同样是非常重要的。

项目和运作是什么关系?首先它们的生命周期不同。项目的周期有明确的开始,也有明确的结束,是一个开环结构。而运作的生命周期是闭环结构,没有明确的开始和结束。项目成功的标识之一就是是否能够大规模运作。如果一个项目成功了,但没有形成大规模的运作管理,这个项目就不算真正成功。项目做完了要做运作,运作时间长了要再创新,形成新的项目,然后再运作,再上项目,形成项目化运作,这个企业才能不断在创新中发展壮大。

(二)以文化带动企业成长

要点: 有做"长"做"久"的信念,建立企业文化,进行持续创新。

企业发展靠什么?在第一个5年里,企业能够得到成长,靠的是运气和机会;第二个5年如果还在成长,主要靠的是老板个人的努力和能力;第三个5年,如果企业还能生存、发展、壮大,主要是靠企业制度、人才和流程;如果要运作到15~20年,就要靠企业文化。只有企业文化才能让所有的员工为企业的不断壮大去努力工作。

知识链接

豪恩的管理体验

豪恩是真正的小企业,11年前在深圳岗厦村旁的两房一厅成立。在第一个5年里,我们做的是倒买倒卖。第二个5年刚开始,我看到了《世界经理人》杂志,上面有很多对出色企业的报道。当时我内心就有一种冲动,想把我的企业做得跟它们一样出色。这个5年里我们公司买了地皮,建了厂房,不光生产产品,还想着做品牌。现在第三个5年已经开始了,我们想得更多的是企业战略——用什么样的战略让企业与众不同?

这十几年来,我认为我们做得比较成功的一件事情,就是树立了企业的文化,让每一个来我们公司的人都能不断创新、不断努力拼搏、不断追求卓越。另外我们也慢慢尝试着去进行资本运作。3个月之前,我们一个安防产品被美国一家上市公司并购。通过这次的并购,我彻底明白:企业在发展过程中,除了思想、人才,资本也非常重要,它可以让你的企业锦上添花。

企业要在扩张中稳步发展,除了总结实践经验以外,还要善于学习别人的成功经验。推荐2本书,一本是《从优秀到卓越》,另一本是《基业长青》,这2本书可以让企业发展的方向更明确。我从中得出的最大感受有4点:

第一,今天我们所看到的这么多大型企业,包括沃尔玛、通用,在30年前、50年前、100年前,其实跟我们是一样的。它们都是经过漫长的过程,从小企业发展起来的。我觉得,到了我们下一代的下一代,我们的企业也完全可能变成GE。

第二,做企业真正的目的是什么?以前很多人认为是赚钱,但是现在我发现,企业的目的应该是为社会服务。你赚到了钱,也为员工谋福利,让他们更好地生活,这也是服务了社会。

第三,要有更高的理想。不光是你自己,你还要让公司的中高层干部明白:我们今天除了在这里工作,还有更大的理想要去实现。

第四,能够成为卓越的企业,绝对不是偶然。所以企业管理者要建立一支有素养的团队,并带领他们树立信念、找到方向,在残酷的现实面前不停地奋斗。

(三)设定阶段目标实现"步步为赢"

要点:设定每个阶段的发展目标,并根据实际情况进行调整。

知识链接

瑞尔的管理与成长

我们公司的发展经历可以概括为"步步为赢",也就是以下3点:活下去、做起来、走出去。

1. 活下去

瑞尔公司从成立到现在,基本上都是以创新赢得市场。我们当初是做购物袋的,国内有很多做购物袋的企业,我们在资金、资源都非常有限的情况下,怎么样找到自己的方向?我们后来找到一个很好的方向——从网上获取订单。这对于我们来说,是最经济、最实惠有效的资源应用方式。另外在产品上,我们也有很多很前卫的创新产品。

2. 做起来

有了产品之后,企业要做起来,还必须重组团队,理顺供应链。创业者如果能在公司活下来,要迅速进行团队的建设。当然,团队的建设是为了更好地去发展,并不是为了防止某某人离职或者散伙。以我为例,我是2003年10月10日创立这个公司的,4年来,我经历过合伙人散伙、关键员工离职这样的困难时期。但这些经历都是我的宝贵财富,让我知道如何把团队建设得更好。

除了团队建设,还要理顺你的供应链。创新不一定是产品的创新,整个运作模式的创新也是其中的一种。有了创新之后,还要把整个供应链抓起来,才能更好地为创新团队服务。

3. 走出去

企业在走出去的时候，应该注意3点：一是更远，二是更开放，三是更洒脱。

更远就是寻找拓宽视野的机会，我的方法是关注财经资讯和重要新闻。我做这个产品是因为看到《参考消息》上的一则新闻：在2008年之前，欧洲将全面淘汰现有购物袋。我当时的第一反应是：购物袋全面淘汰后，替代品的市场有多大？当时我就感觉机会来了。所以，我们应该多关注财经资讯和重要新闻，从中会得到很多商机。

更开放是指要有更开放的心态。我从事的基本是外销。目标市场在欧美和日本，那边的商业信誉和商业环境都比较好，我们也必须跟它的商业环境融合，做到诚信和诚心。

更洒脱，就是要跳出圈外，展望未来。作为创新性的企业，不管是企业主还是中高层管理者，最好能去境外走一走。看看别人做得怎么样，看看有没有商机，看看我们的产品跟别人有什么不同，这样能开阔视野，拓宽思路。

关于走出去，我有一个故事要跟大家分享：我们在做这个产品的时候，虽然自己以为是创新型产品，但是总有点底气不足。因为没有跟外面的产品比较过，不知道我们是不是真的创新型产品。后来我到丹麦的一个专门陈列创新产品的创意馆参观，发现很多创新型的产品其实就是在我们司空见惯的东西上进行一点点的改变。我开始明白，原来小小的改变也可以叫作创新。按照这个观念，我们的产品真的是创新型产品。这也是走出去多看看的好处，会让你明白自己的产品魅力在哪里。

（四）以基本管理制度为生存依据

"生存"是新企业最紧要的问题，活下去是硬道理。企业规模不大，组织结构相对简单，而且结构、制度、流程等处于动态、快速的变动之中。面对强大的竞争对手，新企业最大的优势在于灵活性、速度以及应变能力。新企业人员少，管理架构扁平，人与人之间一般可以便捷地面对面进行沟通。由于沟通的直接性，加之创业者以及骨干员工多半有血缘、乡缘、学缘等关系，企业往往有浓厚的"家"的色彩，情感性因素较多，人情味较重，组织更多地是靠"人"来维系。

1. 公司必须制订好基本的管理制度

不管公司的大小，必须要进行规范化管理。

制度类：

员工手册（包括公司简介、考勤制度、奖罚制度、分配制度等）；

各部门的岗位职责(办公室、财务室、业务部等)。

表格类：

考勤表、请假条、劳动合同以及财务方面的领用款审批表、差旅费报销单等；

新公司制度的制订要切合实际，一定要有可操作性，制度一旦建立必须严格遵守。

基本的管理制度包括人事制度、薪酬制度、工作流程、部门管理规定等等。这些制度之所以称为基本管理制度，是因为这是保证公司正常运营的基本保障。比如说：招聘一个什么样的人担任什么样的岗位，需要制订怎样的薪酬制度，上下班时间、工作内容，不同的部门要根据实际情况做一个部门管理规定等等。这些制度对于很多小型公司来说，有的形成了文字，有的是老板口头通知员工，并在员工心中形成了习惯。但是，如果公司要做大做强，从一开始就应该形成公司的文字制度，并随着公司的发展而不断变化和完善。为以后公司发展壮大，进行制度管理的"法治"阶段打下基础。

2. 公司要极力推行人性化管理

"大公司靠制度管人，小公司靠老板管人"。所以，小型公司的人性化管理就非常重要，"人性化"主要表现为老板的人格魅力、领导魅力、处事能力、管控能力等等。我见过很多小型公司，员工和老板称兄道弟，关系非常融洽，就是我们经常说的"人治"。"人性化"与"人治"是不一样的，"人治"没有规章制度，或者说制度存在于员工的"心中"，"人性化"是有制度的，但是不仅仅依赖制度，还有老板的为人处世的作风起很重要的作用。可以说，很多小型公司在开始时都是"人治"，慢慢到"人性化"和制度管理阶段，最后发展到制度化管理的"法治"阶段。

3. 想方设法留住优秀的"人财"，促使公司快速发展

企业最重要的资产是人。企业的人分为4大类，第一类是"人裁"，就是能力很差、态度很差的人，走到那个企业都会很快被裁掉的人；第二类是"人材"，这种人能力一般，但是态度很好，所以企业还是留着可以用的；第三类是"人才"，这种人能力很强，但是很难领导和管理，对于企业来说，这种人用得好就有很大的价值，用得不好就有很大的破坏性。第四类是"人财"，这种人能力很强，品德很好，这是任何一个公司都想要的人，这种人才能为公司带来滚滚财源。那么我们如何才能留住优秀的"人财"，除了制度和人性化管理之外，公司的快速发展让"人财"看到希望和前景，才是留人的关键，另外，留住了优秀的"人财"，公司也才能快速发展。二者相辅相成，相得益彰。

4. 加强职业培训，全面提升人员素质

作为个人，社会生存方式有2种：一是自己创业当老板，二是给老板打工。对于打工的人来说，主要需求有2个方面：一是"钱途"，二是"前途"。想要"钱途"，主要是努力工作,业绩优秀;而想要"前途",就必须参加培训,坚持学习,不断提高自己。所以,公司要加强员工的职业、专业培训,全面提升人员素质,给员工一个美好的"前程"。

5. 为公司描绘一个美好的未来

在企业初创阶段,企业理念、企业文化还没有有效地形成,必须慢慢提炼。企业理念和企业文化是公司的灵魂,非常重要,所以,在企业理念和企业文化还没有形成的时候,为公司描绘一个美好的未来就显得非常重要,它能够团结、激励公司全体人员为公司的发展壮大而奋斗。

特别提醒:

一、注意财务监控

研究表明,许多初创企业在1年内就倒闭的直接原因是因为财务管理不善,应收账款中的坏账太多,频频发生流动资金短缺问题。初创企业的财务部门常常是一个会计、一个出纳,完全不足以应付如此众多的挑战。创业者要特别注重财务监控问题,不能简单地把财务管理视作"记账",要由有专业技能的专人负责,并且有相应的激励机制和评估体系。

二、避免社会关系对工作关系的干扰

创业期企业里的员工多半有亲属关系或地缘、学缘关系,相互之间有着千丝万缕的社会关系,这些关系在一定程度上影响着企业内正常的工作关系。按规范行使企业管理往往比较困难,规范的制度体系缺乏必要的实施环境。

四、新企业的风险控制和化解

每个企业在经营中都有可能发生风险,但如何化解和减少风险是企业经营者必须进行研究的,企业的风险管理是一项重要的工作。在企业家的头脑中首先要明确有哪几种风险,然后有的放矢地采取措施。只有加强风险意识,进行科学的管理和科学的决策,建立起相应的制度才能避免风险的发生。从目前市场环境来看大致有7种风险。

(一)投资风险

它是指因投资不当造成投产企业经营的效益不好。企业对此应采取:在项目投资前,一定要各职能部门和项目评审组一起进行严格的、科学的审查和论证,不能盲目运作。对外资项目更不能作风险承诺,也不能作差额担保和许诺固定回报率。

(二)经济合同风险

它是指企业在履行经济合同过程中,对方违反合同规定或遇到不可抗力影响,造成企业的经济损失。因此,企业在进行经营和产品合同签订后,还要关注履约及赔偿责任问题。合同签订后还应密切注视其执行情况,要有远见地处理随时发生的变化。

(三)产品市场风险

它是指因市场变化、产品滞销等原因导致跌价或不能及时卖出自己的产品。产生市场风险的原因有3个:(1)市场销售不景气,包括市场疲软和产品产销不对路;(2)商品更新换代快,新产品不能及时投放市场;(3)国外进口产品挤占国内市场。

(四)存货风险

它是指因价格变动或过时、自然损耗等损失引起存货价值减少。这时企业应马上清理存货,生产时要控制投入、控制采购、按时产出,加强保管。有些观念保守的企业担心存货贬值,怕影响当前效益,长期不处理,结果造成产品积压,损失越来越大。

(五)债务风险

它是指企业举债不当或举债后资金使用不当致使企业遭受损失。为了避免企业资产负债,企业应控制负债比率。许多企业因股东投资强度不够,便以举债扩大生产经营或盲目扩大规模,结果提高资产负债率,造成资金周转不灵,还会影响正常的还本付息。最有可能导致企业资不抵债而破产。

(六)担保风险

它是指为其他企业的贷款提供担保,最后因其他企业无力还款而代其偿还债务。企业应谨慎办理担保业务,严格审批手续,一定要完善反担保手续以避免不必要的损失。

(七)汇率风险

它是指企业在经营进出口及其他对外经济活动时,因本国与外国汇率变动,使企业在兑换过程中遭受的损失。企业平时就要随时注意其外币债务。密切注视各种货币的汇率变化,以便采取相应措施。特别是在银行有外币贷款的企业更应如此。

本章小结

当前我国企业的主要组织形式有:个人独资企业、合伙企业、有限责任公司、股份有限公司、一人有限责任公司。除此之外,还有自然人企业形态就是个体工商户。实际上个人独资企业、合伙制企业和个体工商户都不是法人企业,只具备自然人身份。但对于初次创业者而言这2种往往是经常选择的创业形式。

企业的组织形式不同,其法律形态也就不相同、企业的管理形式和决策方式也会不同,同时在法律上享有的权利和义务也各不相同。

新企业成长的管理需要注重整合外部资源追求外部成长;管理好保持企业持续成长的人力资本;及时实现从创造资源到管好用好资源的转变;形成比较固定的企业价值观和文化氛围;注重用成长的方式解决成长过程中出现的问题;从过分追求速度转到突出企业的价值增加。

每个企业在经营中都有可能发生风险,但如何化解和减少风险是企业经营者必须进行研究的,企业的风险管理是一项重要的工作。在企业家的头脑中首先要明确有哪几种风险,然后有的放矢地采取措施。只有加强风险意识,进行科学的管理和科学的决策,建立起相应的制度才能避免风险的发生。

本章习题

1. 新企业的组织形式有哪些?比较每种形式的法律责任与权利?
2. 如何提升新企业的社会认同度?
3. 新企业的成长驱动因素有哪些?
4. 新企业的风险有哪些?如何化解?
5. 请举例说明新企业管理的特殊性?

案例研讨

松下公司的自我开发训练

有人说,松下电器之所以能屹立世界企业之巅达半个世纪之久,得益于它对员工的教育培训。松下电器公司除了在职教育培训员工外,更为经常的是让其自我开发训练。一般而言,松下的自我开发训练有3种,即一个行为基础的无意识自我开发,比如以父母师长为榜样的自我开发;为了解自己缺点、弥补不足方面进行有意识的自我开发;为了完成较高层次的目标、自行选定必要的开发课题的、依据目标的自我开发。松下公司在员工的这些计划中总结了一套可行的自我开发方法予以推广,这些方法是:以研究的态度进行工作;依据经验的自我启发方法;参观;调查;利用企业组织环境的方法；利用企业制度的方法；利用企业人事环境的方法；利用公司各种机构的方法。在松下公司中，自我开发会得到上司的指导和关心。公司中的管理人员会努力做到除了日常业务之外，偶尔也和员工一起讨论一般的社会问题，对于员工的任何意见，做到不生气，一直说到他们完全明白为止，有过错就督促他们改进。管理人员还会时常关心员工的进步情况，不与工作脱节，在工作中彻底信赖员工的能力，但决不妥协。松下公司还实行一些相关的制度来保证员工的自我开发。例如，公司实施的轮读制。每月2次，在研究室内召开"杂志会"。管理人员会将每天发生的事情，迅速传达到员工。公司内部要求设定互相交换意见的地方。

公司要求管理人员能够做到大规模的权限委让，与员工讨论试验结果，并指示工作重点。同时，还要把自己读过的书介绍给员工，介绍适当的文献和专门书籍；给员工适当的刺激；把全部精力集中在目前的工作上，指出员工日常工作的缺点，使其设法改善；为培养基础能力，鼓励员工读夜间短期大学。

研讨：该案例中松下公司是如何通过对员工进行培训来加强企业管理的？

主要参考文献

[1] Timmons J A. New Venture Creation[M]. Irwin McGraw-Hill,1999.

[2] Dimo,Dimov. From opportunity insight to opportunity intention:The importance of person-situation learning match[J]. Entrepre—neurship Theory and Practice,2007,31(4).

[3] Shane,S. Venkataraman,The Promise of Entrepreneurship as a Field of Research[J]. Academy of Management Review,2000,25(1).

[4] 姜彦福,高健,程源,邱琼. GEM全球创业观察2002:中国报告[M]. 北京:清华大学中国创业研究中心,2003.

[5] 郁义鸿. 创业学[M]. 上海:复旦大学出版社,2000.

[6] 张玉利,薛红志,杨俊. 论创业研究的学科发展及其对管理理论的挑战[J]. 外国经济与管理,2007.

[7] 李学东,潘玉香. 大学生创业实务教程[M]. 北京:经济科学出版社,2006.

[8] 方蓉. 论协同理论在教育领域中的移植[J]. 黑龙江教育学院学报,2010(2).

[9] 王晓文,张玉利,李凯. 创业资源整合的战略选择和实现手段[J]. 经济管理,2009(1).

[10] 王慧娟,彭傲天. 管理学[M]. 北京:北京大学出版社,2012.

[11] 徐向艺等. 创业管理[M]. 北京:化学工业出版社,2011.

[12] 郎宏文等. 创业管理[M]. 北京:科学出版社,2011.

[13] 刘志阳. 创业管理[M]. 上海:格致出版社,2012.

[14] 张文松,裘晓东,陈永东. 创业学[M]. 北京:机械工业出版社,2012.

[15] 胡礼祥. 大学生创业导论[M]. 杭州:浙江人民出版社,2010.

[16] 侯光明,邹锐,李存金. 民营企业创新型发展模式研究[J]. 经济体制改革,2003(5).

[17] 刘耀,金恩焘. 企业模式的发展及创新型企业模式述评[J]. 深圳大学学报,2008(3).

[18] 吴照云,黎军民. 我国现阶段民营中小企业成长可选择的模式[J]. 经济管理,2005(17).

[19] 孙福全,陈宝明,张华胜. 创新型企业发展模式研究[M]. 北京:中国农业科学技术出版社,2006.

[20] 侯先荣. 企业创新管理:理论与实践[M]. 北京:电子工业出版社,2003.

[21] 陈留平,汪永飞. 试论创新型企业[J]. 工业审计与会计,2007(4).

[22] 谢凤华,缪仁炳. 我国企业成长模式及其特点研究[J]. 经济问题探索,2004(12).

[23] 张玉利,任学锋. 小企业成长的管理障碍[M]. 天津:天津大学出版社,2001.

[24] 夏清华. 新创企业的成长:产业机会、行为资源与创业学习[J]. 经济管理,2008(3).

[25] 程艺. 大学生职业发展与就业指导[M]. 合肥:安徽大学出版社,2009.

[26] 芮明杰. 管理创新[M]. 上海:上海译文出版社,1997.

[27] 王彦长. 市场营销理论与实务[M]. 合肥:安徽大学出版社,2012.

[28] 李纲,张胜前. 大学生创业指导[M]. 北京:国防工业出版社,2010.

[29] 丁家云,谭艳华. 管理学[M]. 合肥:中国科技大学出版社,2010.

[30] 耿飞. 这些项目不要钱[M]. 北京:中国戏剧出版社,2011.

[31] 葛建新. 创业学[M]. 北京:清华大学出版社,2004.

[32] 张天桥. 大学生创业第一步[M]. 北京:清华大学出版社,2008.

[33] 石建勋. 创业管理[M]. 北京:清华大学出版社,2008.

[34] 陈安之. 创业成功的36个铁律[M]. 广州:广东经济出版社,2002.

[35] 刘井建. 创业学习、动态能力与新创企业成长支持模式研究[J]. 科学学与科学技术管理,2011(2).

[36] 任荣伟,赵盈盈. 从模仿到自主:百度早期成长关键要素对新创企业的启示[J]. 技术经济与管理研究,2007(6).

[37] 杨波,熊中楷. 新创企业成长要素分析及成长模型构建[J]. 现代管理科学,2010(7).

[38] 张玉利. 创业管理[M]. 北京:机械工业出版社,2013.

[39] 张玉立,李新春. 创业管理[M]. 北京:清华大学出版社,2006.

[40] 刘国新,王光杰等编著. 创业风险管理[M]. 武汉:武汉理工大学出版社,2004.

[41] 林嵩,张帏,姜彦福. 创业成长模型评述及构建思路探讨[J]. 科研管理,2007(1).

[42] 郭跃进. 管理学[M]. 北京:经济管理出版社,2005.

[43] 王绎. 大学生零资本创业[M]. 北京:科学出版社,2010.

[44] 梁巧转,赵文红. 创业管理[M]. 北京:北京大学出版社,2007.

[45] 武春友. 创业管理[M]. 北京:高等教育出版社,2008.

[46] 梅强. 创业管理[M]. 北京:经济科学出版社,2011.

[47] 吴晓波,周伟华,杜健. 创业管理[M]. 北京:机械工业出版社,2011.

[48] 崔东红. 创业创新创富[M]. 北京:中国经济出版社,2006.

[49] 唐伯武. 创业就业指导[M]. 北京:中国经济出版社,2008.

[50] 国际劳工组织北京局. 创办你的企业[M]. 北京:中国劳动社会保障出版社,2003.

[51] 李时椿. 创业管理[M]. 北京:清华大学出版社,2010.